BASISHANDBOEK SPSS 12

BASISHANDBOEK
SPSS 12

STATISTIEK MET SPSS 12

ALPHONS DE VOCHT

BIJLEVELD PRESS

Eerste druk augustus 2004
Tweede druk februari 2005

BIJLEVELD PRESS
Postbus 1238
3500 BE Utrecht
www.bijleveldbooks.nl

Copyright © 2004 Alphons de Vocht | Bijleveld Press

ISBN 90-5548-130-0

NUR 991 / 992

Alle rechten voorbehouden
All rights reserved
Niets van deze uitgave mag worden verveelvoudigd en/of openbaar gemaakt door middel van druk, fotokopie, microfilm, of op welke andere mechanische of elektronische wijze ook, zonder voorafgaande schriftelijke toestemming van de uitgever.
No part of this book may be reproduced by any means, electronic or mechanical, including print, photocopying, microfilm, recording or by any information storage retrieval system, without written permission from the publisher.

INHOUD

1 DE BASISPRINCIPES VAN SPSS 12 13
    1.1   Aan de slag met SPSS 12 13
    1.2   Starten & afsluiten van SPSS 14
    1.3   De Help van SPSS 14
    1.4   Het hoofdvenster van SPSS: de Data Editor 15
    1.5   De programmavensters van SPSS 16
    1.6   Het gegevensbestand & SPSS 17
    1.7   Een statistische opdracht in SPSS 18
    1.8   Het uitvoervenster van SPSS: de Viewer 19
    1.9   SPSS-programma's starten & bestanden openen, opslaan, printen 20

2 SPSS & WINDOWS 21
    2.1   SPSS als Windows-programma 21

3 SPSS & STATISTIEK 23
    3.1   Onderzoeksgegevens en statistiek 23
    3.2   Kernbegrippen van statistiek en van SPSS 24

4 EEN STATISTISCHE PROCEDURE UITVOEREN IN SPSS 25
    4.1   Het openen van een SPSS data file 25
    4.2   Een SPSS-opdracht geven 27
    4.3   Een SPSS-opdracht uitvoeren 29
    4.4   De uitvoer van een SPSS-opdracht: de Viewer 30
    4.5   Bekijken uitgevoerde procedure 30

5 AAN DE SLAG IN DE DATA EDITOR 31
    5.1   De Data Editor 31
    5.2   De Data View 32
    5.3   De Variable View 33
    5.4   Navigeren in de Data Editor 34

6 AAN DE SLAG MET DE DATA FILE 35
    6.1   Het belang van een goed opgezet gegevensbestand 35
    6.2   Numerieke & alfanumerieke varaiabelen 36
    6.3   Werken met cases 37
    6.4   Werken met variabelen 38
    6.5   Werken met gegevens 39
    6.6   Werken met de data file 40

7 WERKEN MET VARIABELENDEFINITIES ... 41
- 7.1 Bepalen van variabelen ... 41
- 7.2 Variabelennamen ... 42
- 7.3 Variabelentypen ... 43
- 7.4 Aantal posities & decimalen ... 44
- 7.5 Variabelenlabels ... 45
- 7.6 Value labels ... 46
- 7.7 Missing values ... 47
- 7.8 Kolombreedte & uitlijning ... 49
- 7.9 Meetschalen ... 49

8 WERKEN MET DE UITVOER IN DE VIEWER ... 51
- 8.1 De Viewer ... 51
- 8.2 De outline pane & contents pane ... 52
- 8.3 Werken met de onderdelen van de uitvoer ... 53
- 8.4 Uitvoer opmaken en bewerken in de Viewer ... 54
- 8.5 Uitvoer printen ... 55
- 8.6 Uitvoer naar diverse uitvoervensters ... 56
- 8.7 Data files printen via het uitvoervenster ... 57

9 CASES SORTEREN & DATA FILE SPLITSEN ... 59
- 9.1 Sorteren cases ... 59
- 9.2 Splitsen van data file in groepen ... 60

10 CASES SELECTEREN ... 61
- 10.1 De basisprincipes van het selecteren van cases ... 61
- 10.2 Werken met de filtervariabele ... 63
- 10.3 Selecteren van cases met conditionele expressie ... 63
- 10.4 De conditionele expressie nader bekeken ... 64
- 10.5 Selecteren van cases door middel van steekproef ... 66
- 10.6 Selecteren van reeks opeenvolgende cases ... 68

11 CASES WEGEN ... 69
- 11.1 Wegen van cases ... 69
- 11.2 Wegen van cases bij over- of ondervertegenwoordiging ... 70

12 DATA FILES SAMENVOEGEN ... 71
- 12.1 De basisprincipes van het samenvoegen van data files ... 71
- 12.2 Samenvoegen van data files met verschillende cases ... 72
- 12.3 Samenvoegen van data files met verschillende variabelen ... 74

Inhoud 7

13 AGGREGEREN VAN DATA 75

14 BEWERKEN VAN DATA 78
    14.1 Berekenen van nieuwe waarden met Compute......................................78
    14.2 De numerieke expressie nader bekeken..80
    14.3 Tellen van waarden met Count..81
    14.4 Rangordenen van cases met Rank Cases..83
    14.5 Opeenvolgende rangnummers toewijzen met Automatic Recode 86

15 HERCODEREN VAN DATA 87
    15.1 Hercoderen van variabele met Recode 87
    15.2 Voorwaardelijke hercodeer-opdrachten: een voorbeeld.......................90

16 WERKEN MET FUNCTIES..91

17 WERKEN MET UITVOERTABELLEN 93
    17.1 Aan de slag met draaitabellen..93
    17.2 De tabelonderdelen van een draaitabel 94
    17.3 Werken met Pivot Trays: rijen, kolommen, lagen herschikken............96
    17.4 Opmaken gehele draaitabel & tabelonderdelen....................................99
    17.5 Instellen celeigenschappen 101
    17.6 Werken met tabel lay-outs 101
    17.7 Uitvoertabel in andere bestandsformaten 102

18 WERKEN MET GRAFIEKEN IN SPSS 103
    18.1 Aan de slag met grafieken in SPSS 103
    18.2 De basisprincipes van grafieken 104
    18.3 Gegevens en grafieken: kiezen tussen staafdiagram of histogram 105

19 GRAFIEKEN MAKEN..107
    19.1 Werken met staafdiagrammen (en verwante grafiektypen).................107
    19.2 Werken met histogrammen...109
    19.3 Werken met spreidingsdiagrammen 111

20 GRAFIEKEN BEWERKEN..113
    20.1 Werken in de Chart Editor..113
    20.2 Werken met standaard grafieken in de Chart Editor..........................114
    20.3 Standaard grafieken bewerken in de Chart Editor 115
    20.4 Werken met interactieve grafieken in de Chart Editor 117

21 WERKEN IN DE SYNTAX EDITOR 119
21.1 Opdrachten plakken en verzamelen in de Syntax Editor 119
21.2 Opdrachten uitvoeren via de Syntax Editor 120

22 BESTANDEN IMPORTEREN & EXPORTEREN 122
22.1 Importeren van gegevensbestanden uit andere programma's 122
22.2 Importeren van ASCII-tekstbestanden 124
22.3 Exporteren van SPSS data files 126

--- DEEL II – STATISTISCHE TECHNIEKEN MET SPPS ---

23 STATISTISCHE KERNBEGRIPPEN 127
23.1 Beschrijvende statistiek & inductieve statistiek 127
23.2 Populatie, steekproef, cases, variabelen, waarden 128
23.3 Meetschalen 128
23.4 Discrete variabelen & continue variabelen 130

24 TOETSING & NORMALE VERDELING 131
24.1 Statistische toetsing & significantie 131
24.2 De normale verdeling 132
24.3 Parametrische toetsen & niet-parametrische toetsen 134

25 OVERZICHT STATISTISCHE TECHNIEKEN IN SPSS 135
25.1 Statistische technieken en SPSS 135

26 FREQUENTIETABELLEN & STATISTISCHE MATEN 141
26.1 Werken met frequentietabellen 141
26.2 Het maken van een frequentietabel 142
26.3 Berekenen van statistische maten bij frequentietabellen 143
26.4 Wijzigen van standaarduitvoer bij frequentietabellen 146

27 SUMMARIES & STATISTISCHE MATEN 147
27.1 Summary van data file maken 147

28 STATISTISCHE MATEN & Z-SCORES 149
28.1 Statistische maten berekenen van interval/ratio variabelen 149
28.2 Standaardiseren van variabele 151

29 GROEPEN VERGELIJKEN 152
29.1 Groepen maken & gemiddelden vergelijken 152
29.2 Groepen onderverdelen in subgroepen 154

30 GEGEVENS EXPLOREREN 155
30.1 Het exploreren van een variabele 155
30.2 De Explore-uitvoer (I): de tabellen 156
30.3 De Explore-uitvoer (II): het stem-and-leaf diagram 157
30.4 De Explore-uitvoer (III): de boxplot 158
30.5 Behandeling van missing values bij een Explore-opdracht 159
30.6 Extra statistische maten bij een Explore-opdracht 160
30.7 Extra grafieken bij een Explore-opdracht 160
30.8 Onderzoeken of een variabele normaal is verdeeld met Explore 161

31 WERKEN MET KRUISTABELLEN 163
31.1 De basisprincipes van kruistabellen 163
31.2 Het maken van een kruistabel 164
31.3 Kruistabellen per subgroep 165
31.4 Kruistabel met percentages, verwachte celfrequenties & residuen 166

32 CHI-KWADRAAT & ASSOCIATIEMATEN 169
32.1 Chi-kwadraat toets op statistische onafhankelijkheid 169
32.2 Sterkte van verband bepalen met associatiematen 173
32.3 Associatiematen voor nominale variabelen 174
32.4 Associatiematen voor ordinale variabelen 176

33 T-TOETSEN OP GEMIDDELDEN 180
33.1 Het gebruik van de t-toets 180
33.2 T-toets voor één steekproef 181
33.3 T-toets voor twee onafhankelijke steekproeven 183
33.4 T-toets voor gepaarde steekproeven 187

34 VARIANTIE-ANALYSE 189
34.1 De basisprincipes van variantie-analyse 189
34.2 Variantie-analyse met één factor (onafhankelijke variabele) 190
34.3 Vergelijken van groepen met Post Hoc 193
34.4 Toets op homogeniteit van varianties 195
34.5 Variantie-analyse met meerdere factoren 196
34.6 Groepsgemiddelden berekenen & plotten 198
34.7 Wijzigen standaarduitvoer van meervoudige variantie-analyse 200

35 CORRELATIE & REGRESSIE 201
35.1 De basisprincipes van correlatie 201
35.2 De basisprincipes van regressie 202
35.3 De basisprincipes van residuen & outliers 203
35.4 Correlatie & regressie bij steekproefgegevens 204

36 CORRELATIE MET SPSS 205
36.1 Correlatie: correlatiecoëfficiënt berekenen 205
36.2 Rangcorrelatie: rangcorrelatiecoëfficiënt berekenen 207
36.3 Partiële correlatie 209

37 REGRESSIE-ANALYSE MET SPSS 211
37.1 Enkelvoudige regressie 211
37.2 Multiple regressie 215
37.3 Multiple regressie: standaardmethode 216
37.4 Multiple regressie: stapsgewijze methode 219
37.5 Opsporen van outliers 223
37.6 Residuen-analyse 225

38 REGRESSIE-ANALYSE: VERDERE OPTIES 228

39 NIET-PARAMETRISCHE TOETSEN 232
39.1 Werken met niet-parametrische toetsen 232
39.2 Chi-kwadraat toets voor één steekproef 234
39.3 De binomiale toets 236
39.4 De Runs toets op onafhankelijkheid 237
39.5 Kolmogorov-Smirnov toets voor één steekproef 239
39.6 De Mann-Whitney toets 241
39.7 De Kruskal-Wallis toets 243
39.8 De Wilcoxon-toets 245
39.9 De Friedman-toets 246

BIJLAGE 1 – INSTALLEREN SPSS 12 248
BIJLAGE 2 – INSTELLINGEN SPSS 12 WIJZIGEN 249
BIJLAGE 3 – BESTAND WINKEL.SAV 250

INDEX 252

INLEIDING

SPSS is het meest gebruikte statistische programma op universiteiten, hogescholen en andere onderzoeksinstellingen. Dit *Basishandboek* heeft betrekking op de versie **SPSS 12**.

Met SPSS 12 kunnen moeiteloos alle gangbare statistische procedures worden toegepast op grote gegevensbestanden en kunnen de resultaten op diverse manieren in tabellen en grafieken worden gepresenteerd. Met SPSS 12 kan de gebruiker tabellen en grafieken optimaliseren en statistisch interpreteren.

In SPSS 12 werk je in een Data Editor om je gegevensbestanden te maken en te bewerken. Ook voor het overige is SPSS 12 praktisch identiek aan zijn voorgangers SPSS 11 en 10. (Er zijn wel extra specialistische opties). Dit *Basishandboek SPSS 12* kan daarom ook gebruikt worden voor oudere versies van SPSS.

LET OP In SPSS kunnen bijna alle typen bestanden worden ingelezen, en kan het resultaat van de statistische procedures gemakkelijk naar programma's zoals Word en Excel worden geëxporteerd.

De modules van SPSS

Het complete programma SPSS bestaat uit diverse modules, die apart moeten worden aangeschaft. De **Basismodule** (SPSS Base) bevat echter alle SPSS-functies die je nodig hebt om de belangrijkste statistische technieken toe te passen.

Alle statistische technieken die in dit Basishandboek worden behandeld, staan in de Basismodule.

TIP Uiteraard biedt SPSS ook een website met instructies, toelichting, de mogelijkheid tot interactieve vragen en helpteksten (**www.spss.com**).

Indeling Basishandboek SPSS 12

Het Basishandboek SPSS 12 bestaat uit twee delen. In Deel I - **Het programma SPSS** - wordt de werking van het programma toegelicht. In Deel II - **Statistische technieken met SPSS** - staat het uitvoeren van statistische procedures centraal.

In de hoofdstukken van Deel I (Hoofdstukken 1 t/m 22) worden de basisprincipes van het werken met gegevensbestanden (*data files*) en het werken met gegevens (*cases, variabelen, waarden*) in SPSS behandeld. Daarna wordt ingegaan op de uitvoer van een SPSS-opdracht in de vorm van tabellen en in de vorm van grafieken. Ook wordt kort aandacht besteed aan het werken met SPSS-opdrachten in de Syntax Editor (het syntaxvenster).

In Deel II van het Basishandboek (Hoofdstukken 23-39) wordt het uitvoeren van statistische procedures met SPSS behandeld. Daar wordt ook een inleiding gegeven op de belangrijkste statistische begrippen en technieken. De volgende statistische technieken komen daarbij aan bod: frequentietabellen, summaries, gemiddelden van groepen vergelijken, kruistabellen, de Chi-kwadraat toets, associatiematen, t-toetsen, variantie-analyse, correlatie en regressie (enkelvoudig en meervoudig) alsmede niet-parametrische toetsen.

LET OP Dit Basishandboek is geen theoretisch statistiekboek, maar biedt wel voldoende informatie voor de keuze van de geëigende statistische technieken in SPSS en voor een goede interpretatie van de uitkomsten.

LET OP In dit boek dient zowel bij de uitleg van de basisprincipes van SPSS als van de statistische prodecures met SPSS het gegevensbestand **winkel.sav** als voorbeeld. Dit bestand heeft betrekking op een (fictieve) enquête onder 80 bezoekers van een winkelcentrum, en is in zijn geheel afgedrukt in **Bijlage 3**.

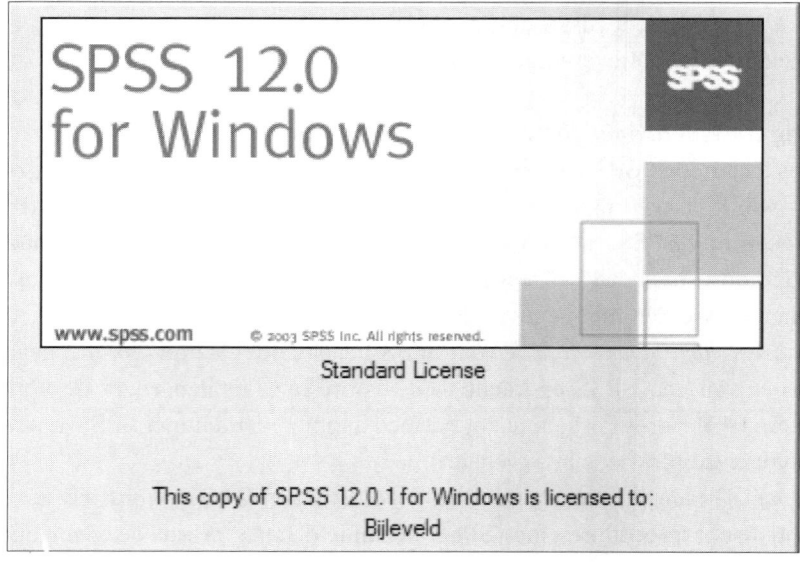

1 DE BASISPRINCIPES VAN SPSS 12

SPSS 12 is de nieuwste versie van het meest gebruikte statistische programma ter wereld. Met SPSS 12 kun je gemakkelijk en veelzijdig met gegevens werken en statistische procedures op die gegevens loslaten.

SPSS 12 bestaat uit diverse modules. De **Basismodule** (*SPSS Base*) is het belangrijkst. Met deze module kunnen praktisch alle gangbare statistische analyses worden uitgevoerd. Dit Basishandboek behandelt dan ook de Basismodule.

1.1 Aan de slag met SPSS 12

SPSS 12 is een Windows-programma, en werkt dus volgens de Windows-principes: je werkt altijd in een venster en geeft de meeste opdrachten met de muis.

De opbouw van dit boek

Dit boek bestaat uit twee delen. In **Deel 1** komt de werking van SPSS 12 aan de orde; in **Deel 2** wordt ingegaan op de meest gebruikte statistische analyses.

Hoofdstukken 1 & 2 geven een overzicht van de basisprincipes van SPSS 12. In hoofdstuk 3 worden statistische kernbegrippen uit SPSS besproken. In hoofdstuk 4 wordt met een eenvoudig voorbeeld de werking van SPSS toegelicht.

volgnr	geslacht	leeftijd	hhtype	inkomen	afstand	vervoer	winkelen
1	vrouw	18	een-persoo	2100	5,0	openbaar v	8
2	man	26	tweepersoo	2500	1,5	auto	5
3	man	30	gezin met	2000	3,0	fiets	8
4	vrouw	25	gezin met	1900	5,5	fiets	5
5	man	35	gezin met	6000	7,0	auto	4
6	vrouw	28	tweepersoo	5200	6,5	auto	1
7	vrouw	25	éénouder g	3400	6,0	openbaar v	4
8	man	49	gezin met	4100	4,0	auto	4
9	vrouw	36			4,0	openbaar v	6
10	man	33	tweepersoo	5600	3,5	auto	2
11	vrouw	35	een-persoo	4500	4,0	openbaar v	6
12	man	45	gezin met	2600	5,0	fiets	4

LET OP SPSS is een Engelstalig programma, dus alle commando's zijn in het Engels. In dit boek betekent **File; New; Data**: kies in het menu **File** de optie **New** en dan de optie **Data**. En **<Alt>-F** betekent: druk tegelijk de Alt- en de F-toets in.

1.2 Starten & afsluiten van SPSS

LET OP We gaan ervan uit dat je beschikt over Windows 98, 2000 of XP, en dat de Basismodule van SPSS is geïnstalleerd.

Starten van SPSS
Je kunt SPSS altijd starten via de knop **Start** en het menu **(Alle) Programma's** van Windows:
1. Klik op de knop **Start** op de taakbalk van het bureaublad van Windows.
2. Kies dan **SPSS 12 for Windows** (of het menu **(Alle) Programma's**, en dan **SPSS for Windows** en **SPSS 12 for Windows**).
3. Het openingsvenster van SPSS verschijnt en het keuzevenster **SPSS for Windows**.
4. Kies in het venster **SPSS for Windows** de gewenste optie of het gewenste bestand en klik op **OK** om aan de slag te gaan.

TIP Je krijgt bij het starten het keuzevenster **SPSS for Windows**. Je kunt dit venster *voor altijd* uitschakelen: vink de optie **Don't show this dialog in the future** aan.

Afsluiten van SPSS
Een SPSS-sessie sluit je af door het hoofdvenster van SPSS (de Data Editor) te sluiten. De Data Editor sluit je met menukeuze **File; Exit** of met een klik op de sluitknop in de titelbalk.

Andere SPSS-vensters kun je ook sluiten zonder SPSS zelf af te sluiten. Bij het afsluiten wordt steeds gevraagd of de inhoud van de vensters bewaard moet worden.

1.3 De Help van SPSS

In het menu **Help** van SPSS zijn onder meer de volgende opties beschikbaar:

Topics	Zoeken op onderwerp of per vraag.
Tutorial	Zelfstudie met animaties. *Aanbevolen!*
Statistics Coach	Hulp bij het kiezen van statistische technieken.
Syntax Guide	Overzicht van SPSS-commando's; ook voor de Syntax Editor.
SPSS HomePage	SPSS website **www.spss.com** met tips & trucs wordt geopend.

1.4 Het hoofdvenster van SPSS: de Data Editor

Nadat je SPSS hebt gestart, verschijnt het hoofdvenster van SPSS: de **Data Editor**. In de Data Editor werk je met *gegevens* (data) en met *gegevensbestanden* (data files). De data in de Data Editor zijn de basis van je statistische analyses.

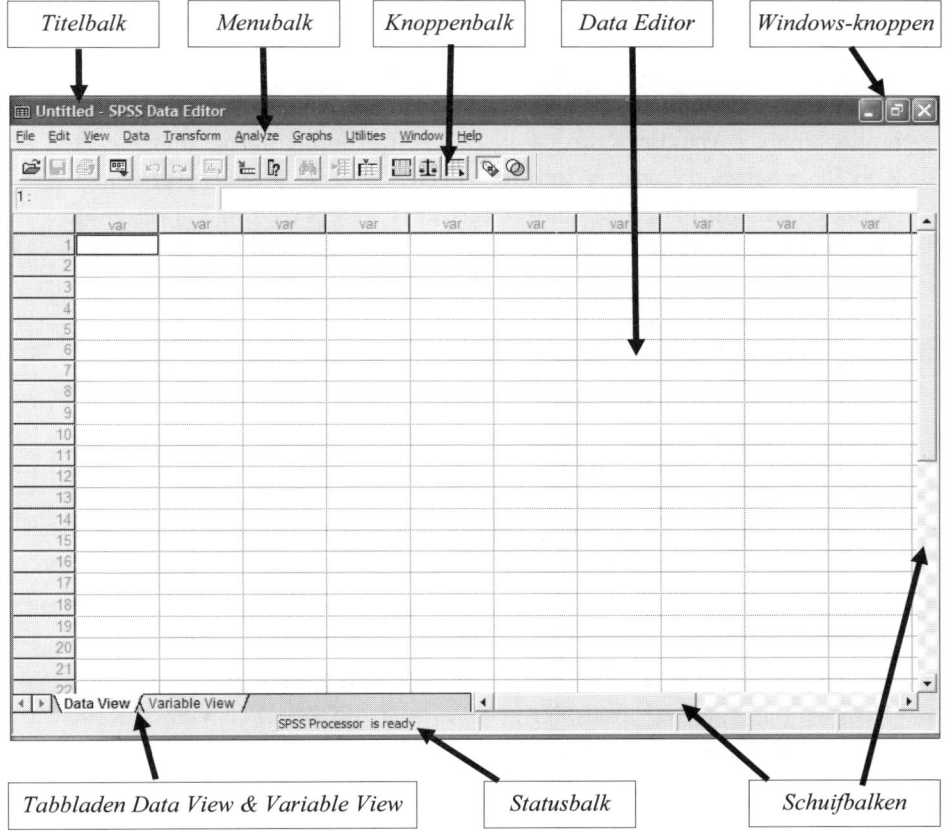

De Data Editor
De Data Editor biedt een werkruimte om gegevens in te voeren en te beheren. Er kan maar één data file tegelijk zijn geopend: dit is de *working file*.

De werkruimte bestaat uit *rijen* en *kolommen*. Het kruispunt van een rij en een kolom is een *cel*. In elke cel staat één gegeven uit het gegevensbestand.

Data View & Variable View
De Data Editor bestaat uit de tabbladen **Data View** en **Variable View**. Normaal werk je in de Data View; hier staan de gegevens van het gegevensbestand. In de Variable View staan de definities van de *variabelen* van het gegevensbestand.

1.5 De programmavensters van SPSS

De **Data Editor** is een van de belangrijkste programmavensters van SPSS. Hierin staan de gegevens waarop je de statistische procedures gaat uitvoeren. Het resultaat van zo'n procedure verschijnt in een apart venster: de **Viewer** (het *uitvoervenster*).
Ook krijg je te maken met nog andere SPSS-programmavensters.

SPSS-programma's

SPSS kent acht programma's voor de diverse aspecten van het statistisch werken met gegevens. Elk van deze programma's heeft een eigen programmavenster. Al deze SPSS-programmavensters werken volgens dezelfde Windows-principes.

Naast de Data Editor en de Viewer zijn van belang de *Draft Viewer* en de *Syntax Editor*. Ook is er de *Script Editor* maar die valt buiten het bereik van dit boek.

SPSS-programma's en SPSS-bestandstypen

Bij elk programma van SPSS hoort een eigen *bestandstype*, met een eigen bestandsformaat en een eigen extensie.

Programma	*Functie*	*Bestand*
Data Editor (Hoofdvenster SPSS)	Data management (gegevens beheren) & statistische procedures starten.	SPSS Data Document met extensie ***.sav**.
Viewer (Uitvoer-/Output-venster)	Weergave uitkomsten van statistische procedures (in de vorm van tabellen en/of grafieken).	SPSS Viewer Document met de extensie ***.spo**.
Draft Viewer (Draft Output-venster)	Tonen uitvoertabellen in ASCII (deze tabellen zijn leesbaar in oude SPSS-versies).	Draft Viewer Document met de extensie ***.rtf**.
Syntax Editor (Syntaxvenster)	Bewaren & bewerken van de syntax van SPSS-opdrachten, als mede opnieuw uitvoeren ('runnen') van de opdrachten.	SPSS Syntax Document met de extensie ***.sps** (ASCII-formaat).

Editors voor het bewerken van de uitvoer

Om de diverse vormen van uitvoer te bewerken, biedt SPSS drie editors. Met de *Pivot Table Editor* bewerk je de gewone uitvoertabellen (draaitabellen ofwel *Pivot Tables*), met de *Text Output Editor* bewerk je 'kale' uitvoertabellen (*Text Output*), en met de *Chart Editor* bewerk je grafieken (*Charts*).

Al deze editors start je vanuit de Viewer (of vanuit de Draft Viewer).

1.6 Het gegevensbestand & SPSS

Alle gegevens van je gegevensbestand staan in de data file waarmee je met SPSS aan de slag gaat.

De *cases* (onderzoekseenheden) van je gegevensbestand zie je in de Data View als rijen en alle *variabelen* (kenmerken) als kolommen. In elke cel van je data file staat een *waarde* (de score).

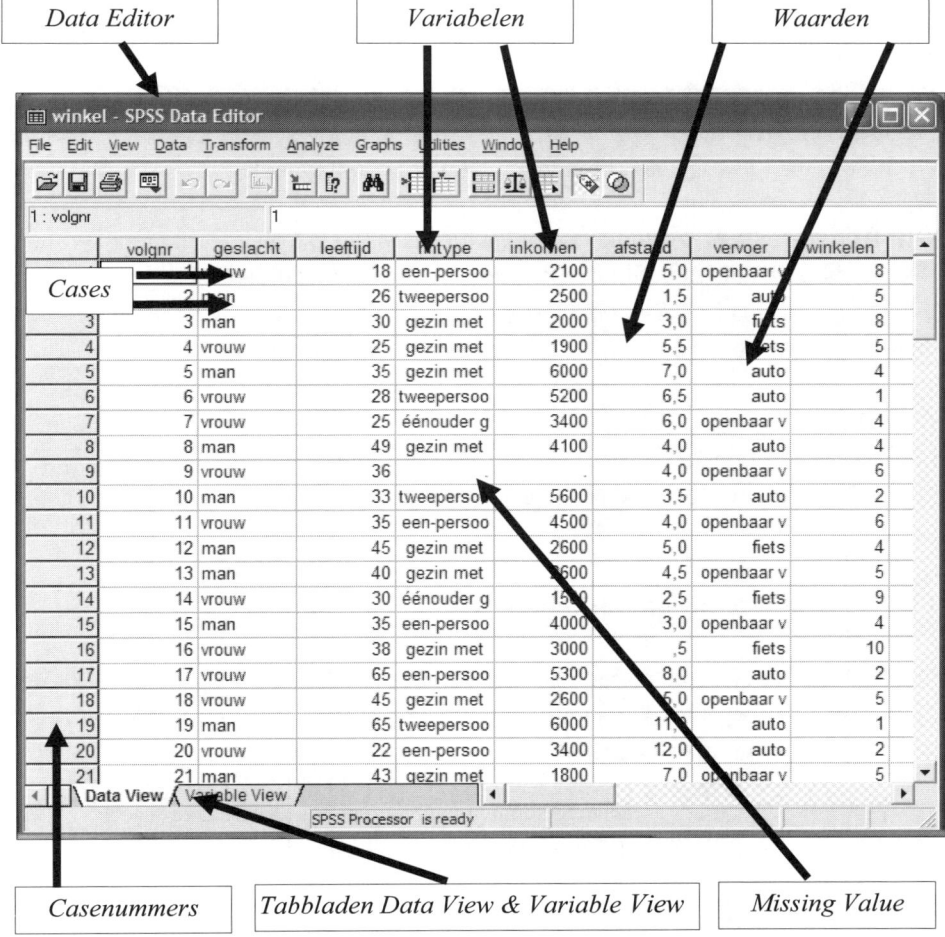

TIP In SPSS kun je waarden voorzien van een *value label* (een omschrijving van de waarde). Zo kun je de waarden van 'geslacht' invoeren als '0' en '1', terwijl je ze kunt laten tonen als 'man' en 'vrouw' wanneer je die termen als *value label* opgeeft. Je wisselt tussen waarde en label met de knop **Value Labels** (par. 6.1).

Cases

Iedere onderzoekseenheid (waarneming) is een *case*. Bij een enquête zoals ons voorbeeld is dus elke respondent een case.

Elke case in een gegevensbestand heeft dezelfde variabelen. Per case hebben die variabelen een score. In de Data View is elke rij met gegevens een case.

	volgnr	geslacht	leeftijd	hhtype	inkomen	afstand	vervoer	winkelen
1	1	vrouw	18	een-persoon	2100	5,0	openbaar v	8

Variabelen

De kenmerken die voor elke case zijn bepaald, zijn in SPSS de *variabelen*. In ons voorbeeld met winkelende mensen gaat het om 'leeftijd', 'geslacht' enzovoort.

In de Data View is elke kolom met gegevens een variabele.

leeftijd
18
26
30

LET OP In SPSS heeft elke variabele *eigenschappen* ('Name', 'Type', 'Width', 'Decimals' enz.) die gedefinieerd moeten worden (zie Hoofdstuk 7).

	Name	Type	Width	Decimals	Label	Values	Missing	Columns
1	leeftijd	Numeric	8	0	Leeftijd	None	None	5

Waarden

Elke case heeft voor elke variabele een waarde (*value*). Dus elke cel in een data file bevat een waarde (dat kan ook een *missing value* zijn).

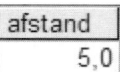

1.7 Een statistische opdracht in SPSS

In SPSS bestaat een statistische opdracht uit drie stappen: 1) je opent het **bestand**; 2) je geeft voor bepaalde variabelen commando's die tezamen een **SPSS-opdracht** vormen; 3) je krijgt **uitvoer** om te bewerken, te printen of te bewaren.

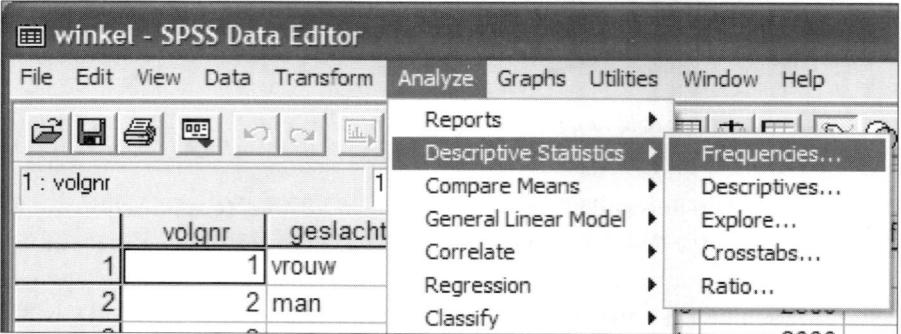

1.8 Het uitvoervenster van SPSS: de Viewer

De uitkomsten (uitvoer) van een SPSS-opdracht voor een statistische procedure worden altijd getoond in een apart programmavenster: de *Viewer* (uitvoervenster).

De uitvoer in de Viewer
De uitvoer in de Viewer kan bestaan uit tabellen of grafieken (of allebei). Hoe de *opmaak* van de tabellen er uit ziet, ligt aan je instellingen (zie par. 17.6).

Elke uitvoer heeft een *titel* (de procedure die je hebt gekozen). Bij tabellen krijg je ook een overzicht van de gegevens die zijn gebruikt voor de procedure.

LET OP De uitvoer kun je vanuit de Viewer afdrukken, bewaren, en bewerken.

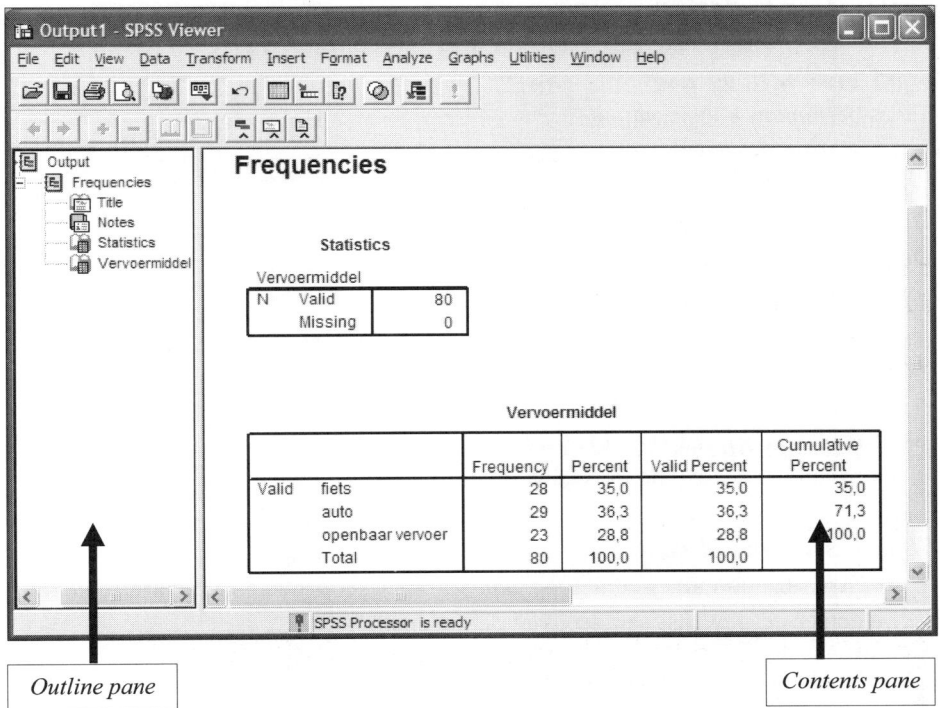

Het venster van de Viewer
De Viewer bestaat uit twee frames. Links staat de *outline pane* met een overzicht van de elementen van de uitvoer van de statistische opdracht. Rechts staat de *contents pane* met de eigenlijke uitvoer: de tabellen en/of de grafieken.

TIP Je wijzigt de verhouding tussen de frames door de scheidslijn te verslepen.

1.9 SPSS-programma's starten & bestanden openen, opslaan, printen

Je kunt vanuit elk SPSS-programmavenster nieuwe, lege programmavensters *starten* en je kunt vanuit elk programmavenster alle soorten SPSS-bestanden *openen*.

SPSS-programma's starten

In elk programmavenster van SPSS kun je de SPSS-programma's starten via menukeuze **File; New** en dan het programma (als **Data**, **Syntax**, **Output**, enz.).

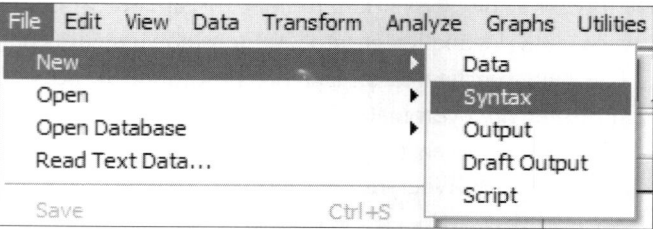

SPSS-bestanden openen

SPSS-bestanden kun je vanuit elke programmavenster openen. Kies na menukeuze **File; Open** uit **Data..**, **Syntax..**, **Output..**, enz., en kies dan het gewenste bestand (par. 1.5).

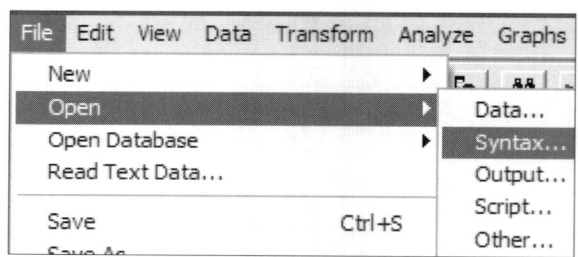

SPSS-bestanden opslaan

In alle SPSS-programma's kun je het geopende bestand bewaren (opslaan) met menukeuze **File; Save** of met een klik op de knop **Save File**.
De naam of locatie van het bestand wijzig je met menukeuze **File; Save As**.

SPSS-bestanden afdrukken

In elk SPSS-programma kun je (een deel van) het geopende bestand afdrukken:
1. Selecteer desgewenst een deel van de gegevens.
2. Klik op de knop **Print** (of maak menukeuze **File; Print**).
3. Het venster **Afdrukken (*Print*)** verschijnt. Geef de gewenste instellingen op. Had je een selectie gemaakt, activeer dan de optie **Selectie (*Selection*)**.
4. Klik op **OK**.

TIP In de Data Editor worden de rijnummers en kolomhoofden altijd meegeprint.

Printvoorbeeld op scherm

Kies menukeuze **File; Print Preview** voor een printvoorbeeld op het scherm.

2 SPSS & WINDOWS

We gaan ervan uit dat je de basisprincipes van Windows onder de knie hebt. Dit betekent dat je kunt werken met de muis, met vensters, met menu's en met knoppen.

2.1 SPSS als Windows-programma

Omdat SPSS werkt volgens de Windows-principes, kunnen er tijdens een SPSS-sessie vele vensters tegelijk geopend zijn. Je werkt evenwel altijd maar in één venster: het *actieve* venster.

Je maakt een venster actief door erop te klikken of met een klik op de knop in de taakbalk van Windows of door het venster te kiezen in het menu **Window**.

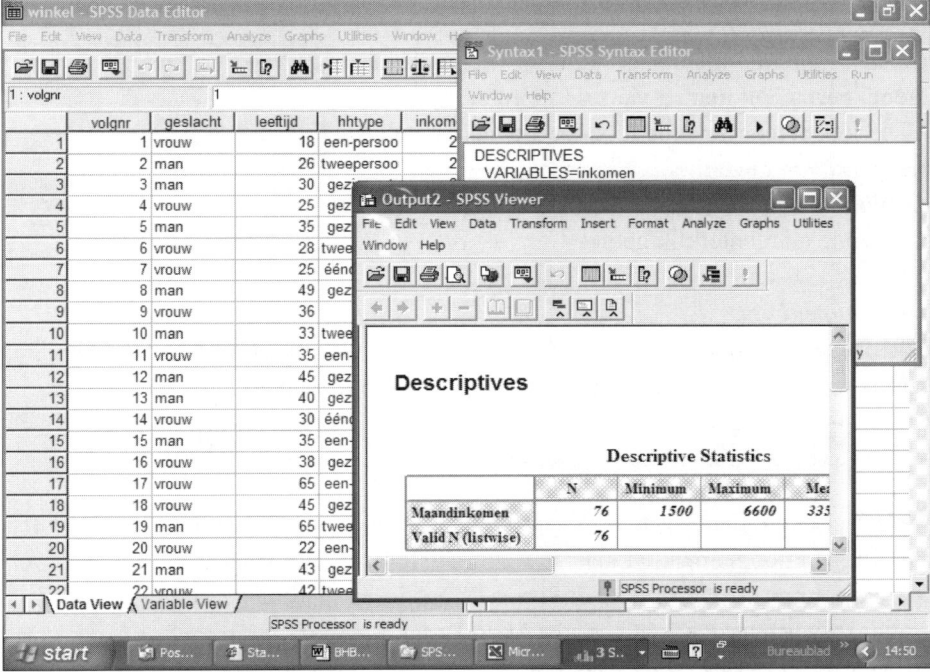

Werken met vensters

Bovenin elk venster staat de **titelbalk** met de naam van het venster. Bij programmavensters staan hier de naam van het geopende bestand en daarnaast de naam van het programma.

Rechts in de titelbalk van elk venster staan Windows-knoppen om het venster te *minimaliseren, maximaliseren* of te *sluiten*.

De menubalk met de menu's

Elk programmavenster heeft een **menubalk** met menu's. Elk menu bevat opties die betrekking hebben op verwante opdrachten.

Zo vind je in het menu **Analyze** opties voor het uitvoeren van statistische procedures.

Je opent een menu door erop te klikken. De menuopties worden nu zichtbaar.

De zwarte opties kun je activeren, grijze opties zijn niet beschikbaar. De pijltjes achter een menukeuze geven vervolgopties aan.

Je sluit een menu door buiten het menu te klikken.

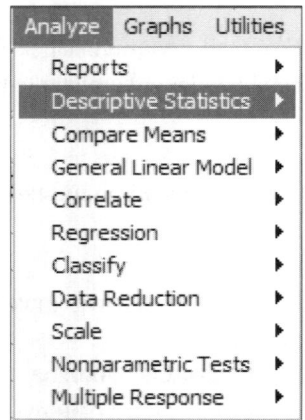

Werken met snelmenu's

Behalve via de menubalk kun je veel gebruikte menukeuzes ook maken via **snelmenu's**.

Je opent een snelmenu door op een item een *rechterklik* te geven.

Welk snelmenu verschijnt, is afhankelijk van waarop je de rechterklik geeft.

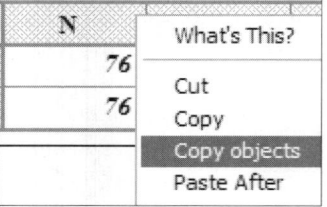

De knoppenbalk

Elk programmavenster in SPSS heeft een eigen **knoppenbalk**. Met de knoppen kun je een aantal opdrachten in één keer geven om te werken in de werkruimte.

TIP De knoppenbalk kun je aan je eigen wensen aanpassen. Geef een rechterklik op de knoppenbalk en kies de optie **Customize**. Het venster *Customize Toolbar* verschijnt; hier kun je allerlei instellingen wijzigen of de knoppenbalk in de standaardvorm terugkrijgen met de knop **Reset Toolbar**.

De statusbalk

Elk programmavenster in SPSS heeft een **statusbalk**. De statusbalk geeft informatie over de SPSS-opdracht die wordt uitgevoerd, en over selecties.

De statusbalk is niet onbelangrijk voor het volgen van je SPSS-opdrachten; hij kan in en uit beeld worden gezet met menukeuze **View; Status Bar**.

De statusbalk is van belang in de Data Editor bij statistische procedures (par.4.5).

3 SPSS & STATISTIEK

SPSS gebruik je voor het uitvoeren van statistische procedures op data. Het is hierbij van belang de relatie te begrijpen tussen abstracte statistiek en SPSS op je pc.

TIP Het mooie van SPSS is dat het programma al het statistische rekenwerk voor je doet. Jij hoeft alleen maar te begrijpen wanneer je welke procedure start.

3.1 Onderzoeksgegevens en statistiek

Elk statistisch onderzoek is afhankelijk van de onderzoeksopzet die heeft geleid tot de verzameling gegevens waarmee je aan de slag gaat.

1. Onderzoek begint met de onderzoeksvraag: **Wat willen we weten?**
   Bijvoorbeeld: *hoe verschilt het winkelgedrag van mannen en vrouwen in winkelcentra per inkomensgroep en per leeftijdsklasse?*

2. Dan wordt de onderzoeksmethode bepaald: **Hoe willen het weten?**
   Bijvoorbeeld: *een enquête van een gehele onderzoeksgroep (populatie) of een representatief deel daarvan (steekproef).*

3. Dan wordt bepaald met **welke onderzoekseenheden** (*cases*) wordt gewerkt.
   Bijvoorbeeld: *individuele winkelende klanten of winkelende echtparen.*

4. Dan wordt bepaald uit **welke kenmerken** (*variabelen*) elke case van het onderzoek bestaat (en welke onderzoeksgegevens je nodig hebt).
   Bijvoorbeeld: *geslacht, leeftijd, huishoudentype, inkomen, vervoer.*

5. Dan worden de **variabelen gedefinieerd** in de Data Editor (Variable View) van SPSS: van elke variabele worden de variabelendefinities opgegeven.
   Bijvoorbeeld: *'geslacht' is alfanumeriek; 'leeftijd' is numeriek.*

6. Dan worden de **onderzoeksgegevens ingevoerd** in de Data Editor. Per case krijgt elke variabele een waarde. Die waarde moet voldoen aan de variabelendefinities. Bijvoorbeeld: *'geslacht': MAN; 'leeftijd': 32.*

7. Zijn de gegevens ingevoerd, dan kan de **bewerking** beginnen. Zo kun je in de Data Editor uit de oorspronkelijke variabelen *nieuwe variabelen* afleiden.

8. Ten slotte kunnen zowel de oorspronkelijke als de nieuwe variabelen worden geanalyseerd met behulp van **statistische technieken** (zie Hoofdstuk 23 e.v.).

3.2 Kernbegrippen van de statistiek en van SPSS

Statistiek bestaat uit het *tellen* van gegevens, het *berekenen* van statistische maten (zoals standaarddeviaties) en het *testen* of steekproefgegevens significant zijn voor de hele populatie.

Zo kun je in ons voorbeeldbestand *tellen* hoeveel vrouwen met een modaal inkomen per fiets boodschappen gaan doen. En je kunt *testen* in hoeverre de steekproef van 80 ondervraagde personen representatief is voor de gehele populatie.

Populatie en steekproef
Datgene wat je onderzoekt (bijvoorbeeld alle Nederlanders, alle huishoudens, alle gemeenten of alle kiesgerechtigden) wordt de ***populatie*** genoemd.

Vaak beschik je voor je statistisch onderzoek alleen over een ***steekproef*** uit de populatie (bijvoorbeeld een enquête onder 1000 Nederlanders).

Onderzoekseenheden = cases
Voordat je (steekproef)gegevens kunt verzamelen, moet eerst worden vastgesteld wat de ***onderzoekseenheden*** zijn. Een onderzoekseenheid kan bijvoorbeeld een persoon, maar ook een huishouden, een bedrijf of een gemeente zijn.

Onderzoekseenheden zijn de ***cases*** in SPSS.

Kenmerken = variabelen
Als bekend is wat de onderzoekseenheden zijn, moet je bepalen welke ***kenmerken*** van elke case je wilt verzamelen. Zijn de cases bijvoorbeeld 'klanten', dan zouden de kenmerken kunnen zijn 'leeftijd', 'geslacht', 'vervoer' enzovoort.

Deze kenmerken zijn de ***variabelen*** in SPSS.

Scores = waarden
Bij het onderzoek krijg je per case voor elk kenmerk een ***score***. De score is zo een specifieke *waarde* van een bepaalde case. Elk kenmerk heeft een eigen bereik van waarden (voor de variabele 'vervoer' is dat 'openbaar vervoer', 'auto' of 'fiets', maar voor 'lichaamslengte' is dat elk getal tussen 0,00 cm en pakweg 230,12 cm).

De *score* is een ***waarde*** in SPSS.

TIP Een waarde die in je gegevens ontbreekt (of niet van toepassing is) is een ***missing value***. (Zie voor *missing values* in SPSS par. 7.7).

LET OP Er is een belangrijk verschil tussen *numerieke* variabelen (waarmee kan worden gerekend) en *alfanumerieke* variabelen (waarmee niet wordt gerekend). Op alfanumerieke variabelen kun je wel statistische procedures uitvoeren.

4 EEN STATISTISCHE PROCEDURE MET SPSS

Een statistische procedure met SPSS wordt altijd op dezelfde wijze uitgevoerd:
1. Je *opent* een gegevensbestand (data file) (par. 4.1).
2. Je *geeft een **SPSS-opdracht*** (via menu's, knoppen en dialoogvensters) voor één of meer variabelen uit het gegevensbestand (paragraaf 4.2 & 4.3).
3. De uitkomst van de SPSS-opdracht (de *uitvoer*) verschijnt in de vorm van tabellen of grafieken in de Viewer (het uitvoervenster) (par. 4.4).

LET OP In dit hoofdstuk wordt met gebruikmaking van het voorbeeldbestand *winkel.sav* uitgelegd hoe je een SPSS-opdracht geeft (zie **Bijlage 3**).

4.1 Het openen van een SPSS data file

In de Data Editor maak je, open je, en beheer je gegevensbestanden (*data files*, ofwel 'SPSS Data Documents' met extensie ***.sav**).

Bestand openen
Je opent een gegevensbestand met een klik op de knop **Open File**, of met de menukeuze **File; Open; Data**. Het dialoogvenster *Open File* verschijnt.
Hier kies je het gewenste SPSS-bestand dat je opent met een dubbelklik.

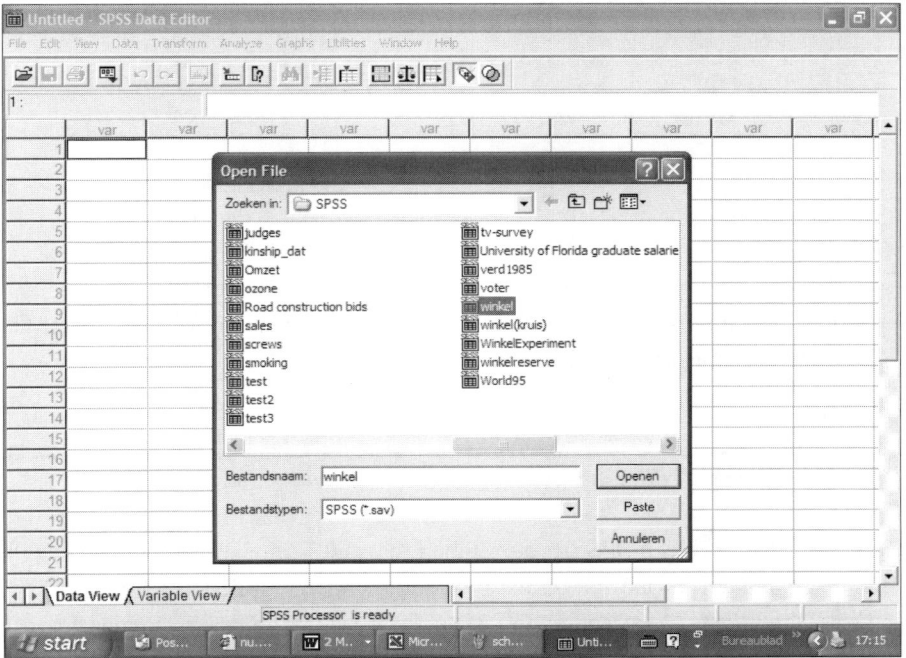

Opties bij Openen bestand

In het venster **Open File** verschijnt de laatst gebruikte map. Bij **Zoeken in** kun je de locatie wijzigen. Bij **Bestandstypen** kun je een ander bestandstype kiezen.

Je opent een bestand met een dubbelklik, of na selectie met een klik op **Openen**.

TIP Je kunt recent gebruikte data files meteen openen via menukeuze **File; Recently Used Data**. Je krijgt een lijst met bestandsnamen. Met een klik op een naam open je het bestand.

De gegevens in de Data Editor

De gegevens uit de data file worden weergegeven in de *Data View* van de Data Editor. In de titelbalk staat de bestandsnaam van het geopende bestand. In de rijen staan de *cases*; in de kolommen staan de *variabelen*.

Het voorbeeldbestand **winkel.sav** bestaat uit 80 cases van elk 8 variabelen (de eerste 17 cases zijn in afbeelding hieronder zichtbaar).

Data Editor met geopend gegevensbestand winkel.sav

LET OP Als je in een SPSS-programma (zoals de Editor of de Viewer) krijg je alleen de bestanden te zien die bij dat programma horen. In de Data Editor krijg je alle Data Documents (***.sav**) en in de Viewer krijg je alle uitvoerbestanden (***.spo**).

4.2 Een SPSS-opdracht geven

Het principe van een SPSS-opdracht is dat je eerst een (statistische) *bewerking* kiest, dan *één of meer variabelen* uit het gegevensbestand kiest om die bewerking op uit te voeren, en ten slotte de opdracht geeft om de gewenste *uitvoer* te krijgen.

Bewerking kiezen

De eerste stap van elke statistische analyse in SPSS is het kiezen van de gewenste procedure. Dit kan alleen via een menukeuze. Hiervoor gebruik je vooral de opties van het menu **Analyze**.

Welke optie je ook kiest, je krijgt altijd een *SPSS-dialoogvenster*. In deze vensters krijg je altijd een lijst met de variabelen van je bestand.

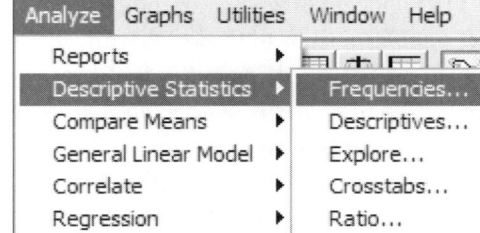

Hier moet je de variabele(n) kiezen voor de statistische procedure.

Variabelen kiezen

In het linkervak van SPSS-dialoogvensters staat de *variabelenlijst* met de variabelen van de data file.

Je kiest een variabele met een dubbelklik (of met een enkele klik, gevolgd door een klik op de keuzeknop, de knop met de pijl).

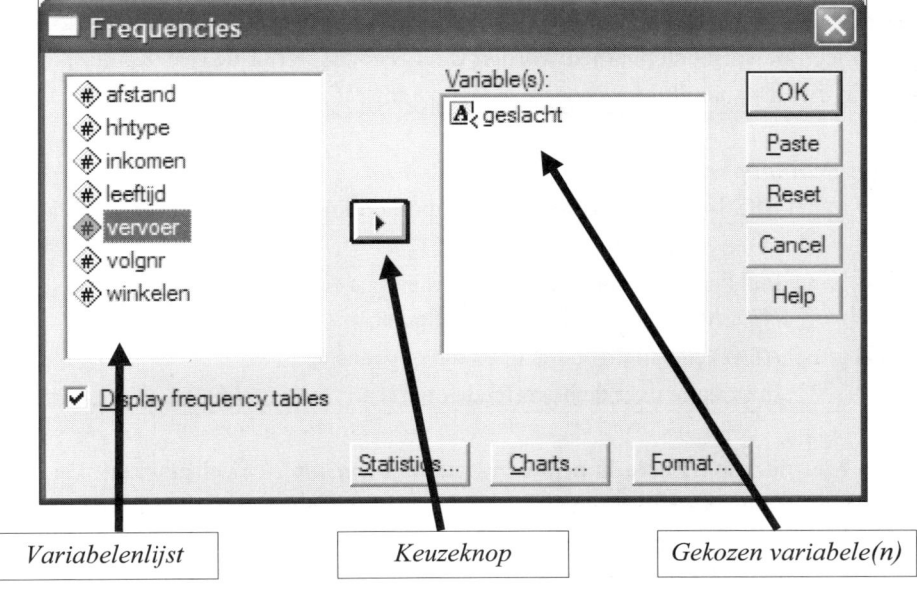

De gekozen variabelen
De variabelen die je hebt gekozen voor de statistische procedure, komen in het *rechtervak*.

Sommige vensters voor het kiezen van variabelen hebben *meerdere* pijlen en bijbehorende vakken voor de gekozen variabelen.

LET OP In de variabelenlijst hebben *numerieke variabelen* een hekje (#) en *alfanumerieke variabelen* een **A** voor hun naam. (Zie ook paragraaf 7.3).

TIP Opeenvolgende variabelen kun je in één keer selecteren door over de gewenste variabelen te slepen. Met de **<Control>**-toets in combinatie met een klik kunnen niet-opeenvolgende variabelen geselecteerd worden.

Gekozen variabelen terugzetten
Een gekozen variabele in het rechtervak zet je *terug* in de variabelenlijst met een dubbelklik (of door een enkele klik gevolgd door een klik op de pijlknop).

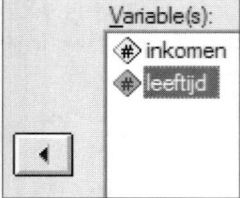

Met een klik op de **Reset**-knop worden *alle* variabelen teruggeplaatst in de variabelenlijst (en worden ook alle instellingen teruggezet naar standaard).

LET OP Standaard worden in de dialoogvensters de *variabelenlabels* weergegeven [met tussen haakjes de variabelennamen]. Met **Edit; Options**; tabblad **General;** optie **Variable Lists: Display names** kun je de instelling wijzigen, zodat alleen de variabelennamen worden weergegeven. Voor de overzichtelijkheid wordt in dit Basishandboek verder steeds deze instelling gebruikt!

De opdrachtknoppen
Rechts in het SPSS-dialoogvenster staan 5 opdrachtknoppen:

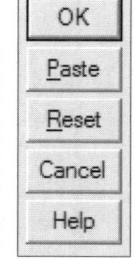

OK	Opdracht uitvoeren.
Paste	Plakken opdracht van SPSS-venster naar Syntax Editor.
Reset	Opheffen alle selecties en instellingen.
Cancel	Afbreken van de opdracht en dialoogvenster sluiten.
Help	Informatie over de betreffende opdracht.

TIP Met de knop **Paste** kun je een opdracht '*pasten*', ofwel plakken. De opdracht wordt niet uitgevoerd maar komt in de Syntax Editor, waar je hem kunt bewaren en dan later alsnog kunt uitvoeren ('runnen'). (Zie Hoofdstuk 21.)

4.3 Een SPSS-opdracht uitvoeren

Als alle selecties en instellingen naar wens zijn, voer je de SPSS-opdracht uit. De uitvoer verschijnt in de **Viewer** (het uitvoervenster).

Uitvoeren SPSS-opdracht
Een SPSS-opdracht voer je uit door na het kiezen van de instellingen in het SPSS-dialoogvenster op de **OK**-knop te klikken.

De SPSS-opdracht wordt nu *uitgevoerd* ('*gerund*'). Dit wordt op de statusbalk aangegeven met de mededeling: *Running [....]*

Extra uitvoer kiezen
In het onderste deel van SPSS-dialoogvensters kun je de instellingen voor de uitvoer specificeren, bijvoorbeeld met knoppen, aankruisvakjes of aanklikrondjes.

Zo krijg je knoppen waarmee je **extra informatie** kunt krijgen in de uitvoer (zoals statistische maten of grafieken). De opties verschillen per dialoogvenster.

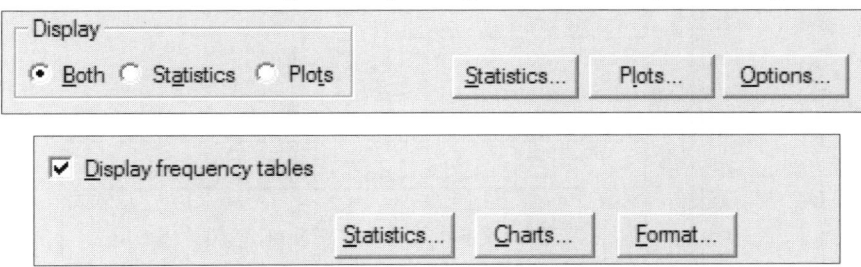

*****LET OP*** Het opgeven van extra uitvoer (als statistische maten) doe je altijd in een dialoogvenster. Na het opgeven van de instellingen ga je terug naar het oorspronkelijke SPSS-dialoogvenster met een klik op de knop **Continue**.

Herhalen recente opdrachten
Omdat een SPSS-opdracht vaak allerlei instellingen vergt, is het handig dat je recente opdrachten in één keer kunt terughalen met de knop **Dialog Recall** in de Data Editor.

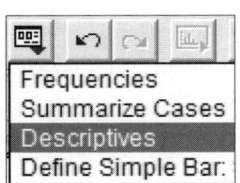

Heb je identieke SPSS-bewerkingen gedaan, dan krijg je alleen de laatste instelling terug!

*****LET OP*** Als je een statistische opdracht opnieuw uitvoert op een andere variabele, blijven de extra instellingen van de vorige opdracht geldig. Wil je dat niet, dan moet je de extra intellingen weer uitschakelen (zoals met de knop **Reset**).

4.4 De uitvoer van een SPSS-opdracht: de Viewer

De uitkomsten van een SPSS-opdracht worden altijd getoond in een apart programmavenster: de *Viewer* (het uitvoervenster).

De uitvoer kan bestaan uit tabellen of grafieken. Elke uitvoer heeft een *titel* (de procedure die je hebt gekozen). Bij tabellen krijg je ook een overzicht van de gekozen variabelen en het aantal cases dat is gebruikt voor de procedure.

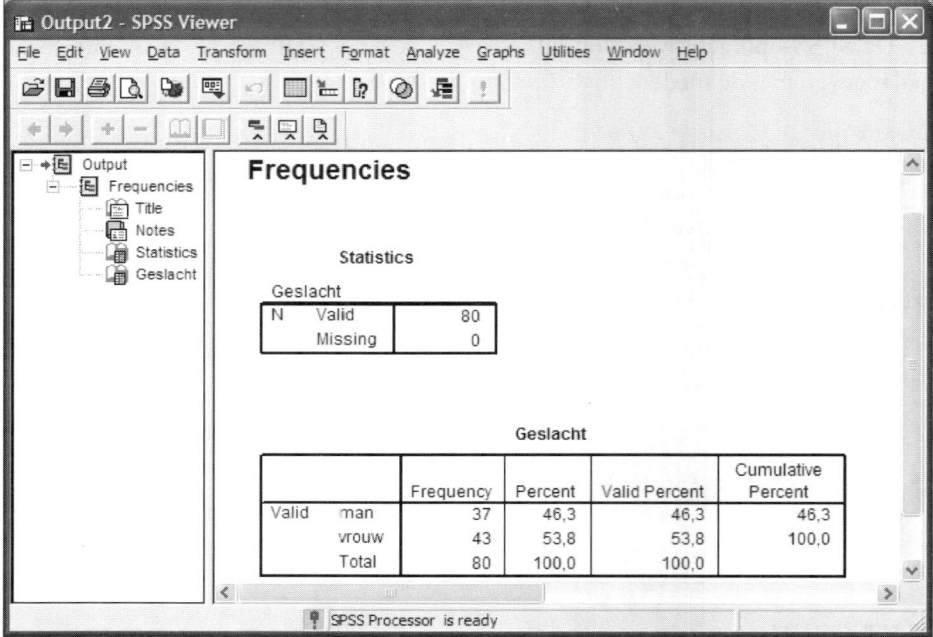

4.5 Bekijken uitgevoerde procedure

In de statusbalk van de Data Editor zie je de status van de procedure, en ook of er procedures (zoals filteren of wegen) zijn uitgevoerd op het gegevensbestand.

De statusbalk bestaat uit verschillende vakken (*areas*):

Processor area	toont de SPSS-opdracht die wordt uitgevoerd. Als er geen opdracht wordt 'gerund' staat hier: *SPSS Processor is ready*.
Case counter area	toont tijdens SPSS-opdracht hoeveel cases er zijn verwerkt.
Filter/Use status area	indien de cases zijn gefilterd staat hier *Filter On*.
Weight status area	indien de cases worden gewogen staat hier *Weight On*.
Split file status area	indien de opdracht voor verschillende groepen uit het bestand apart wordt uitgevoerd: *Split On*.

5 AAN DE SLAG IN DE DATA EDITOR

De Data Editor bestaat uit de tabbladen **Data View** en **Variable View**. In de Data View werk je met de gegevens; in de Variable View definieer je de variabelen.

5.1 De Data Editor

De Data Editor biedt op beide tabbladen een werkruimte voor de gegevens. De werkruimte bestaat uit *rijen* en *kolommen*. Het kruispunt van een rij en een kolom is een *cel*. In elke cel staat één gegeven uit het gegevensbestand.

Data View & Variable View
In de Data View zijn de cases de horizontale rijen, en de variabelen de verticale kolommen. De waarden staan in de cellen.
   Elke variabele heeft *variabelendefinities*. Deze definities regel je in de Variable View. In de rijen staan de variabelen, in de kolommen de variabelendefinities.

TIP Je activeert de tabbladen in de Data Editor met een klik op de betreffende tabbladnaam onderin het venster.

	volgnr	geslacht	leeftijd	hhtype	inkomen	afstand	vervoer	winkelen
1	1	vrouw	18	een-persoo	2100	5,0	openbaar v	8
2	2	man	26	tweepersoo	2500	1,5	auto	5
3	3	man	30	gezin met	2000	3,0	fiets	8
4	4	vrouw	25	gezin met	1900	5,5	fiets	5
5	5	man	35	gezin met	6000	7,0	auto	4
6	6	vrouw	28	tweepersoo	5200	6,5	auto	1
7	7	vrouw	25	éénouder g	3400	6,0	openbaar v	4
8	8	man	49	gezin met	4100	4,0	auto	4
9	9	vrouw	36			4,0	openbaar v	6
10	10	man	33	tweepersoo	5600	3,5	auto	2
11	11	vrouw	35	een-persoo	4500	4,0	openbaar v	6

Data View met gegevens van het bestand winkel.sav
In de rijen de cases; in de kolommen de variabelen; in de cellen de waarden

	Name	Type	Width	Decimals	Label	Values	Missing	Columns	Align	Measure
1	volgnr	Numeric	8	0	Volgnummer	None	None	8	Right	Ordinal
2	geslacht	String	8	0	Geslacht	{m, man}...	None	8	Left	Nominal
3	leeftijd	Numeric	8	0	Leeftijd	None	None	8	Right	Scale
4	hhtype	Numeric	8	0	Type Huishoud	{1, een-persoo	None	8	Right	Nominal
5	inkomen	Numeric	8	0	Maandinkome	None	None	8	Right	Scale
6	afstand	Numeric	8	1	Afstand tot win	None	None	8	Right	Scale
7	vervoer	Numeric	8	0	Vervoermiddel	{1, fiets}...	None	8	Right	Nominal
8	winkelen	Numeric	8	0	Winkelbezoek	None	None	8	Right	Scale

Variable View met de definities van de acht variabelen van het bestand winkel.sav
In de rijen de variabelen; in de kolommen de definities

5.2 De Data View

De werkruimte van de Data View bestaat uit *rijen* en *kolommen*. Het kruispunt van een rij en een kolom is een *cel*. In elke cel staat één waarde.

De werkruimte van de Data View
Is in de Data Editor een bestand geopend, dan staan in de Data View de *namen van de variabelen* in de kolomhoofden, en de *waarden van de variabelen* in de cellen. De inhoud van een cel wordt opgevat als één waarde (*value*).

Als je zelf een gegevensbestand gaat opzetten, begin je met een lege werkruimte. In elk kolomhoofd staat dan 'VAR' voor de in te vullen variabelennaam.

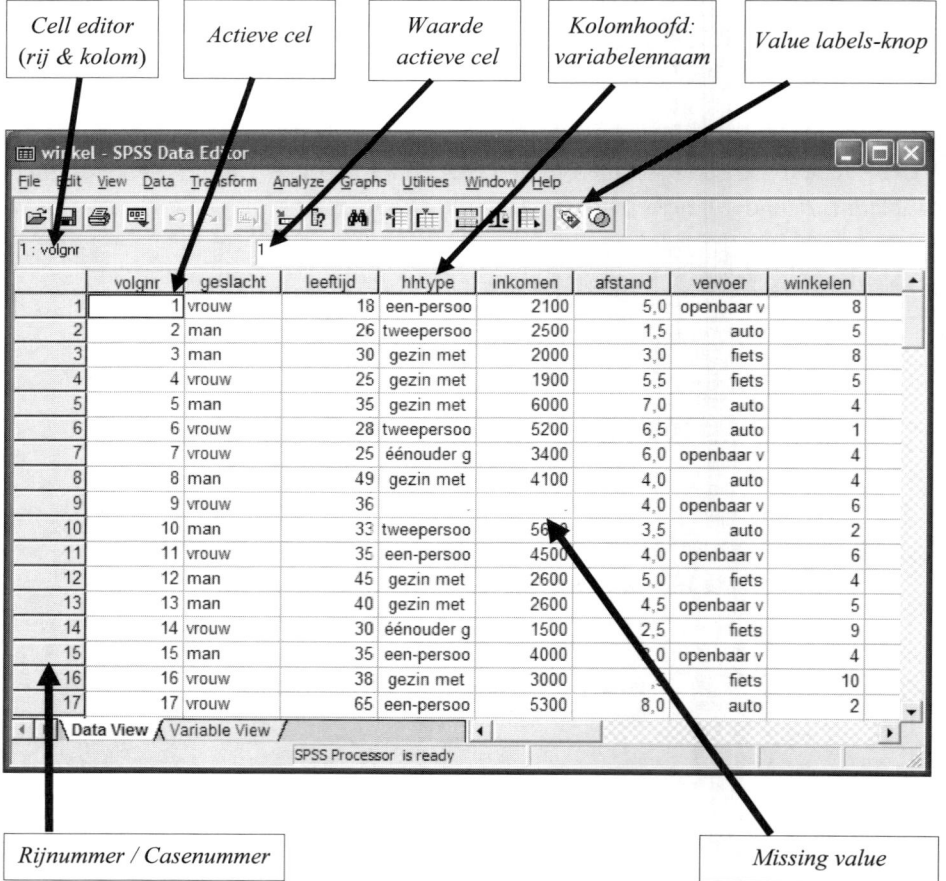

TIP Je opent een nieuw, leeg gegevensbestand met menukeuze **File; New; Data.**

5.3 De Variable View

In de *Variable View* staan de variabelendefinities van de data file. Als je zelf je gegevensbestand opzet, moet je hier zelf de definities opgeven.

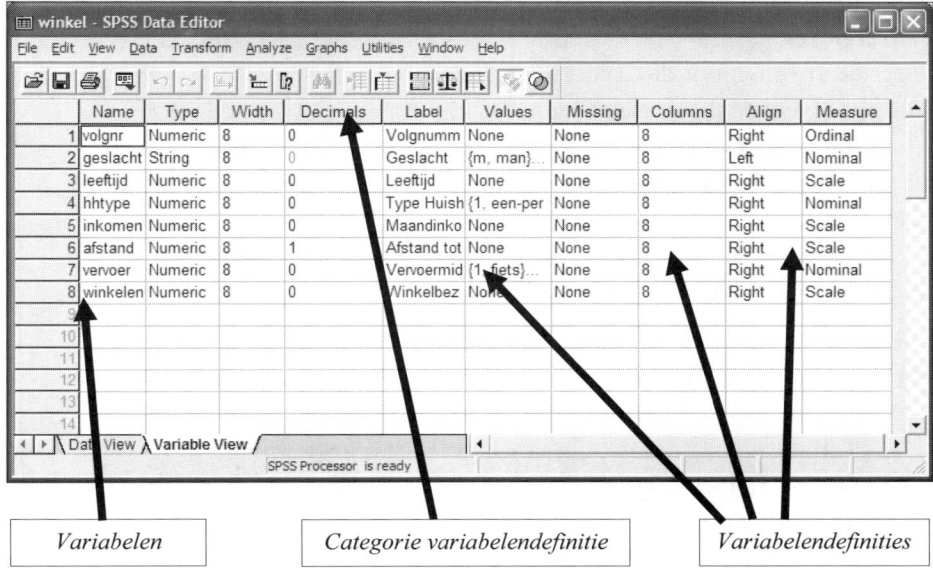

Variabelen   *Categorie variabelendefinitie*   *Variabelendefinities*

De variabelen & de variabelendefinities

Elke variabele staat in een rij. In de kolommen staan de definities die moeten worden opgegeven (zie Hoofdstuk 7):

Je hebt altijd te maken met de volgende definities:

CATEGORIEËN VAN VARIABELENDEFINITIES	
Name	variabelennaam
Type	variabelentype
Width	aantal posities (karaktertekens)
Decimals	aantal decimalen (bij numerieke variabelen)
Label	variabelenlabel; omschrijving variabele
Values	value labels; omschrijvingen van waarden
Missing	definitie *user-missing values*
Columns	kolombreedte in Data View
Align	uitlijning in Data View
Measure	meetschaal: *nominal, ordinal* of *scale* (= *interval* of *ratio*)

5.4 Navigeren in de Data Editor

Op beide tabbladen van de Data Editor vind je je weg naar de gewenste positie volgens de Windows-principes.

Activeren cel
Je activeert een cel in de Data Editor door erop te klikken (of met de pijltoetsen heen te gaan).
   Alleen in de actieve cel kun je gegevens invoeren of bewerken. De *actieve cel* is omkaderd met de *celaanwijzer* (het zwarte kader).

	volgnr	geslacht
1	1	vrouw
2	2	man
3	3	man
4	4	vrouw
5	5	man

TIP Met de volgende toetsencombinaties verplaats je de celaanwijzer:

<Ctrl><Home>	ga naar de eerste cel (linksboven)
<Ctrl><End>	ga naar laatste gevulde cel (rechtsonder)
↓ of <Enter> / ↑	één cel naar beneden (ook bij invoeren) / naar boven
→ of <Tab>	één cel naar rechts (ook bij invoeren)
← of <Shift><Tab>	één cel naar links
<Ctrl> ← of <Home>	naar eerste cel van de rij
<Ctrl> → of <End>	naar laatste (gevulde) cel van de rij
<Ctrl> ↑ / <Ctrl> ↓	naar eerste cel van kolom / naar laatste (gevulde) cel
PgDn / PgUp	één scherm naar beneden / naar boven
<Ctrl>-PgDn / -PgUp	één scherm naar rechts / naar links

Data View: Cell Editor
In de Data View staat onder de knoppenbalk de *Cell Editor*. Hier wordt de inhoud van de actieve cel getoond. Links daarvan staan het rijnummer en de variabelennaam van de actieve cel.
   In de afbeelding is het rijnummer (dus het casenummer) '4', de variabelenaam 'inkomen', en de waarde in de cel '1900'.

Wisselen tussen Data View & Variable View
Je wisselt tussen de Data View en de Variable View met een klik op het gewenste tabblad onderin de Data Editor.

   Met een dubbelklik op de variabelennaam in de *Data View* wordt meteen naar die variabele in de *Variable View* gesprongen. En met een dubbelklik op een rijnummer in *Variable View* wordt naar de variabele in *Data View* gesprongen.

6 AAN DE SLAG MET DE DATA FILE

Een goed opgezet gegevensbestand is voor statistici *a joy forever*. Vaak zul je met een bestaand gegevensbestand werken, maar als je zelf een data file gaat opzetten, is het zaak goed na te denken over hoe de gegevens gaan worden ingevoerd.

6.1 Het belang van een goed opgezet gegevensbestand

Het is de bedoeling dat het gegevensbestand zo is opgezet dat je met de waarden statistisch kunt werken. Het bestand moet dus *consistent* en *consequent* zijn.

Ingevoerde waarden als probleem

Het invoeren van waarden in een data file is op zich eenvoudig, maar er zijn een aantal valkuilen! Zo zijn de geldige waarden van de numerieke variabele 'leeftijd' alle hele getallen tussen 0 en ongeveer 110, maar mag de invoer niet 'negen' of 'tien' zijn. Die invoer levert een *missing value* op.

Anderzijds krijg je bij afwijkingen in de invoer van de waarden van alfanumerieke variabelen geen *missing value* maar een geheel nieuwe *categorie* waarden.

Zo krijg je bij de variabele 'geslacht' met de invoer 'man', 'MAN', 'Man', 'vrouw' en 'VRouw' *vijf* verschillende categorieën waarden voor 'geslacht'.

TIP Als je zelf gegevens invoert of laat invoeren, zorg dan voor *consequente* en *consistente* invoer. Bij sommige variabelen is het gebruik van **value labels** handig!

	country	populatn	density	urban	religion	lifeexpf	lifeexpm	literacy
62	Lebanon	3620	343,0	84	Muslim	71	67	80
63	Liberia	2900	29,0	45	Animist	57	54	40
64	Libya	5500	2,8	82	Muslim	65	62	64
65	Lithuania	3800	58,0	69	Catholic	77	68	99
66	Malaysia	19500	58,0	43	Muslim	72	66	78
67	Mexico	91800	46,0	73	Catholic	77	69	87
68	Morocco	28600	63,0	46	Muslim	70	66	50
69	N. Korea	23100	189,0	60	Buddhist	73	67	99
70	Netherlands	15400	366,0	89	Catholic	81	75	99
71	New Zealand	3524	13,0	84	Protstnt	80	73	99
72	Nicaragua	4100	33,0	60	Catholic	67	61	57
73	Nigeria	98100	102,0	35	Muslim	57	54	51
74	Norway	4300	11,0	75	Protstnt	81	74	99
75	Oman	1900	7,8	11	Muslim	70	66	
76	Pakistan	128100	143,0	32	Muslim	58	57	35

Value labels als oplossing

Bij sommige categorieën variabelen (nominale en ordinale) kun je voor de waarden **value labels** opgeven. Dit zijn *omschrijvingen* van de geldige waarden.

Zo zijn voor de variabele 'geslacht' de mogelijke waarden 'man' en 'vrouw', maar het is beter de invoer te beperken tot '1' of '2'. Je geeft dan voor die ingevoerde waarden als value labels 'man' en 'vrouw' op.

Met value labels is de *invoer* dus minder gevoelig voor tikfouten.

In de Data View kun je ervoor kiezen of je de invoer of de *value labels* te zien krijgt. Met de knop **Value Labels** kies je voor invoer of labels.

LET OP Value labels geef je op in de Variable View (zie par. 7.6).

6.2   Numerieke & alfanumerieke variabelen

Er zijn *numerieke* en *alfanumerieke* variabelen. Met numerieke variabelen kan worden gerekend, met alfanumerieke variabelen wordt niet gerekend (maar er kunnen wel een beperkt aantal statistische procedures op worden uitgevoerd).

Werken met numerieke variabelen

Bij numerieke variabelen bestaan de waarden alleen uit *cijfers* (getallen), al dan gecombineerd met punten, komma's, valutatekens enz. Bijvoorbeeld: € 2.006,54.

Er zijn zeven typen numerieke variabelen: *numeric* (getal), *comma* (komma), *dot* (punt), *scientific notation* (wetenschappelijke notatie), *date* (datum), *dollar* (dollar) en *custom currency* (valuta).

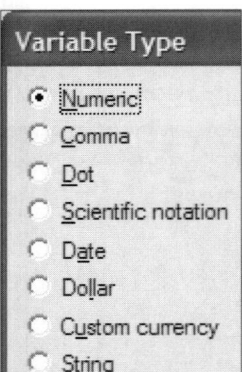

LET OP Elke nieuwe variabele wordt standaard numeriek van het type *numeric*. Als je iets anders wilt, moet je dit *zelf* instellen bij de variabelendefinities (zie par. 7.3).

Werken met alfanumerieke variabelen

Bij alfanumerieke variabelen kunnen de waarden behalve uit cijfers ook uit andere tekens bestaan, zoals letters en leestekens. Er is maar één type alfanumerieke variabele: de *string*. Alfanumerieke variabelen worden niet in berekeningen gebruikt.

LET OP In de dialoogvensters van SPSS worden numerieke variabelen altijd aangeduid met een hekje (#) en alfanumerieke variabelen met een **A**.

6.3 Werken met cases in de Data View

Nieuwe case maken

Zodra je in Data View in een lege *rij* in een cel gegevens invult, maak je een case. De andere cellen van de case (en eventueel lege bovenliggende rijen) krijgen meteen *missing values*. Er bestaan immers in SPSS geen cases zonder waarden.

Selecteren van cases

Je selecteert een case met een *klik* op het casenummer. Je selecteert aaneengesloten cases door over de casenummers te *slepen*. Niet-aaneengesloten cases selecteer je door op de casenummers te *klikken* met de **Ctrl-toets** ingedrukt.

Invoegen van cases

Selecteer de case waarboven je een case wilt invoegen en kies in het snelmenu van het casenummer **Insert Cases**, of klik op de knop **Insert Cases**.

Verwijderen van cases

Selecteer de case(s) die je wilt verwijderen en kies daarna in het snelmenu van de casenummers de optie **Clear**, of druk op de <**Delete**>-toets.

Kopiëren of verplaatsen van cases

1. Selecteer de case(s) die je wilt kopiëren of verplaatsen.
2. Kies in het snelmenu (of via het **Edit**-menu) **Copy** of **Cut**.
3. Selecteer het aantal bestemmingsrijen dat overeenkomt met het aantal cases.
4. Kies in het snelmenu **Paste** (of de menukeuze **Edit; Paste**).

Data View: kolommen in beeld houden

Het is vaak handig om de meest linkse kolom(men) (bijvoorbeeld met volgnummers van de cases) *vast te zetten*, zodat ze zichtbaar blijven als je door het bestand navigeert.

Selecteer vanaf de meest linkse kolom de gewenste kolommen en kies in het snelmenu van een kolomkop **Pin selected columns**.

Je maakt het vastzetten omgedaan met snelmenukeuze **Undo pinning**.

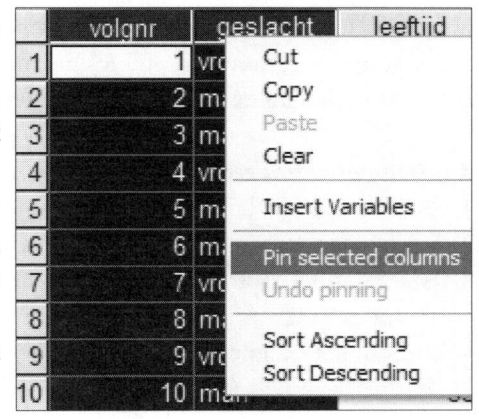

6.4 Werken met variabelen in de Variable View

Nieuwe variabele maken

Zodra je in de *Variable View* ergens in een rij onder het kolomhoofd **Name** gegevens invoert (en zodra je in de *Data View* in een lege kolom gegevens invoert), maak je vanzelf een nieuwe variabele.

Een nieuwe variabele krijgt meteen een standaard variabelentype (*numeric* dan wel *string*; zie paragraaf 7.3).

LET OP Wanneer je een variabele maakt in de Data View, krijgt de nieuwe variabele de standaardnaam VAR gevolgd door een nummer.

LET OP In de praktijk is het beter nieuwe variabelen in te voeren via de Variable View omdat je dan meteen de *definities* kunt aanbrengen. (Voor het opgeven of wijzigen van de variabelendefinities zie Hoofdstuk 7.)

Variabele invoegen in reeks van variabelen

In een gegevensbestand kun je variabelen *invoegen*. Klik in de Variabele View op het rijnummer waar je een variabele wilt invoegen en kies in het snelmenu **Insert Variable**, of klik op de knop **Insert Variable**.

Wil je een variabele invoegen in de Data View, selecteer dan de variabele waarvóór de nieuwe variabele moet komen, en kies in het snelmenu **Insert Variables**, of klik op de knop **Insert Variable**.

LET OP Als je een variabele invoegt waar er sprake is van tussenliggende *lege* rijen (of kolommen in de Data View) worden dat ook meteen variabelen!

Verwijderen van variabele(n)

Selecteer de variabele(n) die je wilt verwijderen met een klik op het rijnummer, en kies daarna in het snelmenu de optie **Clear**, of druk op de <**Delete**>-toets.

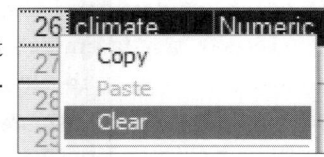

Kopiëren of verplaatsen van variabele(n)

1. Selecteer de gewenste variabele(n) met een klik op het rijnummer.
2. Kies in het snelmenu (of via het **Edit**-menu) **Copy** of **Cut**.
3. Selecteer het aantal doelkolommen of doelrijen dat overeenkomt met het aantal geselecteerde variabelen (het aantal moet gelijk zijn!)
4. Kies in het snelmenu de optie **Paste** (of de menukeuze **Edit; Paste**).

6.5 Werken met gegevens

Invoeren gegevens
Zowel in de Data View als in de Variable View voer je gegevens als volgt in: activeer de gewenste cel en voeg de gegevens in.

LET OP Nieuwe invoer wordt pas opgeslagen als je de invoer bevestigt, door een andere cel te activeren of door op <**Enter**> te drukken.

Rijnummers & casenummers
Als in een rij van de Data View nog géén gegevens zijn ingevuld, is het rijnummer grijs. Je kunt gewoon in lege rijen navigeren.
   Zodra je gegevens in een rij intikt, wordt het rijnummer zwart: het is nu een casenummer.

Selecteren cellen & gegevens
Je selecteert een cel door erop te klikken. Je selecteert meerdere cellen door erover te slepen (of door op te klikken met de Shift-toets ingedrukt).
   Als je in een geselecteerde cel iets doet (gegevens wissen of intikken) wordt de bestaande inhoud meteen overschreven.
   Een *deel* van de celinhoud selecteer je door op de cel te dubbelklikken en dan de selectie te maken.

Kopiëren of verplaatsen gegevens
1. Kies in het snelmenu van de geselecteerde cel(len) **Copy** of **Cut**.
2. Activeer de cel linksboven het *doelgebied* (of selecteer het doelgebied); dit is het gebied waar de broncel(len) terecht komen.
3. Kies in het snelmenu **Paste** (of maak de menukeuze **Edit; Paste**).

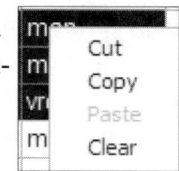

LET OP Is er sprake van *value labels* dan wordt alleen de *waarde* van een cel gekopieerd, niet het label. Geplakte waarden krijgen de labels van de doelcel.

Gegevens verwijderen
Selecteer een of meer cellen en druk op <**Delete**> (of kies in het snelmenu de optie **Clear**, of maak menukeuze **Edit; Clear**).

6.6 Werken met de data file

Opmaak gegevens

Met de menukeuze **View; Fonts** (of met **Grid Fonts** in het snelmenu van een cel) kunnen lettertype en -grootte en opmaak van de gegevens worden ingesteld. Met **View; Grid Lines** kunnen de rasterlijnen worden uit- en aangezet.

Overzicht met informatie over actieve data file

Met menukeuze **File; Display Data File Information; Working File** krijg je een bestandsinformatie over het actieve bestand (*working file*). Het gaat hierbij om alle *variabelendefinities* (variabelennamen, value labels, missing values).

Je kunt aldus snel kijken hoe de data file is opgezet.

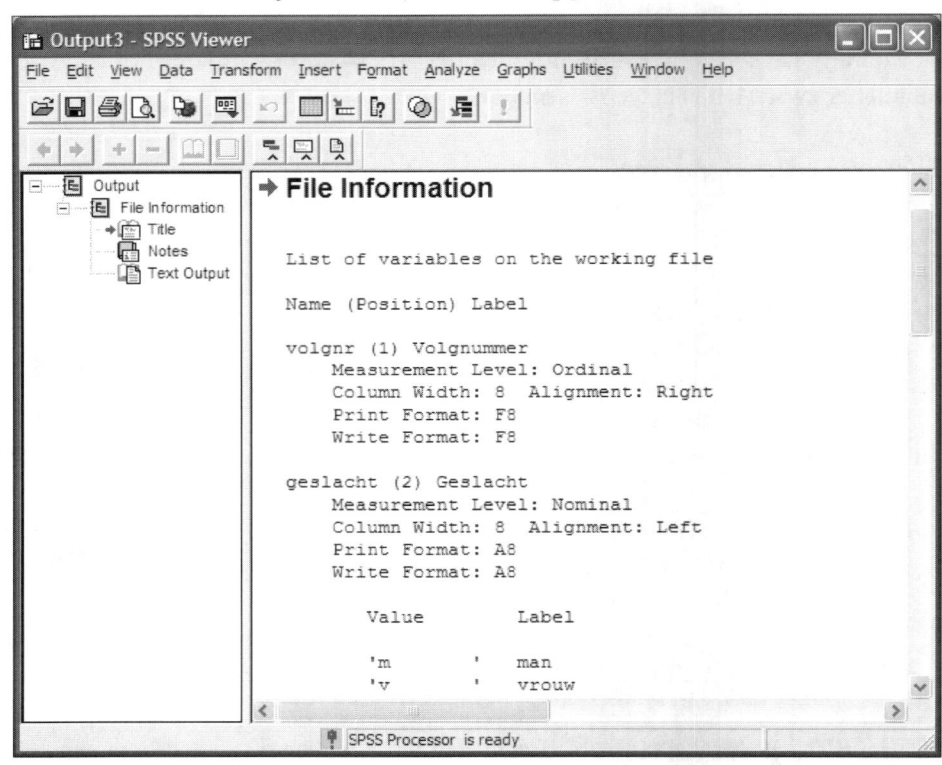

Overzicht met informatie over externe data file

Met menukeuze **File; Display Data File Information; External File** wordt een overzicht met informatie getoond voor een gegevensbestand dat niet is geopend.

In dit overzicht staat naast de gegevens over de variabelen ook informatie over het bestand als geheel. Je hoeft het bestand niet te openen voor deze informatie.

7 WERKEN MET VARIABELENDEFINITIES

Het opzetten van een data file (gegevensbestand) betekent allereerst het definiëren van de variabelen. Dit doe je in de Variable View.

7.1 Bepalen van variabelen

Uiteraard moet de data file aansluiten op je onderzoek. Elke enquête*vraag* wordt een variabele in de data file. Ook maak je een variabele om de cases te nummeren.

In dit boek gaan we uit van een enquête onder 80 bezoekers van een winkelcentrum die de basis is van het voorbeeldbestand *winkel.sav*. (Zie Bijlage 3).

---

1. Geslacht respondent   m / v
2. Wat is uw leeftijd?   ....
3. Van wat voor type huishouden maakt u deel uit?
   1. Éénpersoonshuishouden
   2. Tweepersoonshuishouden
   3. (twee-ouder) gezin met kinderen
   4. Één-ouder gezin
   5. Overig
4. Wat is het netto maandinkomen van uw huishouden?   ....
5. Hoeveel km woont u van het winkelcentrum?   ....
6. Met welk vervoermiddel gaat u meestal naar het winkelcentrum?
   1. Fiets
   2. Auto
   3. Openbaar vervoer
7. Hoeveel keer per maand bezoekt u gemiddeld dit winkelcentrum?

Enquête onder 80 bezoekers van een winkelcentrum (fictief)

Variabelen definiëren in de Variable View
Bij het maken van de variabelendefinities gaat het voor elke variabele om:
Name, Type, Width, Decimals, Label, Values, Missing, Column, Align, Measure.

	Name	Type	Width	Decimals	Label	Values	Missing	Column	Align	Measure
1	volgnr	Numeric	8	0	Volgnummer	None	None	8	Right	Ordinal
2	geslacht	String	8	0	Geslacht	{m, man}...	None	8	Left	Nominal
3	leeftijd	Numeric	8	0	Leeftijd	None	None	8	Right	Scale
4	hhtype	Numeric	8	0	Type Huishou	{1, een-per	None	8	Right	Nominal
5	inkomen	Numeric	8	0	Maandinkom	None	None	8	Right	Scale
6	afstand	Numeric	8	1	Afstand tot wi	None	None	8	Right	Scale
7	vervoer	Numeric	8	0	Vervoermidde	{1, fiets}...	None	8	Right	Nominal
8	winkelen	Numeric	8	0	Winkelbezoe	None	None	8	Right	Scale

Variabelen definiëren

Het opgeven en aanpassen van de variabelendefinities doe je in de Variable View. Het gaat bij elke variabele om de volgende categorieën:

1.	**Name**	voor het opgeven van een unieke *variabelennaam* (par. 7.2).
2.	**Type**	voor het opgeven van het *variabelentype* (par. 7.3).
3.	**Width**	voor het opgeven van aantal posities (par. 7.4).
4.	**Decimals**	voor het opgeven van het decimalen (par. 7.4).
5.	**Label**	voor het opgeven van een *label* voor de variabelennaam (par. 7.5).
6.	**Values**	voor het opgeven van *value labels* (par. 7.6).
7.	**Missing**	voor het opgeven van *user missing values* (par. 7.7).
8.	**Column**	voor het opgeven van de *kolombreedte* (par. 7.8).
9.	**Align**	voor het opgeven van de *uitlijning* (par. 7.8).
10.	**Measure**	voor het opgeven van de *meetschaal* (par. 7.9).

7.2 Variabelennamen

Elke variabele moet een unieke naam hebben. Natuurlijk zijn de standaardnamen VAR00001, VAR00002 uniek, maar beter is zelf duidelijke namen te kiezen!

Opgeven van variabelennaam
Om een variabelennaam op te geven ga je naar de Variable View, en klik je voor de gewenste variabele in de kolom **Name**. Tik de gewenste variabelennaam in.
    Een variabelennaam kan maximaal 64 posities innemen (standaard is 8). Maar lange namen zijn vaak onhandig - gebruik desnoods afkortingen om de Data View overzichtelijk te houden.

Name
volgnr
geslacht
leeftijd
hhtype
inkomen

TIP Bij variabelennamen kun je *labels* kiezen met een omschrijving. De variabelenlabel (en *niet* de variabelennaam) verschijnt dan in de uitvoer (zie par. 7.5).

Regels voor variabelennamen
Voor variabelennamen gelden in SPSS de volgende regels:
a. Een naam mag maximaal uit **64** karaktertekens bestaan.
b. Een naam *moet beginnen met een letter*.
c. Een naam mag *niet eindigen op een punt* of een underscore (_).
d. *Spaties* en *gereserveerde tekens* (& ! ? , * % / \ etc.) mogen niet voorkomen.
e. De woorden *all, and, by, eq, ge, gt, le, lt, ne, not, or, to, with* zijn niet toegestaan.
f. De variabelennaam is niet hoofdlettergevoelig. **Leeftijd** en **leEfTiJd** zijn identiek.

7.3 Variabelentypen

Elke variabele heeft een type: *numeriek* (getallen in allerlei vormen) en *alfanumeriek* (cijfers, letters enz.).

Met numerieke variabelen kan worden gerekend, met alfanumerieke variabelen wordt niet gerekend.

In SPSS kies je tussen *numeric* (zeven typen) en *string*.

Opgeven van variabelentype

Om een variabelentype op te geven handel je als volgt:
1. Ga naar de Variable View en klik in de kolom **Type** van de gewenste variabele. In de cel verschijnt een grijs vierkantje.
2. Klik op het vierkantje. Het venster *Variable Type* verschijnt.
3. Kies het gewenste variabelentype (met de instellingen, die per type verschillen).
4. Bevestig met **OK**.

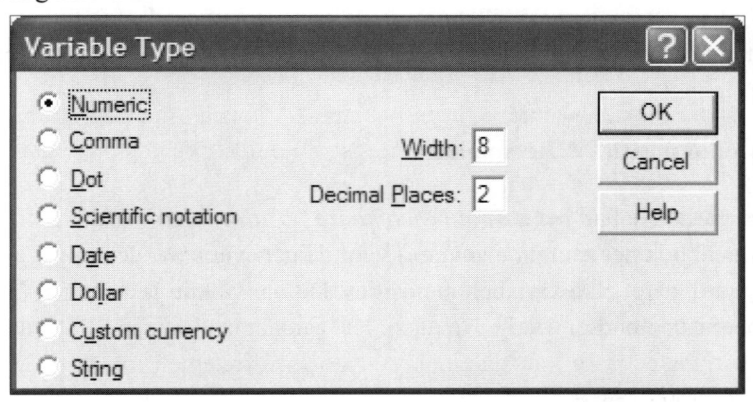

Werken met numerieke variabelen

Bij numerieke variabelen bestaan de waarden alleen uit *cijfers*, al dan niet gecombineerd met punten, komma's, valutatekens (zoals 2.006,54). Er zijn 7 typen:

Numeric	*Getal*. Standaarddefinitie numerieke gegevens.
Comma	*Komma*. Getallen krijgen komma('s) als scheidingsteken(s) voor duizendtallen en miljoenen, en een punt als decimaal scheidingsteken.
Dot	*Punt*. Getallen krijgen punt(en) als scheidingsteken(s) voor duizendtallen en miljoenen, en een komma als decimaal scheidingsteken.
Scientific	*Wetenschappelijke notatie*. Zoals 2.13E+03 = 2130.
Date	*Datum*. Opties om datum- en tijdvariabelen te definiëren.
Dollar	*Dollar*. Numerieke waarden voorzien van $-teken.
Currency	*Valuta*. Numerieke waarden voorzien van valutateken.

TIP In het venster *Variable Type* kunnen meteen het aantal benodigde posities (**Width**) en de decimalen (**Decimal Places**) van de variabele worden opgegeven.

LET OP Bij alle definities worden de waarden van numerieke variabelen met meer posities dan de invoerbreedte getoond in de wetenschappelijke notatie.

Werken met alfanumerieke variabelen

Bij alfanumerieke variabelen kunnen de waarden behalve uit cijfers ook uit andere tekens bestaan, zoals letters en leestekens.

Er is maar één type alfanumerieke variabele: de *string*. Alfanumerieke variabelen worden niet in berekeningen gebruikt (wel kun je frequentietabellen maken).

LET OP In de dialoogvensters van SPSS worden numerieke variabelen altijd aangeduid met een hekje (#) en alfanumerieke variabelen met **A**.

TIP Het is verstandig om alfanumerieke gegevens zoveel mogelijk als numerieke data in te voeren - dus met cijfercodes - en er **value labels** aan te koppelen.

7.4 Aantal posities & decimalen

Voor een variabele kan het *aantal beschikbare posities* (en bij numerieke variabelen eventueel ook het aantal *decimalen*) voor de gegevens worden opgegeven.

Standaard krijgt elke variabele 8 posities. Dit aantal kun je wijzigen (maar heb je niet meer dan 8 nodig, wijzig dan niks). Het aantal posities is in SPSS '*width*'.

Opgeven aantal posities

Je geeft de posities op door in de Variable View te klikken in de kolom **Width** van de gewenste variabele. In de cel verschijnen twee pijltjes om de waarde te kiezen. (Na een *dubbelklik* kun je een waarde intikken.)

LET OP Het aantal posities is altijd inclusief het aantal decimalen en het decimale scheidingsteken en het (eventuele) scheidingsteken voor duizendtallen.

Opgeven aantal decimalen

Bij numerieke variabelen geef je het gewenste aantal decimalen op door in de Variable View te klikken in de kolom **Decimals** van de gewenste variabele. In de cel verschijnen twee pijltjes om de waarde te kiezen. (Na een *dubbelklik* kun je een waarde intikken.)

———*Werken met variabelendefinities*——— 45

> *LET OP* De variabelendefinitie van **Width** is niet van invloed op de invoer van *numerieke* variabelen. Bij *alfanumerieke* variabelen kun je echter nooit méér gegevens intikken dan de opgegeven **Width**.
>
> *LET OP* Bij numerieke variabelen kun je altijd meer cijfers invoeren dan de opgegeven **Width**. Doe je dit, dan wordt de invoer getoond in de wetenschappelijke notatie (of als sterretjes). (Je kunt echter in de Data View ook de kolom *handmatig* breder maken: de numerieke invoer wordt dan weer volledig getoond!)
>
> *LET OP* Bij alfanumerieke variabelen kies je als **Width** het aantal posities dat nodig is om de langste waarde in te voeren. Maar let op: bij alfanumerieke waarden langer dan 8 posities heb je te maken met *long strings*.

Alfanumerieke variabelen: short strings & long strings

Standaard alfanumerieke variabelen (met maximaal 8 posities) heten *short strings*, en worden aangeduid met een <-teken, onder de **A**).

Alfanumerieke variabelen van meer dan 8 posities zijn *long strings*. Ze worden in de SPSS-dialoogvensters aangeduid met een >-teken, schuin onder de **A**.

> *LET OP* Vermijd *long strings*: bij *long strings* kun je geen *value labels* en *missing values* instellen! Heb je *long strings*, ga dan over tot *hercoderen* (par. 15.1).

7.5 Variabelenlabels

Door middel van een *variabelenlabel* kan aan iedere variabelennaam een *label* worden gekoppeld (zoals een omschrijving van de variabele).

De opgegeven variabelenlabels worden standaard in de SPSS-dialoogvensters getoond in de variabelenlijst [met tussen haken de variabelennamen], en ze worden ook standaard getoond in de uitvoer (in plaats van de variabelennamen).

Opgeven van variabelenlabel

Om een variabelenlabel op te geven, klik je in de Variable View in de kolom **Label** van de gewenste variabele. Tik de gewenste variabelenlabel in.

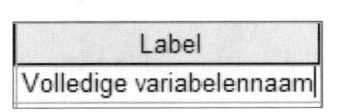

Label
Volledige variabelennaam

TIP Heb je variabelenlabels ingesteld, maar wil je toch in de variabelenlijsten van de SPSS-dialoogvensters alleen de variabelennamen, maak dan menukeuze **Edit; Options** en kies op het tabblad **General** de optie **Display names**.

7.6 Value labels

Aan de waarden van een categorale variabele (een nominale of ordinale variabele met een beperkt aantal waarden) kun je *value labels* koppelen.

> **Value labels** zijn handig als je numerieke invoer gebruikt voor *categorale variabelen*, zoals '1' en '2' voor 'man' en 'vrouw' bij de variabele 'geslacht'. Als **value label** kies je dan 'man' voor de invoerwaarde '1', en 'vrouw' voor de invoerwaarde '2'. Bij de invoer '1' in de Data View, wordt die invoer getoond als 'man'.

Opgeven van value labels
Wil je value labels opgeven, handel dan zo: 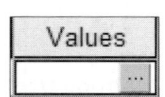
1. Ga naar de Variable View en klik in de kolom **Values** van de variabele die je van value labels wilt voorzien.
2. Klik op het grijze vierkantje. Het venster *Value Labels* verschijnt.
3. Typ achter **Value** de waarde in, en achter **Value Label** de omschrijving. In ons voorbeeld wordt in de variabele 'vervoer' aan de waarde 1 het label *fiets* gekoppeld. 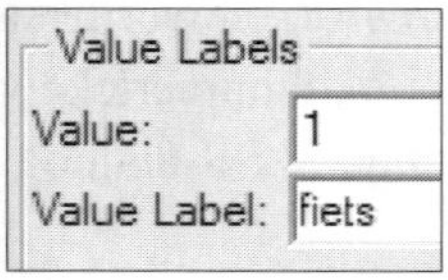
4. Klik op **Add** om de label toe te voegen; hij komt in de lijst als 1= "fiets" (de aanhalingstekens verschijnen vanzelf).
5. Als alle labels gedefinieerd zijn, bevestig je met een klik op de **OK**-knop.

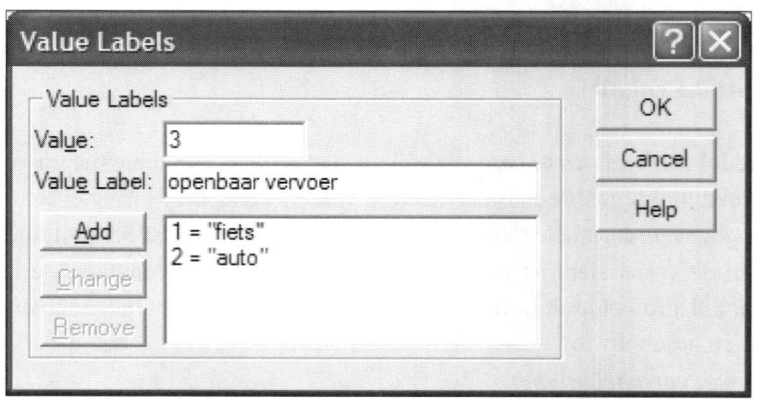

LET OP Het is alleen zinvol om value labels toe te passen bij variabelen met een *beperkt* aantal categorieën waarden, zoals 'geslacht' of 'vervoermiddel'.

LET OP *Long strings* kunnen niet van value labels worden voorzien (par. 7.5)!

TIP In de Data View krijgen variabelen met labels een uitklaplijst met de labels.

Value labels wijzigen & value labels verwijderen
Je kunt value labels te allen tijden wijzigen of veranderen. Handel als volgt:
1. Open het venster **Value label** met een klik op het grijze vierkantje in de kolom **Value**.
2. Klik in de lijst op de value label die je wilt wijzigen. De waarde en tekst zijn nu zichtbaar in de kaders **Value** en **Value Label**. Breng in deze kaders de gewenste wijzigingen aan en klik dan op **Change**.
3. Klik in de lijst op de value label die je wilt verwijderen en klik op **Remove**.
4. Klik op **OK** om de wijziging vast te leggen.

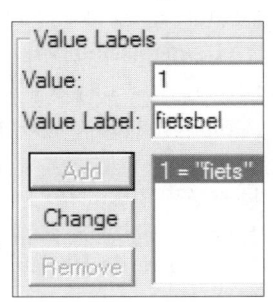

Werken met value labels in de Data View
Als je value labels hebt gedefinieerd, dan krijg je bij het wijzigen van gegevens in de Data View een uitklaplijst met de gedefinieerde labels.
Op die manier kun je zonder tikfouten met strings werken in een numerieke variabele!

TIP Met de knop **Value Labels** (op het tabblad Data View) wissel je tussen weergave van de *waarden* en van de *value labels*.

7.7 Missing values

Indien er in het bestand waarden ontbreken, spreken we van *missing values*. Dit is bijvoorbeeld het geval als een respondent een vraag niet beantwoordt, of als een vraag niet op een respondent van toepassing is of als een antwoord ongeldig is.

LET OP Bij statistische berekeningen worden de cases met *missing values* standaard buiten beschouwing gelaten. Bij *user-missing values* is dat niet altijd zo.

System missing values
Bij numerieke variabelen worden cellen zonder invoer of met een ongeldige invoer vanzelf *system missing values*. In de cel verschijnt een **punt**.

LET OP Bij alfanumerieke variabelen worden cellen zonder invoer als *valide* waarden beschouwd (en dus *niet* als *system missing values*). Er verschijnt dus geen punt.

User-missing values

In bepaalde gevallen is het handig om zelf *missing values* te definiëren. In dat geval is er sprake van *user-missing values*.

User-missing values zijn aan de orde als je te maken hebt met categorieën (zoals 'weet niet' of 'geen mening' of 'onbekend') die je bij sommige statistische procedures buiten beschouwing wilt laten, maar bij andere wel wilt gebruiken.

User-missing values definiëren

Wil je user-missing values definiëren, handel dan zo:
1. Ga naar de Variable View en klik in de kolom **Missing** in de cel van de variabele waarvoor je missing values wilt definiëren.
2. Klik op het grijze vierkantje (rechts in de cel). Het venster *Missing Values* verschijnt
3. Activeer in het venster één van twee opties:
    a) **Discrete missing values** om maximaal drie discrete waarden op te geven die je als missing value wilt definiëren;
    b) **Range plus one option discrete missing value** om bij *Low* en *High* het bereik van een 'missing-interval' te definiëren en/of 1 discrete waarde.

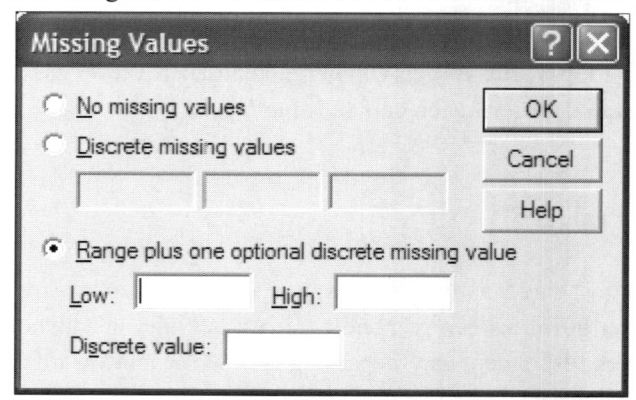

LET OP Je kunt aan *user-missing values* een *value label* koppelen (bijvoorbeeld 'missing') om ze duidelijk herkenbaar te maken als *missing value*!

TIP Je kunt bij alfanumerieke variabelen een lege cel (normaal opgevat als tekst!) als *user-missing value* definiëren door onder **Discrete missing values** één spatie in te typen. Vergeet niet om aan de spatie een value label te koppelen!

LET OP Met *user-missing values* kun je per statistische procedure beslissen of je een waarde buiten beschouwing laat of niet. Kies in het venster *Missing Values* voor **No missing values**; hierna moet je de user-missing values opnieuw instellen.

———Werken met variabelendefinities——— 49

7.8 Kolombreedte & uitlijning

De variabelendefinities **Column** en **Align** hebben alleen invloed op de *weergave*, maar niet op de *invoer* van de gegevens.

Kolombreedte
Met de variabelendefinitie **Column** (in de Variable View) wordt de kolombreedte van de variabele in de Data View ingesteld. (Je kunt ook in de Data View de scheidingslijn tussen twee kolommen verslepen.)
De kolombreedte heeft geen invloed op het aantal beschikbare posities van de variabele (**Width**). Als het aantal posities groter is dan de opgegeven kolombreedte, worden de posities die buiten de kolombreedte vallen *niet getoond*.

Uitlijning
Standaard worden in de Data View alfanumerieke waarden links uitgelijnd, en numerieke waarden rechts. Met de variabelendefinitie **Align** (in de Variable View) kan deze uitlijning (*left*; *right*; *centre*) worden gewijzigd.

7.9 Meetschalen

Met de variabelendefinitie **Measure** wordt voor elke variabele een *meetschaal* opgegeven (er wordt ook wel van het *schaalniveau* van variabelen gesproken).
De meetschaal heeft te maken met de aard van de gemeten waarden, maar is vooral bepalend voor de statistische berekeningen die mogen worden uitgevoerd.

LET OP De variabelendefinitie **Measure** is bij de basismodule van SPSS niet van belang. Measure is vooral aan de orde bij speciale statistische procedures die je alleen kunt uitvoeren met de extra modules (zoals *Tables add-on*).

Meetschalen in statistiek & in SPSS
In de statistiek zijn er vier meetschalen, die een oplopende reeks vormen: *nominaal*, *ordinaal*, *interval* en *ratio*.
In SPSS wordt gewerkt met drie meetschalen: *scale* (omvat intervalschaal en ratioschaal), *ordinal* (ordinaal) en *nominal* (nominaal).
Een numerieke variabele krijgt standaard de meetschaal *scale* (wil je nominaal of ordinaal als meetschaal, dan moet je dat zelf instellen). Een alfanumerieke variabele heeft standaard de meetschaal *nominal*.
Zie voor meer over de meetschalen ook paragraaf 23.3.

7.10 Tip & trucs voor het werken met variabelen

Bij het werken met variabelen is er naast het opgeven van de definities nog een aantal aspecten van belang.

Maak variabele met volgnummers
Bij het aanmaken van de data file is het verstandig om een variabele met volgnummers voor de cases op te nemen, zoals in ons voorbeeld 'volgnr'.

Met volgnummers maak je elke case uniek (ook als er precies dezelfde overige waarden zijn ingevoerd).

Aldus kun je gemakkelijker inconsistenties opsporen en het bestand na sortering op volgnummer weer in zijn oorspronkelijke volgorde terugzetten.

	volgnr
1	80
2	79
3	78

LET OP Volgnummers zijn *niet* hetzelfde als de casenummers van SPSS!

Volgorde variabelen in SPSS-dialoogvensters
In de variabelenlijst in de SPSS-dialoogvensters verschijnen de variabelen standaard in dezelfde volgorde als in de Data Editor.

Je kunt er echter voor kiezen om ze in deze dialoogvensters in *alfabetische* volgorde te zetten. Dit is vooral bij grote gegevensbestanden met veel variabelen vaak erg handig!

Maak hiertoe menukeuze **Edit; Options**, en maak in het venster **Options** op het tabblad **General** in het vak **Variable Lists** de optie **Alphabetical** actief.

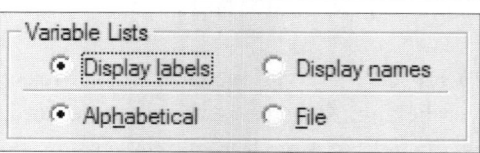

LET OP Standaard worden in de variabelenlijst de *variabelenlabels* weergegeven [met tussen haakjes de variabelennamen]. Met **Edit; Options**; tabblad **General;** optie **Display names** kun je de instelling wijzigen, zodat alleen de variabelennamen worden weergegeven.

Volgorde variabelen in Data Editor
Variabelen worden in de Data View weergegeven in de volgorde waarin ze in de Variable View staan. Je kunt de volgorde wijzigen door variabelen in de Variable View (of Data View) te *verslepen*.

8 WERKEN MET DE UITVOER IN DE VIEWER

De uitkomst van een SPSS-opdracht wordt getoond in de *SPSS Viewer* (het uitvoervenster) in de vorm van tabellen en/of grafieken.

8.1 De Viewer

De SPSS Viewer (kortweg Viewer) bestaat uit een *outline pane* (linker frame) en een *contents pane* (rechter frame). De contents pane bevat de uitvoer.

Er kan meer dan één uitvoervenster tegelijk geopend zijn.

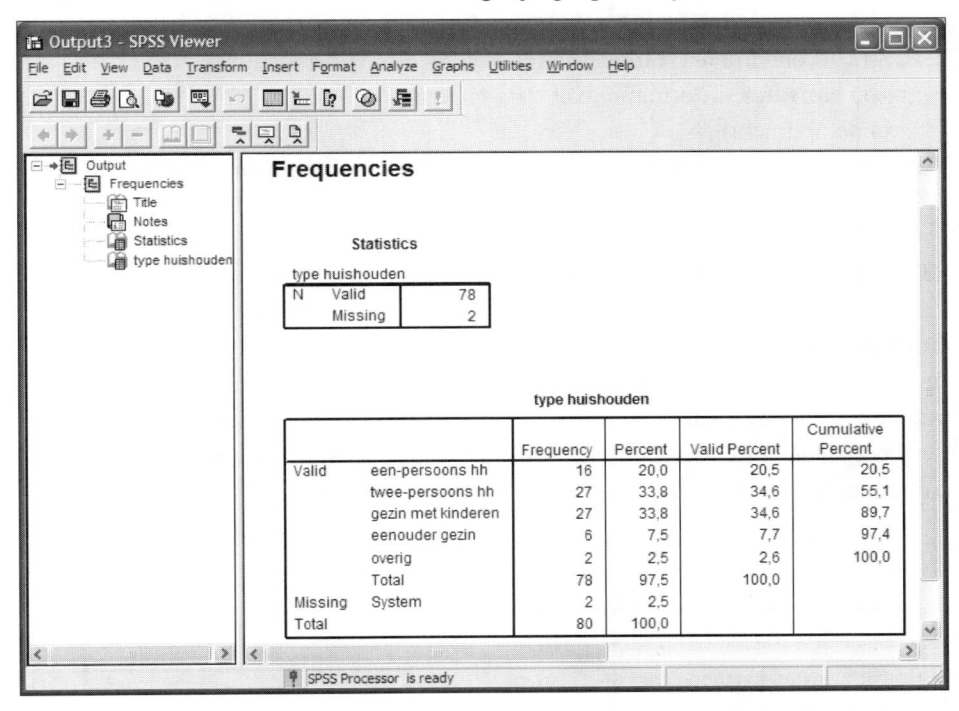

*Uitvoer van **Frequencies**-opdracht (met de tabellen Statistics en 'type huishouden')*

TIP Met een klik op de knop **Go to Data** ga je terug naar de Data Editor.

Uitvoer opslaan

Uitvoer kan als uitvoerbestand (*Viewer Document*) worden bewaard. De gehele uitvoer wordt bewaard, dus de inhoud van zowel outline pane als contents pane.

Klik voor het opslaan van de uitvoer op de knop **Save File** (of maak menukeuze **File; Save**).

8.2 De outline pane & contents pane

Outline pane

De *outline pane* bevat de pictogrammen (en namen) van alle onderdelen van de SPSS-opdracht. Deze pictogrammen komen overeen met de onderdelen van de uitvoer in de contents pane.

Je ziet van boven naar beneden:
- het **Output**-pictogram.
- het **Opdracht**-pictogram, in ons voorbeeld *Frequencies*.
- de vaste pictogrammen van de opdracht (zoals de vaste onderdelen **Title** (de titel van de uitvoer) en **Notes** (informatie over data en syntax van de opdracht).
- de gekozen opdrachtonderdelen, variabelen en grafiektypen. Hier zijn dat **Statistics** (tabel) en **type huishouden** (tabel).

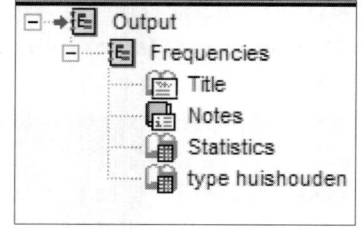

TIP Met menukeuze **View; Outline Size** wijzig je de grootte van de outline pane.

Contents pane

In de *contents pane* staat de uitvoer in de vorm van tabellen en grafieken. Elk onderdeel van de uitvoer kun je selecteren en activeren om te bewerken.

Doorgaans is de uitvoer groter dan het uitvoervenster; gebruik dus de schuifbalken in de contents pane om de gehele uitvoer te bekijken.

type huishouden

		Frequency	Percent	Valid Percent	Cumulative Percent
Valid	een-persoons hh	16	20,0	20,5	20,5
	twee-persoons hh	27	33,8	34,6	55,1
	gezin met kinderen	27	33,8	34,6	89,7
	eenouder gezin	6	7,5	7,7	97,4
	overig	2	2,5	2,6	100,0
	Total	78	97,5	100,0	
Missing	System	2	2,5		
Total		80	100,0		

8.3 Werken met de onderdelen van de uitvoer in de Viewer

Onderdelen selecteren
- Je selecteert een onderdeel van de uitvoer door er (in de outline pane dan wel contents pane) op te klikken. Met **Shift**-klikken selecteer je opeenvolgende items; met **Ctrl**-klikken selecteer je *niet-opeenvolgende items*.
- Met de menukeuze **Edit; Select** kun je *alle soortgelijke* items selecteren.
- Met een klik op de knop **Select Last Output** (of met menukeuze **Edit; Select; Last Output**) selecteer je de uitvoer van *de laatste opdracht*.

LET OP Het geselecteerde onderdeel van de uitvoer krijgt een rood pijltje (en krijgt in de contents pane een kader). Selecteer je meer dan één onderdeel in de uitvoer, dan krijgt alleen het actieve (laatst geselecteerde) item een rood pijltje.

TIP Bij het zoeken van een gewenst item in grote uitvoer klik je in de outline pane op het pictogram van het item: het verschijnt dan in de contents pane.

Items verbergen / items tonen
In de outline pane worden de items aangeduid met boekpictogrammen. Een open boek geeft aan dat het item zichtbaar is in de contents pane.
Een gesloten boek betekent dat het item niet zichtbaar is. Het onderdeel *Notes* is standaard verborgen en dus niet zichtbaar in de contents pane.
Met een dubbelklik op het pictogram wordt een item zichtbaar dan wel verborgen.

TIP Alle items van een onderdeel kun je in één keer verbergen dan wel zichtbaar maken door in de outline pane te klikken op het minnetje (-) of plusje (+) voor het item.

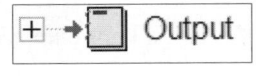

Items verplaatsen
Je kunt items (verticaal) verplaatsen in de hiërachie van de uitvoer. Sleep het item in de outline pane naar boven dan wel naar beneden naar de gewenste plaats.

Items verwijderen
Selecteer een item en druk op <**Delete**>. Verwijderde items kun je *alleen direct na verwijdering* terughalen, met de **Undo**-knop (of met menukeuze **Edit; Undo**).

Invoegen heading, titel en tekst
Met de knoppen **Insert Heading**, **Insert Title** en **Insert Text** kun je respectievelijk een heading, titel en tekstvak invoegen.

8.4 Uitvoer opmaken en bewerken in de Viewer

Een tabel kun je in de Viewer opmaken en ook nog bewerken door de *Pivot Table Editor* te activeren.

LET OP Een grafiek opmaken of bewerken doe je door de *Chart Editor* te activeren (zie Hoofdstuk 20).

Opmaken & bewerken tabel
Het opmaken van tabellen in de Viewer betekent bijvoorbeeld het aanpassen van het lettertype (par. 17.4) en het aanpassen van de kolombreedte.

Bewerken betekent bijvoorbeeld het aanpassen van de celeigenschappen (zie par. 17.5) of het transponeren van kolommen en rijen (zie par. 17.3).

Kolombreedte tabel aanpassen
Activeer de tabel met een dubbelklik en versleep de scheidingslijn tussen twee kolommen.

Met de menukeuze **Format; Autofit** wordt de optimale kolombreedte automatisch ingesteld.

Frequency	Per
58 pt.	
29	
23	
80	

Pivot Table Editor activeren
Wil je de tabel bewerken in de Viewer, geef dan een *dubbelklik* op de tabel. Rond de tabel verschijnt een kader. Je kunt nu de tabel bewerken met de menu-opties van de Pivot Table Editor die in de Viewer verschijnen.

TIP Je kunt elke tabel afzonderlijk ook bewerken met de Pivot Table Editor in een apart venster. Geef een rechterklik op de tabel en kies **SPSS Pivot Table Object; Open**. De tabel verschijnt in een apart venster (zie par. 17.1).

Tabel uiterlijk (TableLook) kiezen
Hoe de uitvoertabel er in de Viewer wat betreft opmaak uitziet, hangt af van de ingestelde TableLook (een opmaaksjabloon voor de tabel). (Zie par. 17.6).

Afhankelijk van de instellingen van SPSS (en je pc) kan de uitvoer er bijvoorbeeld uitzien als een kale tabel (<System Default>) of als een tabel waar de titels in gearceerde vakken staan (zoals <Avant Garde (Narrow)>).

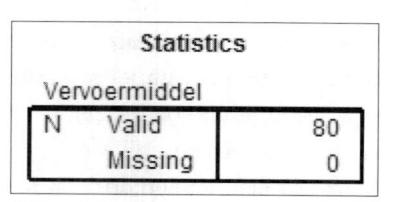

Statistics		
Vervoermiddel		
N	Valid	80
	Missing	0

Statistics		
Vervoermiddel		
N	Valid	80
	Missing	0

8.5 Uitvoer printen

Als je de uitvoer print, wordt alleen de inhoud van de contents pane afgedrukt. Om de uitvoer te printen klik je op de knop **Print** of maak je menukeuze **File; Print**. Standaard wordt de gehele uitvoer geprint (**All visible output**).

LET OP Eventueel aanwezige verborgen tabellen en grafieken worden niet geprint (zie paragraaf 8.3)!

Selectie uitvoer printen
Als je een deel van de uitvoer wilt afdrukken, moet je eerst in de Viewer de gewenste tabellen en grafieken selecteren (zie paragraaf 8.3).
In het venster **Print** (**Afdrukken**) is dan **Selection** actief.

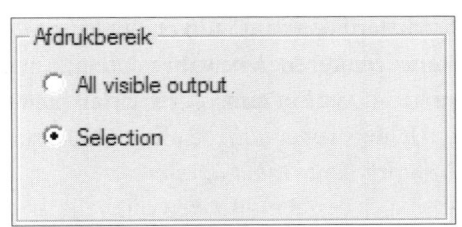

Voorbeeld op scherm
Met de menukeuze **File; Print Preview** (of met de **Print Preview**-knop) wordt een voorbeeld van de afdrukpagina op het scherm afgebeeld.
Dit is vooral van belang om te kijken of de tabellen passen op de pagina.

Papierformaat & afdrukstand instellen
Maak in de Viewer menukeuze **File; Page Setup** om het papierformaat en de afdrukstand te selecteren: **Staand** (*portrait*) of **Liggend** (*landscape*).
Na deze menukeuze kun je ook marges instellen.

Kop- en voettekst & paginanummering
Kies **File; Page Setup**. Klik daarna op de **Options**-knop. In het venster **Page Setup: Options** kun je op het tabblad **Header/Footer** kop- en voetteksten opgeven. De kop- en voetteksten worden op elke pagina geprint.
Hier kun je ook allerlei gegevens instellen om af te drukken, zoals bestandsnaam, datum en paginanummers (met de knoppen in het midden van het tabblad).

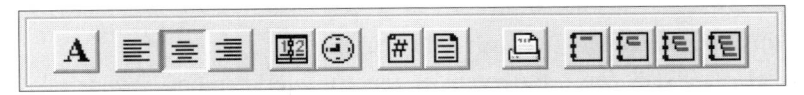

TIP Onderin het tabblad **Options** kun je het eerste paginanummer instellen.

Afdruk grafieken regelen

Standaard worden grafieken afgedrukt in het formaat waarin ze in de Viewer worden getoond. Je kunt dit aanpassen. Na menukeuze **File; Page Setup; Options** kun je op het tabblad **Options** kiezen uit diverse opties.

Beginnen op nieuwe pagina

Selecteer het item dat op een nieuwe pagina moet komen. Kies **Insert; Page Break**. (de scheiding is de »). Met **Insert; Clear Page Break** verwijder je de scheiding.

Positie tabellen en grafieken

Standaard wordt de uitvoer links uitgelijnd (**Align Left**). Wil je *in de afdruk* de items centreren dan wel rechts uitlijnen, selecteer dan de gewenste items en kies in het menu **Format** voor **Center** (centreren) of **Align Right** (rechts).

In de Viewer *blijft* de uitvoer links staan (uitgelijnde items krijgen een markering).

8.6   Uitvoer naar diverse uitvoervensters

Als je statistische procedures na elkaar uitvoert, dan wordt standaard de uitvoer bijgeschreven in hetzelfde uitvoervenster. Wil je uitvoer in een *apart* venster, open dan een nieuw venster en kies voor de uitvoer steeds het gewenste venster.

Nieuw uitvoervenster openen

Je kunt zowel een nieuw, leeg uitvoervenster openen, als een uitvoervenster met daarin een opgeslagen uitvoerbestand.

- Je opent een nieuw, leeg uitvoervenster met **File; New; Output**.
- Je opent een eerder opgeslagen uitvoerbestand met **File; Open; Output...** Een bestaand uitvoerbestand verschijnt altijd in een nieuw uitvoervenster.
- Met menukeuze **Recently Used Files** open je recente geopende uitvoerbestanden in een nieuw uitvoervenster.

Kiezen uitvoervenster

Als je met meer dan één uitvoervenster tegelijk werkt, moet je vóór elke SPSS-opdracht kiezen welk ervan het uitvoervenster wordt. Klik in het gewenste uitvoervenster op de knop **Designate Window** (het uitroepteken verdwijnt).

8.7 Data files printen via het uitvoervenster

Als je delen van je data file wilt printen (dus bepaalde variabelen en de waarden daarvan) moet je dit via het uitvoervenster doen. Na menukeuze **Analyze; Reports; Case Summaries** worden de cases getoond in de Viewer. Hier kun je printen.

Werken in het dialoogvenster *Summarize Cases*

Je kunt een **case summary** maken (en dan printen) voor alle of voor een een deel van de cases voor de geselecteerde geeselecteerde variabelen.

Na menukeuze **Analyze; Reports; Case Summaries** selecteer je in het venster **Summarize Cases** de gewenste variabele(n). Kies dan bij **Limit cases to first** hoeveel cases je wilt tonen. (Als je de optie **Display cases** uischakeld, krijg je alleen een korte samenvatting van de variabele(n).) Na een klik op **OK** verschijnt de uitvoer.

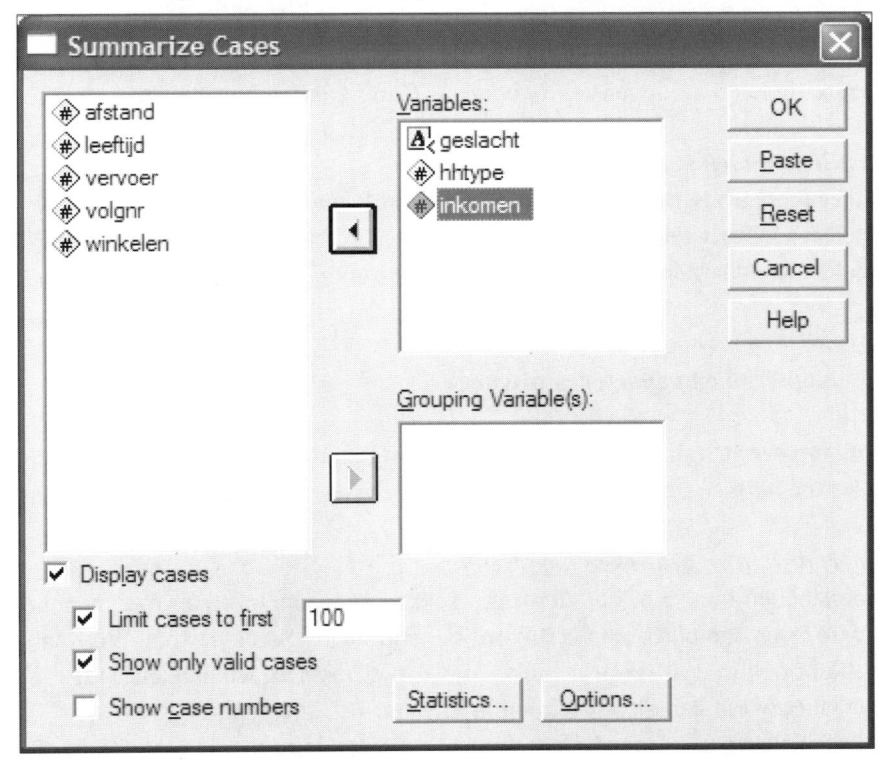

De opties bij Display cases

Limit cases to first	Standaard worden eerste 100 cases getoond. Geef een aantal op.
Show only valid cases	Geen missing values tonen.
Show case numbers	Casenummers tonen.

Case Summaries[a]			
	geslacht	type huishouden	maandinkomen
1	vrouw	een-persoons hh	2100
2	man	twee-persoons hh	2500
3	man	gezin met kinderen	2000
4	vrouw	gezin met kinderen	1900
5	man	gezin met kinderen	6000
6	vrouw	twee-persoons hh	5200
7	vrouw	eenouder gezin	3400
8	man	gezin met kinderen	4100
9	vrouw		
10	man	twee-persoons hh	5600
Total N	10	9	9

a. Limited to first 10 cases.

LET OP De variabelen worden in de uitvoer altijd getoond in de volgorde waarin ze in het dialoogvenster *Summarize Cases* werden opgegeven.

Statistische maten berekenen

Met de knop **Statistics** in het dialoogvenster *Summarize Cases* kun je voor de geselecteerde variabelen statistische maten laten berekenen, zoals rekenkundig gemiddelde, standaarddeviatie, minimum en maximum. (Zie Hoofdstuk 27.)

8.8 Kopiëren en exporteren uitvoer

Je kunt uitvoer gebruiken in tekstverwerkingsprogramma's als Word door simpelweg *kopiëren* en *plakken*. Je kunt uitvoer ook *exporteren* naar andere bestandsformaten.

Uitvoertabellen en grafieken kopiëren naar Word

Uitvoertabellen kun je in de Viewer na selectie gewoon *kopiëren* met menukeuze **Edit; Copy** en dan *plakken* in een Word-bestand. Je krijgt een gewone Word-tabel.

Je kunt ook in de Viewer menukeuze **Edit; Copy Objects** maken. De geselecteerde tabel wordt dan als afbeelding in je Word-bestand geplaatst.

Grafieken worden zowel na menukeuze **Edit; Copy** als na menukeuze **Edit; Copy Objects** gekopieerd als afbeelding.

Uitvoertabellen en grafieken exporteren

Wil je uitvoer gebruiken in programma's zoals Excel of in een ander bestandstype bewaren, dan moet je de uitvoer *exporteren* (zie par. 17.7 en par. 20.5).

9 CASES SORTEREN & DATA FILE SPLITSEN

Tot de basishandelingen bij het werken met SPSS data files behoren het *sorteren* van cases en het tijdelijk *splitsen* van de data file in groepen cases.

9.1 Sorteren cases

De cases van de data file kun je oplopend of aflopend *sorteren*. Na menukeuze **Data; Sort Cases** kun je op elke variabele (numeriek en alfanumeriek) sorteren.

Je kunt bovendien op *meerdere variabelen* sorteren: cases die voor de eerste variabele dezelfde waarde hebben, worden dan op basis van een tweede variabele gesorteerd. Je bepaalt zelf op welke variabele het eerste moet worden gesorteerd.

LET OP De volgorde voor oplopend sorteren is: eerst *missing values*, dan leestekens, dan cijfers, dan letters (kleine letters gaan voor dezelfde hoofdletters: ja, jA, Ja, JA). De volgorde van aflopend sorteren is omgekeerd.

Sorteren

Wil je (oplopend dan wel aflopend) sorteren handel dan als volgt:
1. Maak menukeuze **Data; Sort Cases**. Het venster *Sort Cases* verschijnt.
2. Geef de variabelen op waarop je wilt sorteren. De volgorde van de variabelen (in het vak **Sort by**) bepaalt de volgorde waarop wordt gesorteerd.
3. Klik op elke gekozen variabele en kies **Ascending** (*oplopend*) of **Descending** (*aflopend*). Achter de variabelennaam verschijnt een **A** dan wel een **D**.
4. Bevestig met **OK**. In ons voorbeeld wordt eerst oplopend (A) op 'geslacht' gesorteerd en dan aflopend (D) op 'leeftijd': de oudste man komt dus bovenaan.

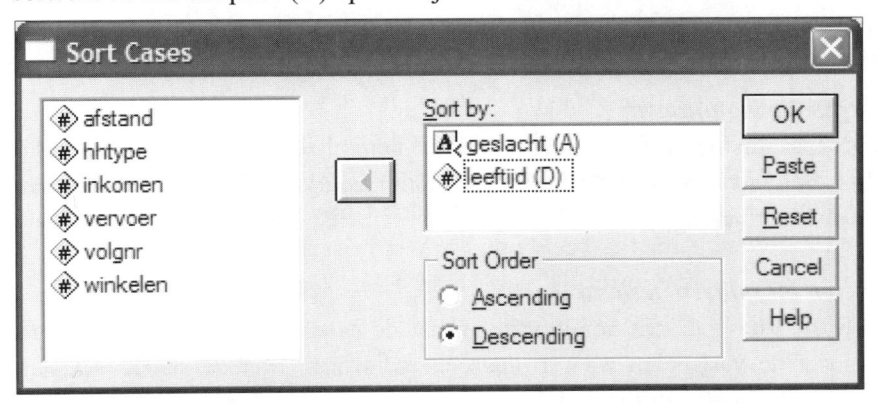

TIP Met een rechterklik op een variabelennaam in de Data View krijg je een snelmenu met de opties **Sort Ascending** en **Sort Descending**.

9.2 Splitsen van data file in groepen

Je kunt een statistische procedure in één keer uitvoeren voor *verschillende groepen* in de data file. Je moet dan eerst de file *splitsen* met menukeuze **Data; Split File**.

Data file splitsen in groepen
Het splitsen van de data file in groepen doe je als volgt:
1. Maak menukeuze **Data; Split File**. Het dialoogvenster *Split File* verschijnt.
2. Kies **Compare groups** (uitkomsten van alle groepen komen in één uitvoertabel) of **Organize output by groups** (voor elke groep krijg je een aparte tabel).
3. Kies de variabelen waarop je de groepen wilt indelen: **Groups Based on**.
4. Bevestig met **OK**. Op de statusbalk verschijnt de melding: **Split File On**. SPSS-opdrachten worden nu voor elke groep apart uitgevoerd.

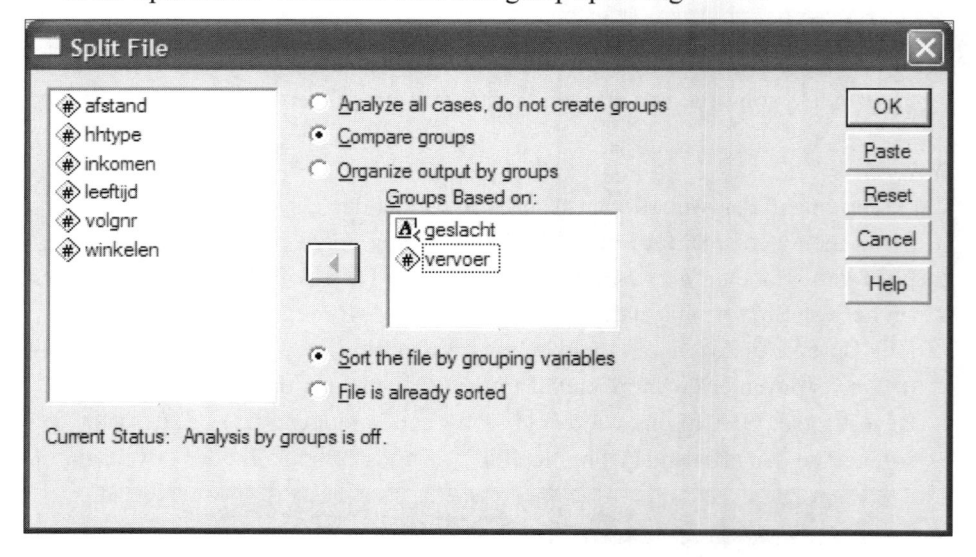

Groepssplitsing uitzetten
De groepssplitsing blijft van kracht totdat je hem uitzet. Je zet de splitsing uit door in het dialoogvensterster **Split File** de optie **Analyze all cases, do not create groups** te activeren.

Sorteren bij splitsen bestand
Een **Split File**-opdracht houdt altijd in dat de cases eerst worden gesorteerd op basis van de variabelen waarop gegroepeerd wordt. Met de standaardinstelling **Sort the file by grouping variables** wordt het bestand automatisch gesorteerd.
  Is het bestand al juist gesorteerd, kies dan **File is already sorted**. Dit spaart tijd.

10 CASES SELECTEREN

Bij het werken met data files hoort het *uitkiezen* van de cases waarop je een statistische procedure uitvoert. Je selecteert cases met menukeuze **Data; Select Cases**.

10.1 De basisprincipes van het selecteren van cases

Het komt vaak voor dat je statistische analyses wilt uitvoeren met slechts een deel van de cases. Je bent bijvoorbeeld geïnteresseerd in de woonsituatie van werkloze jongeren, terwijl in je bestand ook werkende jongeren zijn opgenomen.

In een dergelijk geval moet je de gewenste cases eerst *selecteren*. Cases die niet ter zake doen worden daarbij *gefilterd* (tijdelijk uitgeschakeld) of *verwijderd*.

	volgnr	geslacht	leeftijd	hhtype	inkomen	afstand	vervoer	winkelen	filter_$
1	1	vrouw	18	1	2100	5,0	3	8	1
2	2	man	26	2	2500	1,5	2	5	0
3	3	man	30	3	2000	3,0	1	8	0
4	4	vrouw	25	3	1900	5,5	1	5	1
5	5	man	35	3	6000	7,0	2	4	0
6	6	vrouw	28	2	5200	6,5	2	1	1
7	7	vrouw	25	4	3400	6,0	3	4	1
8	8	man	49	3	4100	4,0	2	4	0
9	9	vrouw	36			4,0	3	6	1
10	10	man	33	2	5600	3,5	2	2	0
11	11	vrouw	35	1	4500	4,0	3	6	1
12	12	man	45	3	2600	5,0	1	4	0
13	13	man	40	3	2600	4,5	3	5	0
14	14	vrouw	30	4	1500	2,5	1	9	1

Werken met gefilterd gegevensbestand
Gefilterde cases in het bestand krijgen een schuine streep door het casenummer; ze doen niet mee met de statistische procedures die je uitvoert op het bestand.

Filterselecties blijven de hele SPSS-sessie van kracht. Om weer met het hele bestand te werken, moet de filterselectie ongedaan worden gemaakt.

LET OP Als je niet-geselecteerde cases wilt *verwijderen*, maak dan eerst een reservekopie van je bestand! Verwijderde cases gaan onherroepelijk verloren!

Selectiemethode kiezen

Voor het selecteren van cases maak je menukeuze **Data; Select Cases**. Het dialoogvenster *Select Cases* verschijnt waar je een selectiemethode kiest.

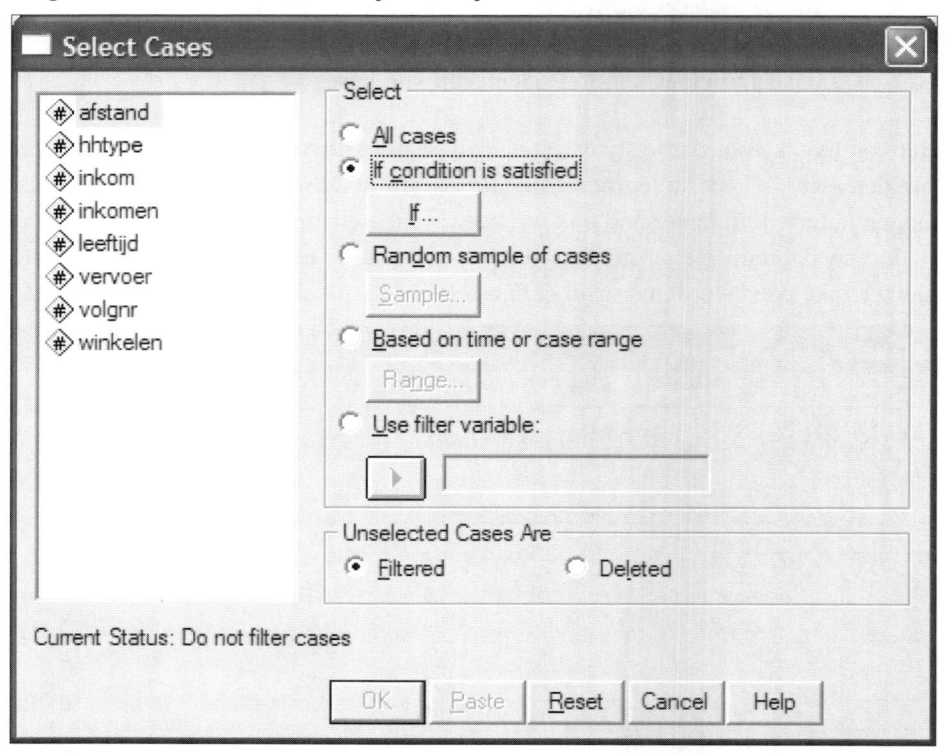

If condition is satisfied	Selectie op basis van een *voorwaarde* (par. 10.3).
Random sample of cases	Willekeurige selectie (steekproef) (par. 10.5).
Based on time or case range	Selectie reeks opeenvolgende cases (par. 10.6).
Use filter variable	Filteren op gekozen numerieke variabele: cases met waarde 0 en *missing values* filteren (10.7).

Cases filteren & cases verwijderen

In het venster *Select Cases* kies je in het vak **Unselected Cases Are** wat er met de *niet-geselecteerde* cases gebeurt: filteren (**Filtered**) of verwijderen (**Deleted**).

Filter uitzetten

Filterselecties blijven de hele SPSS-sessie van kracht. Om weer met het hele bestand te werken, moet de filterselectie ongedaan worden gemaakt.

Maak daartoe menukeuze **Data; Select Cases** en kies vervolgens in het venster *Select Cases* de optie **All cases**.

10.2 Werken met de filtervariabele

Bij filteren wordt vanzelf in het gegevensbestand een variabele **filter_$** aangemaakt: geselecteerde cases krijgen de waarde **1** (value label *Selected*). Niet-geselecteerde cases krijgen de waarde **0** (value label *Not Selected*).

Deze *dichotome* filtervariabele kun je weer gebruiken in statistische procedures (zie ook par. 23.3).

filter_$
1
1
0

LET OP De filtervariabele wordt bij elke selecteer-operatie overschreven. Als je filtert met de optie **Use filter variable** krijg je *geen* filtervariabele.

10.3 Selecteren van cases met een conditionele expressie

Je kunt bij het selecteren van cases een voorwaarde opgeven in de vorm van een *conditionele expressie* waaraan de case moet voldoen om geselecteerd te worden.

De conditionele expressie

In een conditionele expressie wordt de *variabele* waarop je wilt selecteren vooraan geplaatst (eventueel gevolgd door een rekenkundige bewerking). Daarna volgt een *relationele operator* en een *waarde*.

Een voorbeeld van een conditionele expressie is **leeftijd>20** waarmee je alle cases selecteert die voor de variabele 'leeftijd' een grotere waarde dan '20' hebben (Je selecteert dus in ons voorbeeldbestand iedereen ouder dan 20).

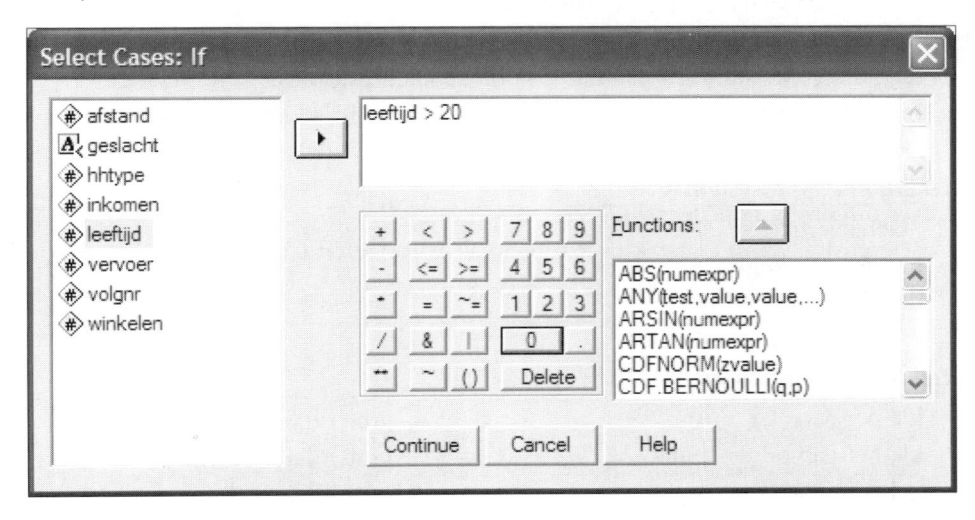

Cases selecteren met een conditionele expressie
Om cases te selecteren op basis van een conditionele expressie handel je zo:
1. Maak menukeuze **Data; Select Cases**. Het venster *Select Cases* verschijnt.
2. Activeer de optie **If condition is satisfied**. Klik op **If**. Het venster *Select Cases: If* verschijnt. Je kunt de conditionele expressie direct in het vak rechtsboven intypen. Maar je kunt variabelen, operatoren en functies ook met de muis invoeren. Klik op **Continue** als alles is ingevuld.
3. Beslis bij **Unselected Cases Are** of je wilt *filteren* of *verwijderen*.
4. Klik op **OK**.

LET OP Bij het opgeven van de conditionele expressie moet je je houden aan de regels die gelden voor conditionele expressies! (zie par. 10.4)

10.4 De conditionele expressie nader bekeken

In de conditionele expressie heb je te maken met rekenkundige operatoren, relationele operatoren en logische operatoren.

De basisregels van de conditionele expressie
Bij het opgeven van een conditionele expressie moet je deze regels in acht nemen:

- Alfanumerieke waarden *moeten* tussen aanhalingstekens staan (' ' of " ").
- Invoer is hoofdlettergevoelig (de opgegeven waarde moet dus *identiek* zijn aan de waarde in de Data Editor wat betreft hoofdletters en kleine letters).
- Value labels mogen *niet* worden gebruikt.
- Bij numerieke waarden gebruik je *nooit* aanhalingstekens.
- Bij numerieke waarden *moet* het decimaal scheidingsteken een *punt* (.) zijn.

Rekenkundige operatoren

**	machtsverheffen	+	optellen
*	vermenigvuldigen	-	aftrekken
/	delen	**N.B.**	*gebruik haakjes voor rekenvolgorde*

Relationele operatoren

<	kleiner dan	>	groter dan
<=	kleiner dan of gelijk aan	>=	groter dan of gelijk aan
=	gelijk aan	~=	ongelijk aan

Logische operatoren

Met logische operatoren kunnen expressies worden gecombineerd.

& (of **AND**)	logische "en": de case wordt geselecteerd als aan beide voorwaarden is voldaan.
| (of **OR**)	logische "of": de case wordt geselecteerd als aan één van beide voorwaarden is voldaan.
~ (of **NOT**)	logische "ontkenning": de case wordt geselecteerd als *niet* aan de voorwaarde wordt voldaan.

Conditionele expressies: enkele voorbeelden

Enkele voorbeelden van conditionele expressies op basis van het bestand **winkel.sav**.

geslacht='m'	selecteer alle mannen.
geslacht='m' & leeftijd<30	selecteer alle mannen jonger dan 30 jaar.
geslacht='m' & ~leeftijd>=30	selecteer alle mannen jonger dan 30 jaar.
**geslacht='m'	leeftijd<30**	selecteer alle mannen, en alle vrouwen die jonger zijn dan 30 jaar.
geslacht<'v'	selecteer alle mannen (de letter A wordt als 'laagste waarde' beschouwd; hoofdletters komen voor kleine letters).
afstand>=0.5	selecteer alle respondenten die op minimaal 0,5 km afstand wonen.

LET OP In een conditionele expressie moet je als decimaal scheidingsteken altijd een *punt* (.) gebruiken (zoals in '**afstand>=0.5**').

Functies in conditionele expressies

In een conditionele expressie kunnen *functies* worden gebruikt. In het vak **Functions** van het dialoogvenster *Select Cases: If* vind je een lijst met functies, voorzien van hun schrijfwijze (*syntax*). (Zie voor het werken met functies Hoofdstuk 16).

Functies kun je met een dubbelklik invoegen.

Missing values in conditionele expressies

Als je in een conditionele expressie de **&**-operator ('en') gebruikt en er is aan één van de voorwaarden voldaan, terwijl er bij de andere voorwaarde een *missing value* voorkomt, dan wordt de case *niet* geselecteerd.

(Als je filtert wordt de case in de filter variabele **filter_$** de waarde 0, en wordt dus opgenomen als *Not Selected*).

LET OP Pas op bij het gebruik van de |-operator ('of') als er *missing values* zijn. Als aan één van beide voorwaarden is voldaan, terwijl bij de andere voorwaarde een *missing value* voorkomt, wordt de case geselecteerd. Er hoeft immers maar aan een van beide voorwaarden te zijn voldaan. Bij het gebruik van de ~-operator ('niet') kunnen zich vergelijkbare situaties voordoen.

Uitsluiten van cases met missing values met de functie MISSING

Soms wil je de cases met *missing values* helemaal *uitsluiten*, om ze volledig buiten de statistische procedure te houden.

Cases met *missing values* sluit je uit met de functie **MISSING**. De hele opdracht is: **~MISSING(variabelennaam)**.

Dus als je van de variabele *hhtype* de missing values wilt uitsluiten en helemaal alleen met de valide cases wilt werken, gebruik je de conditionele expressie: **~MISSING(hhtype)** [d.w.z. selecteer de cases die GEEN missing value hebben voor de variabele 'hhtype'].

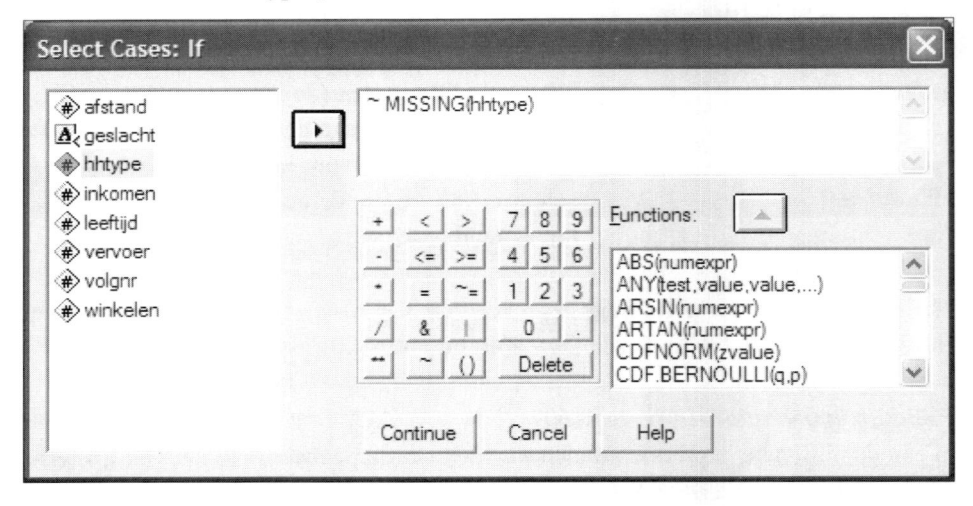

10.5 Selecteren van cases door middel van steekproef

Wanneer je met een groot gegevensbestand werkt, kan het handig zijn om uit dat bestand een *aselecte* (*random*) steekproef te trekken.

Het voordeel hiervan is dat statistische procedures sneller worden uitgevoerd, en dat eventuele capaciteitsproblemen van je computer worden vermeden.

LET OP Veel gegevensbestanden zijn zelf al een steekproef uit een populatie!

Steekproef trekken

Voor het trekken van een aselecte steekproef uit de data file handel je zo:
1. Maak menukeuze **Data; Select Cases**. Het venster *Select Cases* verschijnt.
2. Activeer de optie **Random sample of cases** en klik op **Sample**.
3. Het venster *Select Cases: Random Sample* verschijnt.
4. Er kan nu op twee manieren een steekproef worden getrokken:
    a. Je kunt een percentage cases opgeven dat (ongeveer) geselecteerd wordt: **Approximately ... % of all cases**.
    b. Je kunt een exact aantal te selecteren cases opgeven: **Exactly ... cases from the first ... cases**. (Voor een steekproef uit het hele bestand moet je bij **from first ... cases** het totaal aantal cases van de data file invullen).
5. Bevestig met **Continue**. Je komt terug in het venster *Select Cases*.
6. Beslis of je *niet-geselecteerde* cases wilt *filteren* of *verwijderen*. Klik op **OK**.

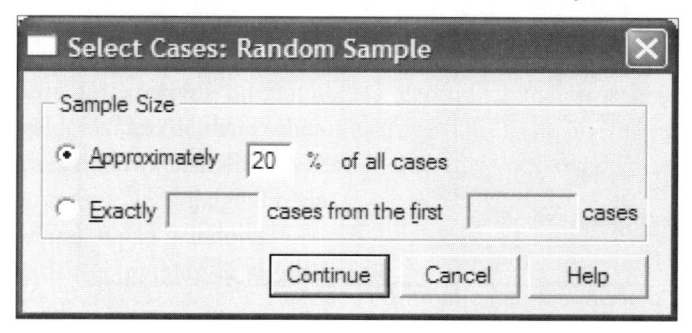

Dezelfde steekproef herhalen

Steekproeftrekking vindt plaats op basis van *toevalsgetallen*. Er wordt steeds een ander begingetal gegenereerd. Dit betekent dat je elke keer andere cases in je steekproef zult aantreffen.

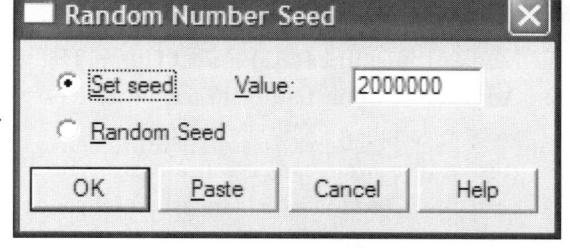

Met de opdracht **Transform; Random Number Seed** kun je *vooraf* een getal invullen: kies de optie **Set seed** en geef daarna bij **Value** de gewenste waarde op.

Als je *voorafgaand* aan een nieuwe steekproeftrekking van dezelfde omvang dit getal opnieuw opgeeft, worden exact dezelfde cases geselecteerd.

De cases in de data file moeten bij beide steekproeftrekkingen wel in dezelfde volgorde staan!

10.6 Selecteren van reeks opeenvolgende cases

Voor het selecteren van een reeks *opeenvolgende* cases handel je als volgt:
1. Maak menukeuze **Data; Select Cases**. Het venster *Select Cases* verschijnt.
2. Activeer de optie **Based on time or case range** en klik op **Range**.
3. Geef in het venster *Select Cases: Range* het eerste en laatste rijnummer op van de reeks opeenvolgende cases die je wilt selecteren. Klik op **Continue**.
4. Beslis of je *niet-geselecteerde* cases wilt *filteren* of *verwijderen*. Klik op **OK**.

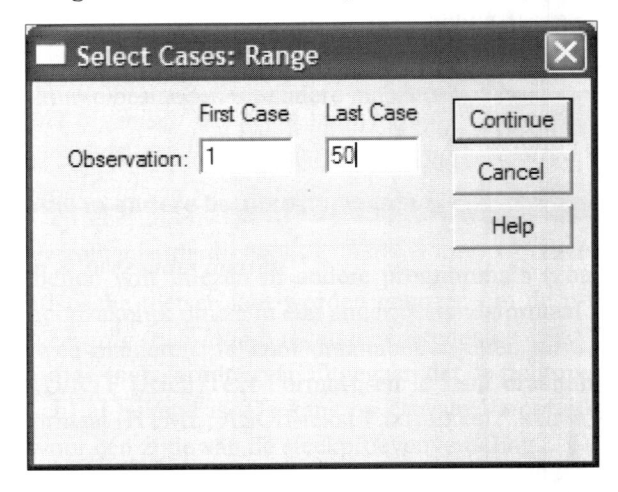

10.7 Selecteren met Use Filter Variable

Weet je van tevoren dat je wilt selecteren op alle cases met de waarden 0 of *missing value* van een bepaalde numerieke variabele, gebruik dan de optie **Use filter variable**. Je krijgt dan geen aparte filtervariabele:
1. Maak menukeuze **Data; Select Cases**. Het venster *Select Cases* verschijnt.
2. Activeer de optie **Use filter variable** en kies de gewenste variabele. Klik op **Continue**. 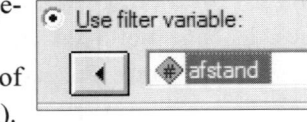
3. Beslis of je *niet-geselecteerde* cases wilt *filteren* of *verwijderen* (dit laatste is meestal niet aan te raden).
4. Bevestig met **OK**.

11 CASES WEGEN

Bij het werken met de data file hoort het *wegen* van cases waarop je een statistische procedure wilt uitvoeren. Je weegt cases met menukeuze **Data; Weight Cases**.

11.1 Wegen van cases

Het kan voorkomen dat een variabele een **frequentie** van waarnemingen weergeeft. Dit is bijvoorbeeld het geval als een case als uitkomst van de waarnemingen een *aantal* bevat (zoals het aantal spelers in een elftal van dezelfde leeftijd).

Wil je dan een analyse uitvoeren *per speler* (en dus niet per groep leeftijdgenoten), dan moet je de cases *wegen*.

LET OP Je weegt altijd op basis van de variabele die de *frequentie* weergeeft.

De noodzaak van wegen: een voorbeeld

Het bestand hiernaast bestaat uit 5 cases en 2 variabelen: 'aantal' en 'leeftijd'. Er zijn twee personen van 21 jaar, één van 22 jaar etc.

Het bestand bevat dus niet 5, maar 10 waarnemingen!

Case	Aantal	Leeftijd
1	2	21
2	1	22
3	3	23
4	1	24
5	3	25

Om de juiste gemiddelde leeftijd te berekenen wordt er op de variabele 'aantal' gewogen: de gemiddelde leeftijd van de 10 personen bedraagt 23,2 jaar. (Zou je niet wegen dan zou het gemiddelde 23 zijn).

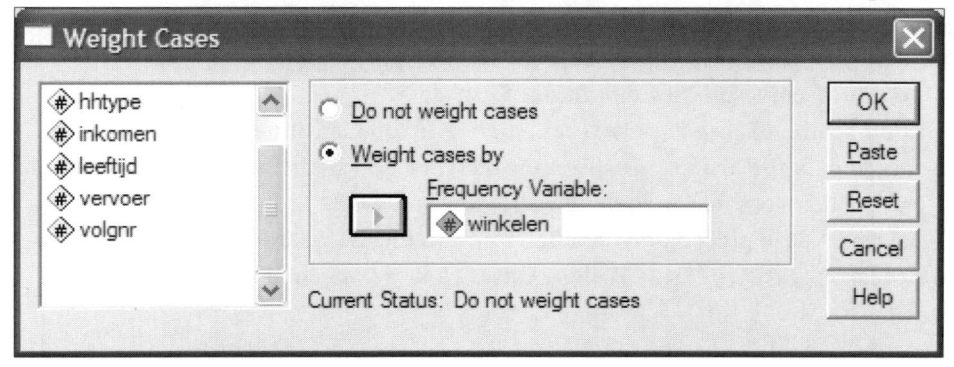

Wegen aanzetten

Het wegen van cases doe je als volgt:
1. Maak menukeuze **Data; Weight Cases**.
2. Activeer in het venster *Weight Cases* de optie **Weight cases by**.
3. Selecteer de (frequentie)variabele waarop gewogen moet worden. Klik op **OK**.

Weging aan & weging uit

Vanaf het moment dat je de opdracht 'wegen' hebt gegeven, worden alle SPSS-opdrachten gewogen! Bij een gewogen bestand staat in de statusbalk: **Weight On**.

De weging van een bestand blijft gehandhaafd totdat je een nieuwe weging opgeeft of de weging uitzet!

Wegen uitzetten

Je zet het wegen uit door menukeuze **Data; Weight Cases** te maken en dan in het venster *Weight Cases* de optie **Do not weight cases** te kiezen. Bevestig met **OK**.

11.2 Wegen van cases bij over- of ondervertegenwoordiging

Cases moeten ook gewogen worden als in een steekproef een bepaalde groep is onder- of oververtegenwoordigd ten opzichte van andere groepen.

Stel, het aantal mannen in je steekproef is twee keer zo groot als het aantal vrouwen, terwijl het aantal mannen en vrouwen in de populatie gelijk is. Dit betekent dat de uitkomsten van de statistische analyses vertekend zullen zijn.

Door de kenmerken van de mannen te wegen met de factor 0,5 wordt de scheve verhouding gecorrigeerd. Geef in de variabele 'wegen' aan elke man de waarde 0,5 en aan elke vrouw de waarde 1,0.

Wegen cases bij scheve verhoudingen in de steekproef

1. Maak een nieuwe numerieke variabele met als variabelennaam 'wegen'.
2. Maak menukeuze **Transform; Compute**. Het venster *Compute Variable* verschijnt. We gaan nu aan elke case voor de variabele 'wegen' (bijvoorbeeld) de waarde 0,5 geven: geef als **Target Variable** op *'wegen'*. Geef in het vak **Numeric Expression** de numerieke waarde **0.5** op.
3. We gaan nu (bijvoorbeeld) alleen de mannen selecteren: klik op **If** en activeer **Include if case satisfies condition**. Geef de opdrachtregel *geslacht='m'* (par. 10.4). Klik op **Continue**. Bevestig met **OK**.
4. In de data file krijgen nu alle cases die voor de variabele 'geslacht' de waarde **m** hebben voor de variabele 'wegen' de waarde **0.5**.
5. Herhaal deze procedure voor alle vrouwen (met de waarde **1.0** voor 'wegen')
6. Maak *menukeuze* **Data; Weight Cases** en kies 'wegen' als weegvariabele.

12 DATA FILES SAMENVOEGEN

In SPSS kun je verschillende SPSS-gegevensbestanden samenvoegen tot één nieuw SPSS-gegevensbestand. Dit doe je met de opdracht **Data; Merge Files**.

12.1 De basisprincipes van het samenvoegen van data files

Met de opdracht **Data; Merge Files** voeg je verschillende SPSS-data files samen tot één nieuwe SPSS-data file. Bij het samenvoegen zijn er deze mogelijkheden:
a. De variabelen zijn voor de files hetzelfde; de cases verschillen (par. 12.2).
b. De cases zijn in de files hetzelfde; de variabelen verschillen (par. 12.3).

Working data file & external data file

Om twee data files samen te voegen, moet je altijd eerst één van beide bestanden openen; dit is de *working data file*. Het andere bestand is dan de *external data file*. De external data file wordt *onder* de working data file 'geplakt'.

Na het samenvoegen is een *nieuwe working data file* gemaakt.

LET OP In de variabelenlijst hebben variabelen uit de working data file een (*), en variabelen uit de external data file een (+).

12.2 Samenvoegen van data files met verschillende cases

Het kan voorkomen dat de invoer van gegevens door diverse personen is gedaan. Als elke enquêteur zijn eigen enquêtes invoert, worden er verschillende bestanden aangemaakt. De variabelen zijn steeds hetzelfde, maar de cases verschillen.

Voordat je alle data kunt analyseren, moeten alle (deel)bestanden eerst onder elkaar worden geplakt tot een nieuwe *working data file* van alle cases.

Gegevensbestanden prepareren voor samenvoegen

Voor je bestanden gaat samenvoegen, moet je erop letten welk bestand de *working data file* moet worden. Als de variabelendefinities van een bepaalde variabele in beide bestanden verschillen, worden de definities uit de *working data file* gebruikt!

LET OP Strings kunnen niet met numerieke variabelen worden samengevoegd.

LET OP Het is *niet* mogelijk strings van verschillende lengte samen te voegen.

Samenvoegen data files in het venster Add Cases from

Het samenvoegen van bestanden met verschillende cases doe je zo:
1. Open het bestand dat als *working data file* moet dienen en maak menukeuze **Data; Merge Files; Add Cases**. Het venster **Add Cases: Read File** verschijnt waar je de external data file moet selecteren. Klik dan op **Openen**.
2. Het venster **Add Cases from** verschijnt. Variabelen die in beide bestanden voorkomen staan bij **Variables in New Working Data File**.

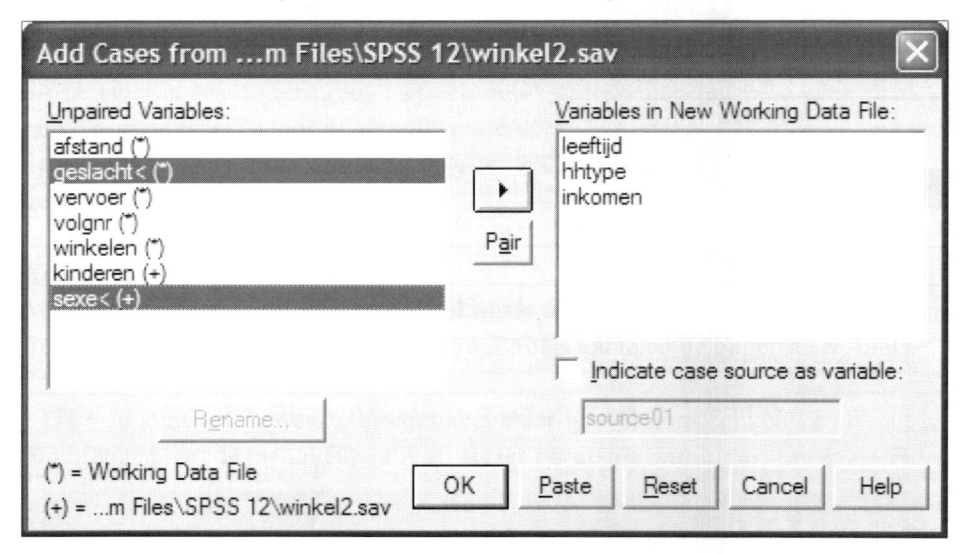

```
Add Cases from ...m Files\SPSS 12\winkel2.sav

Unpaired Variables:                    Variables in New Working Data File:
afstand (*)                            leeftijd
geslacht< (*)                          hhtype
vervoer (*)                            inkomen
volgnr (*)
winkelen (*)
kinderen (+)
sexe< (+)

                                       ☐ Indicate case source as variable:
                                         source01

(*) = Working Data File
(+) = ...m Files\SPSS 12\winkel2.sav    OK   Paste   Reset   Cancel   Help
```

3. Variabelen die maar in één bestand voorkomen staan bij **Unpaired Variables**. Variabelen uit de working data file hebben een (*), variabelen uit de external data file hebben een (+).
4. Je kunt variabelen die hetzelfde zijn maar verschillende variabelennamen hebben aan elkaar koppelen ('paren').
5. Bevestig met **OK**. In het nieuwe, gecombineerde bestand worden alleen de variabelen uit het vak **Variables in New Working Data File** opgenomen.

LET OP In het venster **Add Cases From** blijkt dat de samen te voegen bestanden in dit geval drie gemeenschappelijke variabelen hebben. De variabelen 'kinderen' en 'sexe' komen alleen voor in de *external data file*, de variabelen 'afstand', 'geslacht', 'vervoer' en 'winkelen' komen alleen voor in de *working data file*.

Koppelen ('Paren') van variabelen met verschillende namen
Je kunt twee variabelen die alleen wat betreft naam verschillen *koppelen*, zodat ze in het nieuwe bestand onder elkaar worden geplakt.

Als voorbeeld gaan we de variabelen 'geslacht' en 'sexe' koppelen, Deze variabelen zijn exact hetzelfde, alleen de bestandsnaam verschilt. Handel zo:
1. Maak menukeuze **Data; Merge Files; Add Cases** en open de gewenste data file. Het venster **Add cases from** verschijnt.
2. Selecteer de variabelen 'sexe' en 'geslacht' bij **Unpaired Variables** (klik op de variabelen met de **Ctrl**-toets ingedrukt). De **Pair**-knop wordt actief.
3. Klik op **Pair**. De variabele komt met een combinatienaam ('geslacht & sexe') in het vak **Variables in New Working Data File**.

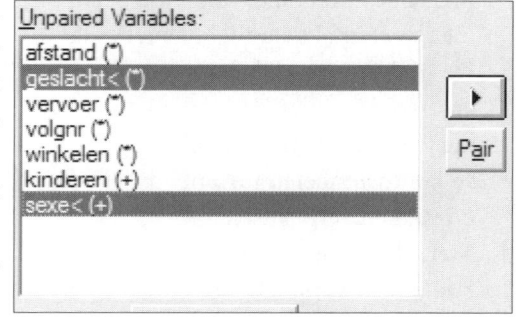

Opnemen van 'ongepaarde' (niet-gemeenschappelijke) variabele
Variabelen die slechts in een van beide bestanden voorkomen kun je ook in de nieuwe gecombineerde data file opgenomen.

Maar let op: *de cases uit het bestand waar de variabele niet in voorkomt, krijgen voor deze variabele een system-missing value.*

Toevoegen van een bronvariabele als aanduiding van Working file cases
Door de optie **Indicate case source as variable** aan te vinken, wordt een extra variabele **source01** toegevoegd. Hierin krijgen de cases afkomstig uit de working data file de code **0** en de cases uit de external data file de code **1**.

12.3 Samenvoegen van data files met verschillende variabelen

Soms staan gegevens voor *dezelfde cases* in verschillende bestanden *met verschillende variabelen*. Dit kan komen doordat een onderzoek in diverse fasen is uitgevoerd, of doordat je bestanden uit verschillende bronnen hebt.

Je kunt de extra variabelen met informatie *toevoegen* aan het bestand waar deze variabelen ontbreken aan de cases.

Bestanden prepareren voor samenvoegen
Voordat je bestanden gaat samenvoegen, moeten beide data files **oplopend** zijn gesorteerd op een gemeenschappelijke variabele (bijvoorbeeld het volgnummer).

Bedenk dat variabelen met dezelfde naam *niet* worden samengevoegd. SPSS gaat ervan uit dat deze variabelen dezelfde informatie bevatten.

Samenvoegen in het venster Add Variables from
1. Open het bestand dat als *working file* moet dienen en maak menukeuze **Data; Merge Files; Add Variables**. Het venster *Add Variables: Read File* verschijnt waar je de external data file moet selecteren. Klik dan op **Openen**.
2. Het venster *Add Variables from* verschijnt. In het vak **New Working Data File** staan de variabelen die in het nieuwe, gecombineerde data file komen. Standaard staan hier *alle* variabelen uit de working data file en alle variabelen uit de external data file die niet in de working data file voorkomen.
3. De 'dubbele' variabelen uit de external data file staan bij **Excluded Variables** en worden niet in de nieuwe file opgenomen. Je kunt variabelen tussen de vakken verplaatsen.
4. Met de knop **Rename** kun je een variabele hernoemen, zodat die alsnog in de nieuwe file kan worden opgenomen
5. Bevestig de opdracht met een klik op **OK**.

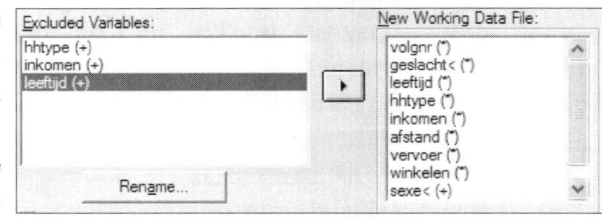

Sleutelvariabelen
Soms hebben de twee bestanden die je wilt samenvoegen niet precies dezelfde (of evenveel) cases. Je kunt dan een sleutelvariabele (*key variable*) opgeven, die in beide bestanden voorkomt (zoals het casenummer).

Op basis van de *key variable* worden de juiste cases aan elkaar gekoppeld. Voorwaarde is dat beide bestanden *oplopend* gesorteerd zijn op die sleutelvariabele.

Activeer **Match cases on key variables...** en geef bij **Key Variables** een of meer sleutelvariabelen op.

13 AGGREGEREN VAN DATA

Groepen cases kunnen worden samengevoegd *in een nieuw data file* tot *nieuwe, geaggregeerde* cases. Dit doe je met de opdracht **Data; Aggregate**.

13.1 De basisprincipes van het aggregeren van data

Bij aggregeren maak je een *samengestelde nieuwe data file* met nieuwe cases en variabelen op basis van bestaande cases en variabelen.

Stel, je hebt een bestand van alle Nederlandse gemeenten, met de variabelen 'aantal inwoners' en 'provincie van gemeente'. Je kunt dan een *nieuw bestand* aggregeren, waarbij elke provincie een case wordt met als variabele het totale (of het gemiddelde of anderszins) aantal inwoners per provincie.

Aggregeren: werken met break-variabelen & aggregeer-variabelen
a. Aggregeren gebeurt op basis van een *gemeenschappelijke waarde* voor één of meer variabelen, de *break-variabelen*. Break-variabelen kunnen zowel numeriek als alfanumeriek zijn.
b. Je bepaalt welke variabelen uit het oorspronkelijke bestand je wilt gebruiken voor het nieuw te maken bestand. Dit zijn de *aggregeer-variabelen*. **Alleen** numerieke variabelen kun je als aggregeer-variabelen gebruiken.

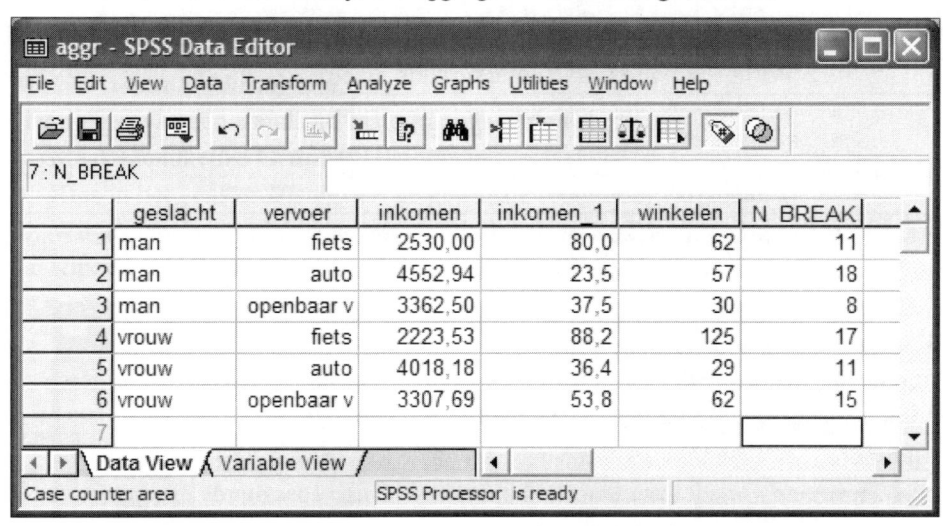

	geslacht	vervoer	inkomen	inkomen_1	winkelen	N BREAK
1	man	fiets	2530,00	80,0	62	11
2	man	auto	4552,94	23,5	57	18
3	man	openbaar v	3362,50	37,5	30	8
4	vrouw	fiets	2223,53	88,2	125	17
5	vrouw	auto	4018,18	36,4	29	11
6	vrouw	openbaar v	3307,69	53,8	62	15

*Geaggregeerde data file **aggr.sav** gebaseerd op **winkel.sav**:*
de break-variabelen zijn 'geslacht' en 'vervoer': de cases zijn geaggregeerde groepen van de cases uit het oorspronkelijke bestand

Aggregeren van data

Het aggregeren van data gaat als volgt:
1. Maak menukeuze **Data; Aggregate**. Het venster *Aggregate Data* verschijnt.
2. Kies de break-variabele(n); er moet minstens één break-variabele worden opgegeven. De break-variabelen verschijnen bij **Break Variable(s)**.
3. Kies de aggregeer-variabelen: die komen bij **Aggregate Variable(s)**.
4. Standaard wordt een aggregeer-variabele voorzien van de functie **MEAN**. Wil je een andere functie, selecteer dan de variabele en klik op **Function**.
5. Je wijzigt naam en labels van een aggregeer-variabele via **Name & Label**.
6. Bevestig met een klik op **OK**.

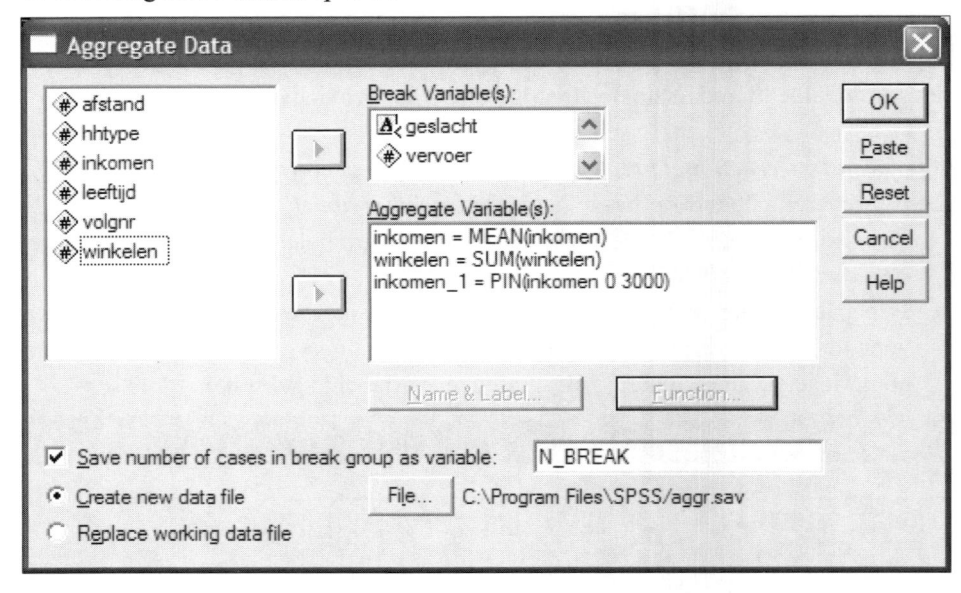

TIP Wil je alfanumerieke variabelen als aggregeer-variabelen gebruiken, hercodeer ze dan met **Transform; Automatic Recode** naar numerieke (par 15.1).

Voorbeeld geaggregeerd bestand

In ons voorbeeld wordt een nieuw (geaggregeerd) bestand gemaakt dat uit 6 cases bestaat (per geslacht drie vervoertypen) en uit 4 variabelen:

inkomen	=	gemiddelde inkomen van alle cases in de groep.
winkelen	=	totaal aantal winkelbezoeken van alle cases in de groep.
inkomen_1	=	percentage cases met een inkomen tussen 0 en 3000 (PIN = Percentage INside).
N_BREAK	=	aantal geaggregeerde cases per groep (het vakje **Save number of cases ...** staat standaard uit!)

De geaggregeerde data file
Het geaggregeerde bestand krijgt standaard de naam **Aggr.sav**. Hierin zijn de cases dus geaggregeerde groepen van cases uit het oorspronkelijke bestand.
a. In het nieuwe bestand worden de waarden bepaald op basis van de oorspronkelijke waarden, bijvoorbeeld door het gemiddelde te berekenen (standaard), of door alle waarden op te tellen.
b. De aggregeer-variabelen krijgen hun oorspronkelijke naam, maar bij tweede gebruik komen er extra als laatste twee posities een underscore en een cijfer.

	geslacht	vervoer	inkomen	inkomen_1	winkelen	N BREAK
1	man	fiets	2530,00	80,0	62	11
2	man	auto	4552,94	23,5	57	18
3	man	openbaar v	3362,50	37,5	30	8
4	vrouw	fiets	2223,53	88,2	125	17
5	vrouw	auto	4018,18	36,4	29	11
6	vrouw	openbaar v	3307,69	53,8	62	15

Aggregeerfuncties
Standaard wordt voor de waarden in het geaggregeerde bestand het rekenkundige gemiddelde (*Mean*) gebruikt. Door in het venster *Aggregate Data* een aggregeer-variabele aan te klikken en daarna op **Functions** te klikken, verschijnt het venster *Aggregate Function*, waar je een andere aggregeer-functie kunt kiezen.

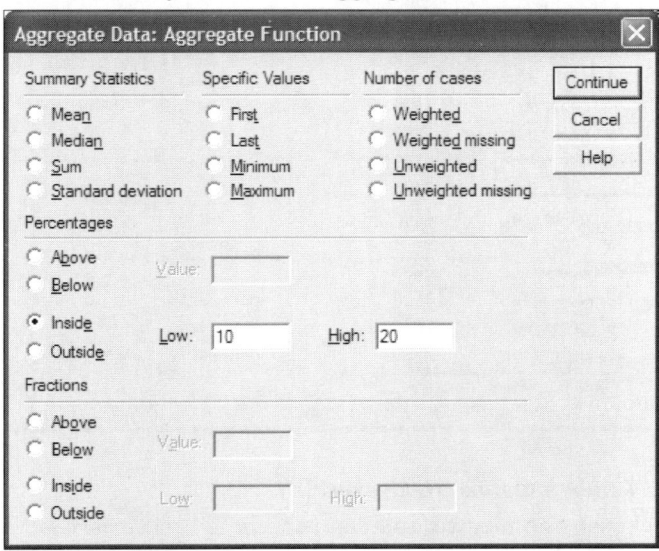

LET OP Bij *Percentage Inside* wordt gerekend *inclusief* de opgegeven grenswaarden! Bij *Percentage outside* worden de grenswaarden *niet* meegenomen.

14 BEWERKEN VAN DATA

Soms wil je data *bewerken*. Het gaat hierbij om het *berekenen* van nieuwe waarden, het *tellen* van bestaande waarden en het *rangordenen* van cases.

14.1 Berekenen van nieuwe waarden met Compute

Met de opdracht **Transform; Compute** kun je nieuwe waarden *berekenen* op basis van de oude waarden.

Stel, de waarden van de variabele 'inkomen' zijn nog uitgedrukt in guldens, maar jij wilt aan de slag met euro's. Je laat dan de waarde in euro's uitrekenen en brengt de *nieuwe* waarden onder in een *doelvariabele* (in SPSS *Target Variable*).

WAARSCHUWING De doelvariabele kan een *nieuwe* variabele zijn, maar je kunt de bestaande gegevens ook overschrijven in dezelfde variabele. Kies als doelvariabele altijd een *nieuwe* variabele! Er gaan dan geen gegevens verloren.

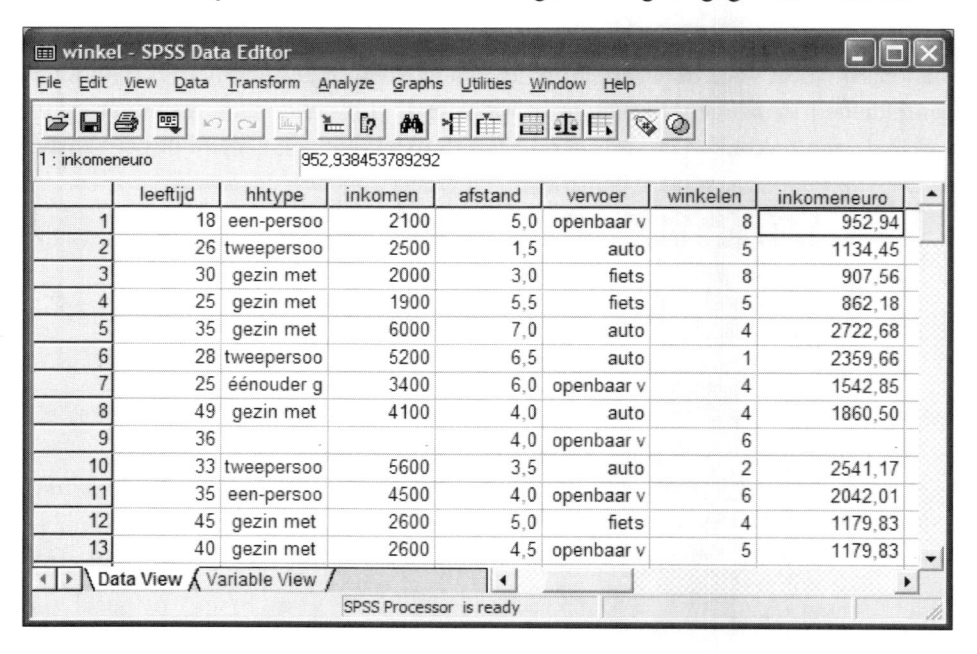

	leeftijd	hhtype	inkomen	afstand	vervoer	winkelen	inkomeneuro
1	18	een-persoo	2100	5,0	openbaar v	8	952,94
2	26	tweepersoo	2500	1,5	auto	5	1134,45
3	30	gezin met	2000	3,0	fiets	8	907,56
4	25	gezin met	1900	5,5	fiets	5	862,18
5	35	gezin met	6000	7,0	auto	4	2722,68
6	28	tweepersoo	5200	6,5	auto	1	2359,66
7	25	éénouder g	3400	6,0	openbaar v	4	1542,85
8	49	gezin met	4100	4,0	auto	4	1860,50
9	36			4,0	openbaar v	6	
10	33	tweepersoo	5600	3,5	auto	2	2541,17
11	35	een-persoo	4500	4,0	openbaar v	6	2042,01
12	45	gezin met	2600	5,0	fiets	4	1179,83
13	40	gezin met	2600	4,5	openbaar v	5	1179,83

Waarden berekenen met numerieke expressie

Voor het berekenen van nieuwe waarden gebruik je een *numerieke expressie* (rekenkundige bewerking). In een numerieke expressie kun je waarden, rekenkundige operatoren, functies en variabelen gebruiken (zie paragraaf 14.2).

De standaard Compute-opdracht

Wil je de waarden van een variabele opnieuw berekenen, dan moet je een *numerieke expressie* ('berekening') gebruiken. Handel dan zo:

1. Maak menukeuze **Transform; Compute**. Het venster *Compute Variable* verschijnt. Tik bij **Target Variable** de naam van de (nieuwe) variabele.
2. Voer in het vak **Numeric Expression** de numerieke expressie in (via het toetsenbord in het dialoogvenster of door hem gewoon in te tikken).
3. Klik op **OK**: de berekening wordt uitgevoerd. De nieuwe gegevens worden (al dan niet in een nieuwe variabele) in de data file opgenomen.

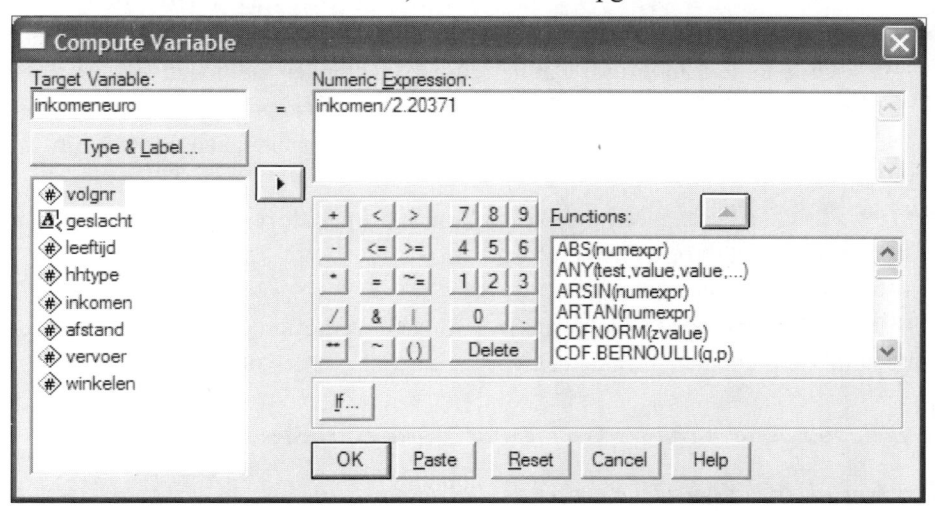

LET OP Als een case een *missing value* heeft, wordt de waarde van de doelvariabele ook een *missing value*.

Doelvariabele definiëren

Standaard is de doelvariabele numeriek. Via de knop **Type&Label** (in het venster *Compute Variable*) kun je de doelvariabele alfanumeriek maken of voorzien van een value label. Met de optie **Use expression as label** wordt de expressie als label gebruikt. (Je kunt zo gemakkelijk onthouden hoe de doelvariabele is berekend.)

Selecteren cases voor Compute-opdracht

Een **Compute**-opdracht geldt standaard voor *alle* cases. Je kunt een voorwaarde opgeven om cases voor de berekening te selecteren.

Klik daartoe op de **If**-knop (in het venster *Compute Variable*), activeer dan de optie **Include if case satisfies condition** en geef de voorwaarde op.

(Zie voor het werken met voorwaarden paragraaf 10.3 & 10.4.)

14.2 De numerieke expressie nader bekeken

In een numerieke expressie kun je variabelen, waarden, rekenkundige operatoren en functies gebruiken. Houd je bij het maken van een numerieke expressie altijd aan de basisregels voor expressies!

De basisregels van de numerieke expressie
Bij het opgeven van een numerieke expressie moet je deze regels in acht nemen:

- Alfanumerieke waarden *moeten* tussen aanhalingstekens staan (enkel of dubbel).
- Invoer is hoofdlettergevoelig (de opgegeven waarde moet dus *identiek* zijn aan de waarde in de Data Editor wat betreft hoofdletters en kleine letters).
- Bij numerieke waarden gebruik je *nooit* aanhalingstekens.
- Bij numerieke waarden *moet* het decimaal scheidingsteken een *punt* (.) zijn.

TIP Zie voor het werken met **rekenkundige operatoren** paragraaf 10.4. Zie voor het werken met **functies** Hoofdstuk 16.

TIP De standaard rekenvolgorde is: 1) machtsverheffen; 2) vermenigvuldigen en delen; 3) optellen en aftrekken. Gebruik haakjes om de volgorde te wijzigen.

Enkele voorbeelden van werken met numerieke expressies

Doelvariabele	Numerieke expressie	Uitkomst
stad	'Utrecht'	Variabele 'stad' krijgt de waarde *Utrecht*.
groep	1	Variabele 'groep' krijgt de waarde *1*.
inkomeneuro	inkomen/2.20371	Variabele 'inkomeneuro' krijgt de waarde 'inkomen' gedeeld door 2.20371.
inkcopy	inkomen	Variabele 'inkcopy' krijgt de waarde van variabele 'inkomen'.
omzetgem	MEAN(om1,om2,om3)	Variabele 'omzetgem' krijgt als waarde het gemiddelde van *om1*, *om2*, *om3*.

LET OP Het =-teken om de gehele opdracht (waarde doelvariabele wordt de uitkomst van de numerieke expressie) uit te voeren, staat al in het venster *Compute Variable*. Jij hoeft dus alleen de doelvariabele en de expressie op te geven.

Target Variable:		Numeric Expression:
inkomeneuro	=	inkomen / 2.20371

14.3 Tellen van waarden met Count

Met de opdracht **Transform; Count** wordt voor elke case het aantal malen geteld dat een bepaalde waarde bij *meer dan één gelijksoortige variabelen* voorkomt. De uitkomst van de telling kun je onderbrengen in een nieuwe doelvariabele.

Stel, elke case is een student, en bevat vier gelijksoortige variabelen (tent1, tent2, tent3, tent4) die elk als waarde een tentamencijfer bevatten. Je kunt nu bijvoorbeeld voor elke student het aantal onvoldoendes over vier tentamencijfers tellen en in een (nieuwe) variabele laten weergeven.

LET OP Je kunt alleen waarden van gelijkwaardige variabelen tellen!

De standaard Count-opdracht: waarden tellen
Wil je waarden tellen, handel dan als volgt:
1. Maak menukeuze **Transform; Count**. Het venster *Count Occurrences of Values within Cases* verschijnt. Geef bij **Target Variable** de doelvariabele op.
2. Geef bij **Numeric Variables** de variabelen op, waarvan de op te geven waarden moeten worden geteld.
3. Klik op **Define Values** en definieer in het venster *Count Values within Cases* de waarden die moeten worden opgeteld (zie hieronder). Klik op **Continue**.
4. Bevestig de opdracht met **OK**.

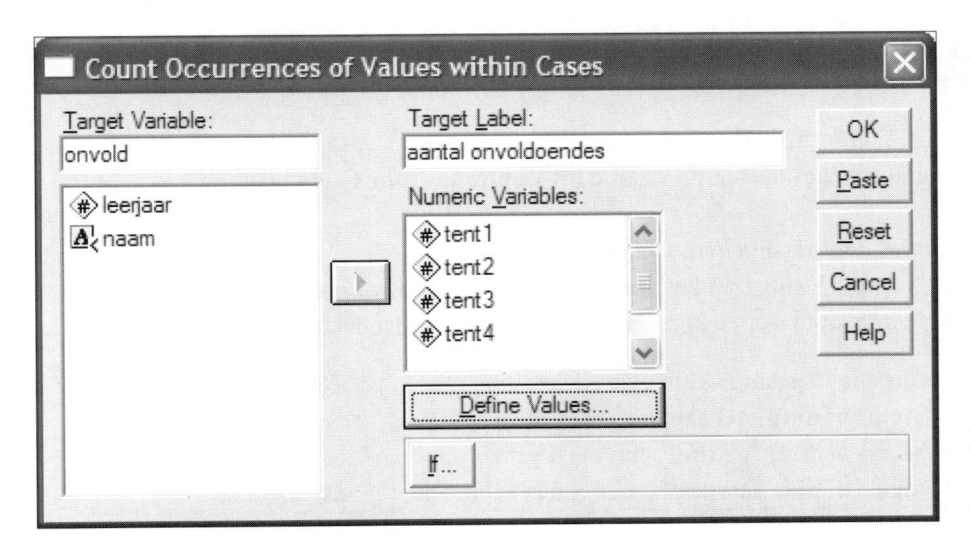

LET OP Kies als doelvariabele altijd een *nieuwe* variabele! Er gaan dan geen gegevens verloren.

Waarden definiëren

De waarden die je wilt tellen *moeten* tijdens de Count-opdracht worden gedefinieerd. Dit doe je na een klik op de knop **Define Values** in het venster *Count Occurrences [..]*. Je komt terecht in het venster *Count Values within Cases*.

Handel als volgt:
1. Kies in het vak **Value** de waarde of het waardenbereik om te tellen;
2. Klik op **Add**; de opgegeven waarde verschijnen in het vak **Values to count**;
3. Geef desgewenst nog een waarde of waardenbereik op, en klik op **Add**;
4. Klik om **Continue** om terug te gaan naar het venster *Count Occurrences*.

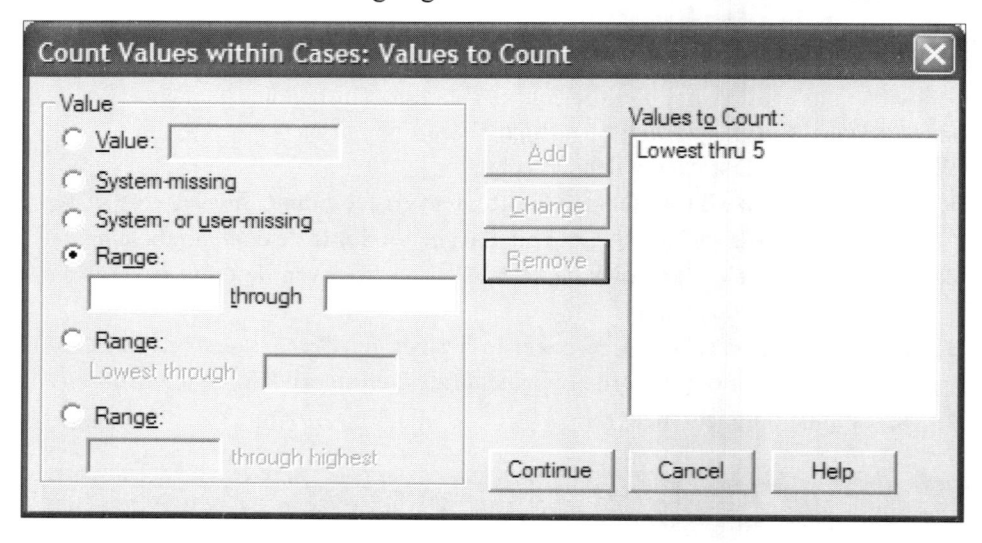

LET OP Met **Change** kun je een opgegeven waarde vervangen. Met **Remove** kun je een geselecteerde waarde uit **Values to Count** verwijderen.

Opties voor de te tellen waarden

In het vak **Value** van het venster *Count Values within Cases* kun je kiezen uit de volgende opties om een te tellen waarde of waardenbereik op te geven.

> **Value** - tel het aantal keren dat de hier opgegeven waarde voorkomt.
> **System-missing** - tel aantal system-missing values.
> **System- or user missing** - tel totaal aantal missing values (system + user).
> **Range** - tel alle waarden binnen interval; inclusief grenswaarden!

Selecteren cases voor Count-opdracht

Een **Count**-opdracht geldt voor *alle* cases. Je kunt in het venster *Count Occurrences* met de **If**-knop een voorwaarde opgeven om cases te selecteren. (par. 10.3 & 10.4).

14.4 Rangordenen van cases met Rank Cases

Met menukeuze **Transform; Rank Cases** kun je de cases *rangordenen* op basis van de waarden in een gekozen numerieke variabele. Elke case krijgt (in een nieuwe variabele) een rangnummer toegewezen.

De basisprincipes van rangordenen
Het rangordenen van cases is handig om orde te scheppen in numerieke gegevens. Alle cases met identieke waarden krijgen *hetzelfde rangordenummer*. Het resultaat is een nieuwe variabele met *minder* verschillende data die ook geordend zijn.

Het rangnummer van de case wordt bepaald op basis van de waarde in de gekozen variabele. Standaard krijgt de case met de *laagste* waarde rangnummer 1. De case met de *hoogste* waarde krijgt als rangnummer het hoogste casenummer.

LET OP Bij identieke waarden (zogenaamde 'knopen' ofwel *ties*) krijgen cases *hetzelfde rangordenummer*. In de rangordening kunnen dus identieke nummers voorkomen (en zullen nummers ontbreken, bijvoorbeeld: 1, 2, 2, 4).

De standaard Rank Cases-opdracht
Voor het ordenen van cases op basis van een variabele handel je zo:
1. Maak menukeuze **Transform; Rank Cases**. Het venster *Rank Cases* verschijnt.
2. Kies één of meer variabele(n) waarop je wilt ordenen.
3. Met de optie **Assign Rank 1 to Largest value** krijgt de case met de *hoogste* waarde het rangnummer 1.
4. Bevestig met **OK**.

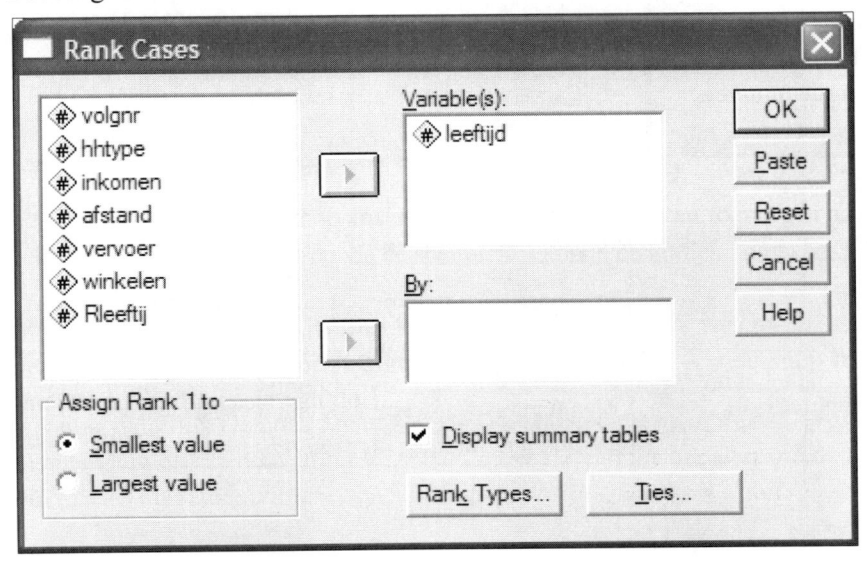

Naam rangorde-variabele

De nieuwe, gerangordende variabele krijgt standaard de naam van de variabele waarop je ordent, met de letter *r* (van *rank*) ervoor; zoals: 'rleeftij'.

Als dezelfde variabele meerdere malen wordt gerangordend, worden de namen: *ran001, ran002* etc. gebruikt.

TIP Wil je alfanumerieke variabelen ordenen, gebruik dan menukeuze **Transform; Automatic Recode** (zie par. 14.5).

TIP Als je de optie **Display summary tables** *de-activeert*, wordt er geen lijst met variabelennamen en -labels in het uitvoervenster getoond.

Rangordenen per groep

In het vak **By** van het venster *Rank Cases* kunnen één of meer variabelen worden opgeven, waarop een *groepsindeling* wordt gemaakt. Er wordt dan voor elke onderscheiden groep apart gerangordend.

Rangordenen cases met identieke waarden ('knopen')

Als er meerdere cases met dezelfde waarde voorkomen, spreken we van *knopen* (of *ties*). In de standaard **Rank Cases**-opdracht wordt aan cases met dezelfde waarden de gemiddelde rangscore toegekend. De waarden in de cijferreeks 1, 3, 3 en 5 krijgen dus de rangnummers: 1, 2½, 2½, 4.

Na een klik op de **Ties**-knop in het venster *Rank Cases*, kun je een andere methode kiezen om rangordenummers aan cases met knopen toe te wijzen:

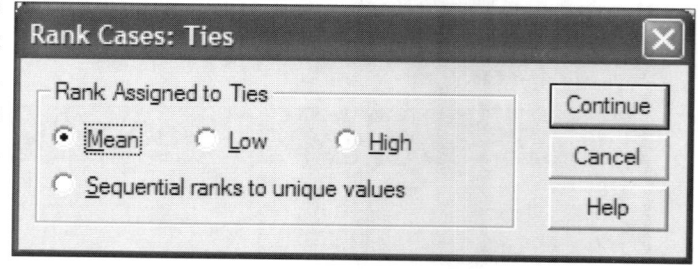

Optie	Rangnummer knopen
Mean	Gemiddelde rangnummer (standaardmethode).
Low	Laagste rangnummer.
High	Hoogste rangnummer.
Sequential ranks	Volgnummers worden uitsluitend op basis van *verschillende* waarden toegewezen.

Opties voor bepalen rangnummers cases met knopen

Het verschil tussen de opties in het venster *Rank Cases: Ties* wordt duidelijk aan de hand van een voorbeeld van 5 cases, met de waarden: 1, 3, 3, 5 en 8:

Waarde	1	3	3	5	8
Mean	1	$2^{1/2}$	$2^{1/2}$	4	5
Low	1	2	2	4	5
High	1	3	3	4	5
Sequential	1	2	2	3	4

LET OP Kies je **Sequential ranks** dan is het hoogste rangnummer *niet* gelijk aan het totaal aantal cases. Deze methode is hetzelfde als bij **Automatic Recode**.

Percentielen

Met een klik op **Rank Types** in het venster *Rank Cases*, kan uit een aantal rangordenmethoden worden gekozen.

Met de optie **Fractional rank as %** wordt op basis van de rangscores een percentage uitgerekend: (rang/aantal valide cases) * $100^{\%}$.

De uitkomst is het *percentiel* van de betreffende waarneming.

De nieuwe variabele krijgt dezelfde naam als de oorspronkelijke variabele, met een p ervoor: *pleeftij*.

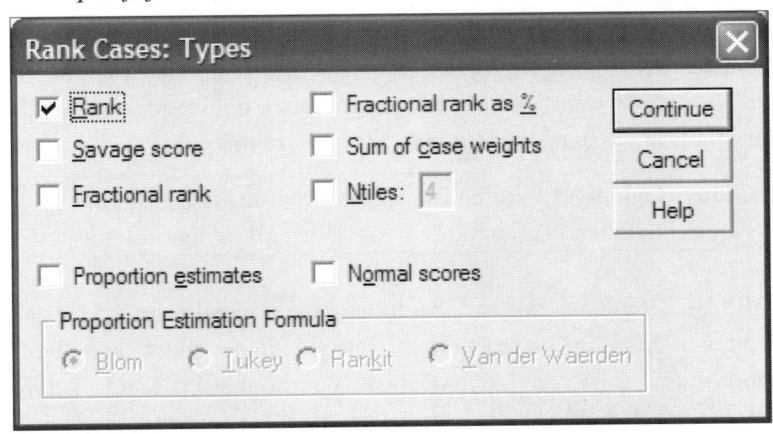

Indelen in gelijke klassen

Na een klik op de knop **Rank Types** in het venster *Rank Cases* kun je met de optie **Ntiles** eerst de cases sorteren en daarna in een op te geven aantal min of meer gelijke klassen indelen.

De nieuwe variabele krijgt dezelfde naam als de oorspronkelijke variabele, met een n voor de naam: *nleeftij*.

14.5 Opeenvolgende rangnummers toewijzen met Automatic Recode

Een speciale manier om rangordenummers toe te wijzen is de hercodeer-opdracht **Transform; Automatic Recode**. Hiermee wordt aan elke *verschillende* waarde een opeenvolgend rangnummer gekoppeld.

Eerst worden de cases gesorteerd. Daarna worden de rangnummers toegewezen. Alle cases met de laagste waarde krijgen rangnummer 1; alle cases met de eerstvolgende waarde krijgen nummer 2, etc. Het hoogste rangnummer komt overeen met het aantal verschillende waarden; en dus niet met het totale aantal cases, zoals bij een **Rank Cases**-opdracht.

TIP De **Automatic Recode**-opdracht wordt vooral gebruikt om *alfanumerieke* variabelen te hercoderen naar numerieke variabelen. Dit is nodig bij statistische procedures waar geen alfanumerieke variabelen kunnen worden opgegeven, zoals bij *variantie-analyse* en *niet-parametrische toetsen*.

De standaard Automatic Recode-opdracht

In het venster *Automatic Recode* geef je de naam voor de gehercodeerde nieuwe variabele op. Tik de naam in het vak rechts van de knop **New Name**, en klik op die knop. In het vak **Variable -> New Name** verschijnt achter de naam van de actieve variabele de nieuwe naam van de nieuwe rangordevariabele.

Rangvolgorde

Standaard worden de waarden voor het rangordenen oplopend gesorteerd. Je kunt de sorteervolgorde wijzigen met **Recode Starting from**:

Lowest value	Oplopend sorteren (de laagste waarde krijgt nummer 1).
Highest value	Aflopend sorteren (de hoogste waarde krijgt nummer 1).

LET OP Bij alfanumerieke variabelen wordt oplopend eerst op leestekens gerangordend, dan op cijfers en ten slotte op letters (kleine letters gaan voor *dezelfde* hoofdletters; dus: ja, jA, Ja, JA). Aflopend wordt eerst op letters gerangordend (hoofdletters voor dezelfde kleine letters), daarna op cijfers en leestekens. *Missing values* komen altijd achteraan te staan, ongeacht de sorteervolgorde.

LET OP Als de oorspronkelijke variabele *value labels* heeft, worden die *ook* voor de nieuwe variabele gebruikt. Anders dan worden de oorspronkelijke *waarden* in de nieuwe variabele als value labels gebruikt.

15 HERCODEREN VAN DATA

Met menukeuze **Transform; Recode** kunnen waarden *gehercodeerd* worden. Een hercoderingsopdracht wordt gebruikt voor het maken van een *klassenindeling*, of om (een deel van) de waarden van een variabele te wijzigen.

Bij het hercoderen van waarden maak je altijd een *output variable* (*uitvoervariabele*). Dit kan ófwel een bestaande variabele zijn (je overschijft dan de waarden!) ófwel een *nieuwe* variabele.

TIP Kies *altijd* voor het maken van een *nieuwe* ('*different*') uitvoervariabele: er gaat dan geen informatie verloren. Een klassenindeling kan later worden gewijzigd.

15.1 Hercoderen van variabelen met Recode

Wil je een variabele hercoderen, handel dan zo:
1. Maak menukeuze **Transform; Recode; Into Different Variables**. Het venster *Recode into Different Variables* verschijnt met de variabelenlijst.
2. Kies de variabele die jij wilt hercoderen: deze *inputvariabele* verschijnt in het vak **Input Variable > Output Variable** (achter de *inputvariabele* verschijnt een pijl met een vraagteken ->?).
3. Geef bij **Name** de variabelennaam van de *outputvariabele* op (en eventueel een label). Klik op **Change**. (De variabelennaam vervangt het vraagteken).
4. Nu moet je de waarden definiëren: klik op **Old and New Values**. Het venster *Recode into Different Variables: Old and New Values* verschijnt. Geef de hercodeerdefinities op (zie hieronder) en klik daarna op **Continue**.
5. Bevestig de opdracht met **OK**.

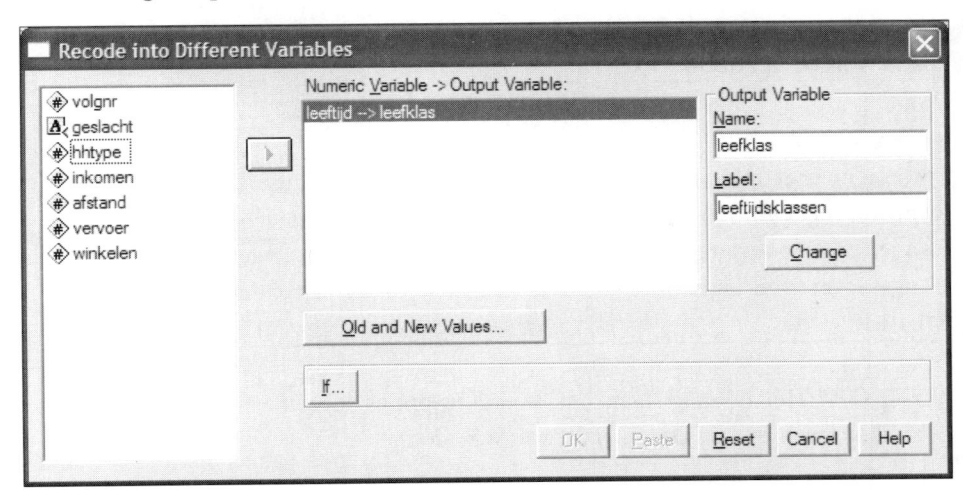

Hercodeerdefinities opgeven

In het venster *Recode into Different Variables: Old and New Values* definieer je de waarden die je wilt hercoderen.

1. Kies in het vak **Old Value** de *te hercoderen waarde* of interval van waarden. (Zie voor de opties hieronder.)
2. Geef in het vak **New Value** de *nieuwe waarde* op.
3. Klik op **Add**. De hercodeerdefinitie komt in het vak **Old -> New:** (Je *verwijdert* een geselecteerde definitie uit het vak **Old -> New:** met **Remove**).
4. Herhaal de procedure zo vaak als nodig. Klik op **Continue**.

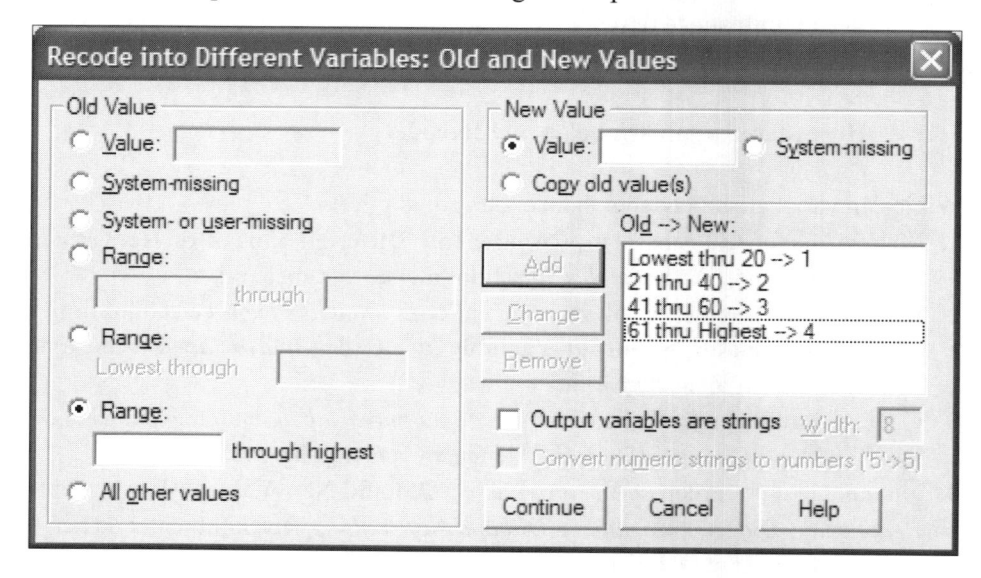

Opties bij opgeven oude waarden

Voor het opgeven van de oude waarden kan in het vak **Old Value** uit de volgende opties worden gekozen:

Value	gebruik de hier opgegeven waarde.
System-missing	system missing values.
System- or user-missing	alle missing values (system + user).
Range: .. through ..	interval; inclusief beide opgegeven grenswaarden.
Range: Lowest through ..	alle waarden t/m (*inclusief*) opgegeven bovengrens.
Range: .. through highest	alle waarden vanaf (*inclusief*) ondergrens.
All other values	alle overige (nog niet opgegeven) waarden.

LET OP Het is toegestaan om meerdere opties in een hercodeer-definitie te gebruiken (waarden en een interval van waarden).

Opgeven nieuwe waarde
De nieuwe waarde wordt in het vak **New Value** opgegeven met:

Value	Geef een nieuwe numerieke waarde op.
System-missing	System missing value.
Copy old value(s)	Waarden worden niet gewijzigd (oude waarde(n) worden naar de nieuwe variabele gekopieerd).

Niet-gedefinieerde waarden
Elke waarde die *niet* in het vak **Old ->New:** staat is niet gedefinieerd en wordt in de nieuwe variabele een *system missing value*.

Je kunt dit voorkomen door de definitie **All other values -> Copy old value(s)** op te geven. Alle niet-gedefinieerde waarden worden dan ongewijzigd naar de nieuwe variabele gekopieerd.

Meerdere variabelen tegelijk hercoderen
Je kunt meerdere variabelen tegelijk hercoderen, op basis van dezelfde hercodeerdefinitie. Selecteer in het venster *Recode into Different Values* alle te hercoderen variabelen (*input*), en geef voor elke een eigen naam op (*output*).

Hercoderen naar alfanumerieke waarden
Om waarden (alfanumeriek of numeriek) te hercoderen naar alfanumerieke waarden, moet de outputvariabele *eerst* als alfanumeriek worden gedefinieerd.

Dit hercoderen doe je door in het venster *Recode....: Old and New Values* de optie **Output variables are strings** te activeren (Bij **Width** geef je de breedte op).

Alfanumerieke waarden hoef je in het vak **New Value** *niet* tussen aanhalingstekens te zetten. Aanhalingstekens worden vanzelf toegevoegd.

Voorbeeld van hercoderen: klassenindeling maken
Stel, je wilt een klassenindeling maken voor de variabele 'leeftijd'. Je maakt dan een nieuwe variabele (bijvoorbeeld 'leefklas') ingedeeld in 4 klassen:
tot en met 20 jaar (klasse 1); van 21 tot en met 40 jaar (2); van 41 tot en met 60 jaar (3); en 61 jaar en ouder (4).

LET OP Als er *aansluitende* klassen zijn gedefinieerd, wordt een grenswaarde altijd tot de klasse van de bovengrens gerekend. Dus: **20 thr 40 -> 1** en **40 thru 60 -> 2** wil zeggen: waarden 20 tot en met 40 is klasse 1; en *groter* dan 40 tot en met 60 is klasse 2. Bij gehele getallen vermijd je dit probleem door **41 thru 60 -> 2** op te geven.

15.2 Voorwaardelijke hercodeer-opdrachten: een voorbeeld

Een **Recode**-opdracht geldt standaard voor *alle* cases. Je kunt evenwel een *voorwaarde* opgeven om cases voor de berekening te selecteren.

Om een voorwaarde op te geven, klik je op de **If**-knop in het venster *Recode [...]*. Activeer dan de optie **Include if case satisfies condition** en geef de voorwaarde op waaraan een case moet voldoen om in de **Recode**-opdracht te worden meegenomen (zie voor conditionele expressies par. 10.3 & 10.4).

Voorwaardelijke hercodering: een voorbeeld
Stel, je wilt de respondenten indelen in vier inkomensklassen:

a. Mannen met een laag inkomen (maximaal € 1500,-)
b. Mannen met een hoog inkomen (meer dan € 1500,-)
c. Vrouwen met een laag inkomen (maximaal € 1500,-)
d. Vrouwen met een hoog inkomen (meer dan € 1500,-)

Ga dan als volgt te werk:
1. Kies de opdracht **Transform; Recode; Into Different Variables**. Het venster *Recode into Different Variables* verschijnt.
2. Kies als *inputvariable* de variabele 'inkomen'. Geef de nieuwe variabele een naam in het vak **Output Variable**: zoals 'Inkklas'. Klik op **Change**.
3. Klik op **If** en selecteer alle mannen: *geslacht = 'm'*. Klik op **Continue**.
4. Klik op **Old and New Values** en geef de hercodeer-definities op: *Lowest through 1500 -> 1* en *1500 through highest ->2*.
5. Klik op de **Continue** en bevestig met **OK**. De hercodering wordt uitgevoerd.
6. Kies opnieuw **Transform; Recode; Into Different Variables**.
7. Klik op **If** en selecteer alle vrouwen: *geslacht = 'v'*. Klik op **Continue**.
8. Klik op **Old and New Values** en wijzig de beide hercodeer-definities: *Lowest through 1500 -> 3* en *1500 through highest -> 4*. Klik op **Continue**.
9. Bevestig met **OK**. De hercodering wordt uitgevoerd.

16 WERKEN MET FUNCTIES

In SPSS-opdrachten (zoals een **Compute**-opdracht of als je **voorwaarden** opgeeft) kun je *functies* gebruiken. SPSS biedt o.m. *rekenkundige functies, statistische functies, logische functies, string-functies, missing value functies, verdelingsfuncties.*

16.1 De basisprincipes van functies

In SPSS krijg je voornamelijk te maken met functies in de volgende gevallen:
- als je *voorwaarden* opgeeft (na een klik op de **If**-knop) voor het selecteren van cases met conditionele expressies. (Zie par. 10.3 & 10.4).
- als je variabelen gaat *bewerken* met numerieke expressies na de opdracht **Transform; Compute** (er ontstaat een doelvariabele). (Zie par. 14.2)

In de vensters *Select Cases:If* en *Compute Variable* bevat het vak **Functions** een lijst van alle functies die SPSS biedt (met achter elke functie hun syntax).

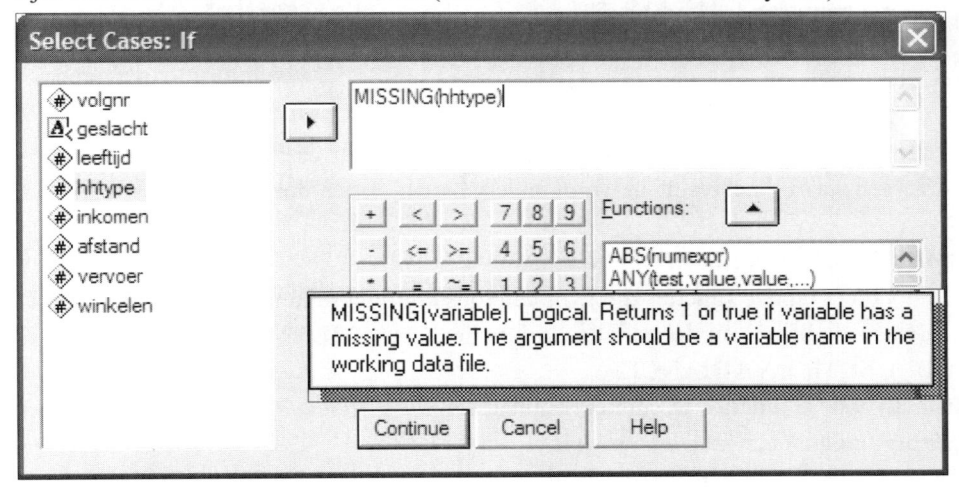

Functies gebruiken
Functies gebruik je al dan niet in combinatie met *operatoren* en *berekeningen*. Een functie levert altijd een *resultaat* op: een numerieke of logische waarde. Die waarde wordt vervolgens gebruikt (bijvoorbeeld voor het selecteren van cases).

Functie invoeren
Je voert een functie zo in: zoek de functie in de functielijst en dubbelklik erop (of klik op de functie en op de pijlknop). De functie komt in het vak voor de expressie; nog niet-ingevulde argumenten worden aangegeven door vraagtekens.
 Als je de functienaam weet, klik dan in de functielijst en tik de eerste letter van de naam in. Met een rechterklik op een functie verschijnt uitleg van de syntax.

De syntax van functies

- Een functie bestaat uit een *functienaam* en *argumenten*.
- De argumenten zijn de gegevens waarmee de functie aan de slag kan.
- Argumenten kunnen zijn: variabelen, waarden, bewerkingen, functies.
- Welke argumenten en hoeveel argumenten nodig zijn verschilt per functie.
- Argumenten staan tussen haakjes achter de functienaam, gescheiden door *komma's*.
- In functies wordt als decimaal scheidingsteken altijd een *punt* gebruikt.

Voorbeeld van werken met een functie

Een voorbeeld van een functie is **Mean(omzet01, omzet02, omzet03)**. *Mean* is de functienaam; *omzet01, omzet02, omzet 03* zijn de argumenten (bijvoorbeeld variabelen met omzetgegevens).

Het resultaat van deze functie is een numerieke waarde: de gemiddelde omzet.

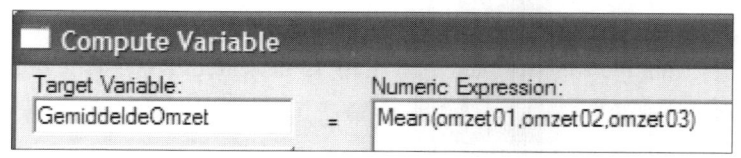

TIP Je kunt functies gebruiken bij de selectie van cases of bij **Compute**-opdrachten waarbij het resultaat wordt ondergebracht in een doelvariabele (par. 14.2).

Missing values in statistische functies

SPSS biedt talloze functies die je moeiteloos kunt gebruiken, maar er is iets speciaals aan de hand met de statistische functies, zoals **MEAN( ), MAX( ), MIN( ), SD( ), SUM( ), VARIANCE( )**.

Bij andere functies wordt het resultaat een *missing value* als ten minste *één van de* argumenten een *missing value* is.

Bij statistische functies is dit *niet* het geval: hier is het resultaat alleen een *missing value* indien **alle** argumenten niet-valide (*missing values*) zijn.

Stel, je wilt de gemiddelde omzet over drie jaren berekenen en er ontbreekt één omzetcijfer, dan wordt het gemiddelde berekend op basis van de twee valide argumenten, zijnde de twee opgegeven omzetcijfers.

TIP Je kunt bij statistische functies het minimum aantal valide argumenten (*non-missing values*) zelf opgeven: met **MEAN.3(omzet01, omzet02, omzet03)** wordt de berekening alleen uitgevoerd als alle drie de argumenten valide waarden zijn. Dus ook bij één missing value wordt het resultaat een missing value.

TIP Zie voor het werken met functies de voortreffelijke **Help** van SPSS!

17 WERKEN MET UITVOERTABELLEN

Een standaard uitvoertabel in SPSS is (meestal) een *pivot table*, ofwel *draaitabel*. In een pivot table wordt de uitvoer gepresenteerd in rijen, kolommen en (afhankelijk van de SPSS-opdracht) in *lagen* (*layers*).

Een draaitabel biedt de mogelijkheid om de verschillende rijen, kolommen en lagen te verwisselen (ofwel te *draaien*, te 'pivoteren').

17.1 Aan de slag met draaitabellen

Draaitabellen presenteren de uitvoer van een statistische bewerking. De uitkomsten staan in de cellen van de rijen en kolommen; de kolomtitels en rijtitels zijn de *variabelenlabels* en *value labels* van het gegevensbestand.

Een draaitabel kan als geheel en ook per onderdeel worden bewerkt. Je bewerkt tabellen met de *Pivot Table Editor* (gewoon in de Viewer of in een apart venster).

Werken met de Pivot Table Editor

Wil je een draaitabel opmaken of bewerken dan moet je de *Pivot Table Editor* activeren. Dit kan op twee manieren:
- Geef een *dubbelklik* op de tabel. Rond de tabel verschijnt een gekarteld kader. Je kunt nu de tabel bewerken met de menu-opties van de Viewer.
- Geef een *rechterklik* op de tabel en kies in het snelmenu **SPSS Pivot Table Object; Open**. De tabel verschijnt in een apart venster. (In de Viewer is de tabel gearceerd en onbruikbaar).

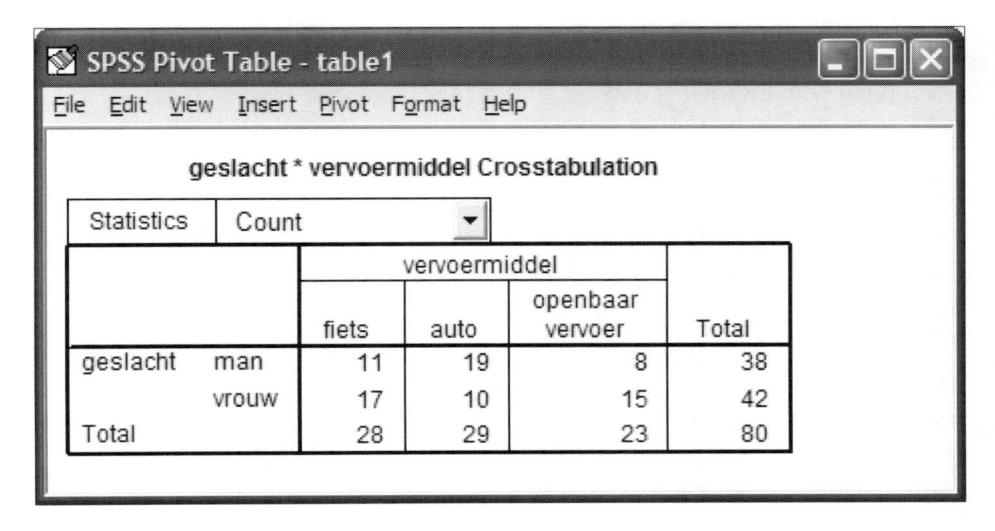

geslacht * vervoermiddel Crosstabulation

Statistics	Count			
		vervoermiddel		
		fiets	auto	openbaar vervoer	Total
geslacht	man	11	19	8	38
	vrouw	17	10	15	42
Total		28	29	23	80

Werken met lagen

Draaitabellen kunnen *lagen* bevatten. Dit geldt bijvoorbeeld voor kruistabellen op basis van drie of meer variabelen, dan wel voor tabellen met verschillende reeksen statistische maten (zoals *count* voor aantallen en *percentages* voor percentages).

In een tabel met lagen is de informatie als het ware gestapeld. Je kiest dan steeds één laag met informatie die getoond wordt. Voor het werken met de lagen van een draaitabel gebruik je het venster *Pivoting Trays* (zie paragraaf 17.3).

17.2 De tabelonderdelen van een draaitabel

Een draaitabel is opgebouwd uit diverse *tabelonderdelen*, die je afzonderlijk kunt selecteren en bewerken.

Layer
Layer

Title *Pivot Table*

Corner Label		Column Labels			Column Label
		Column Label	Column Label	Column Label	
Row Label	Row Label	Data	Data	Data	Data
	Row Label	Data	Data	Data	
Row Label		Data	Data	Data	Data

Caption
   a. Footnote

	Tabelonderdeel
Title	Titel van draaitabel.
Layer	De aanwezige lagen van de draaitabel.
Corner Label	Informatie over variabelen of inhoud van de tabel (*standaard uit*).
Column Labels	Kolomtitel: variabelennaam en/of eenheden + value labels.
Row Labels	Rijtitel: variabelennaam en/of eenheden + value labels.
Data	Gegevens (uitkomsten).
Caption	Ondertitel (optioneel; bijvoorbeeld bronvermelding).
Footnote	Voetnoten (optioneel).

Onderdelen draaitabel selecteren

Elke draaitabel bestaat uit vaste onderdelen, en deze kun je afzonderlijk selecteren. Voor je selecteert, moet de tabel eerst geactiveerd zijn (met een dubbelklik).

Wil je hele rijen of kolommen (al dan niet met titel) selecteren, dan moet je eerst de rij of kolom activeren door te klikken op de cel met de rij- of kolomtitel.

Je selecteert met menukeuze **Edit; Select**. Maak je keuze in het vervolgmenu:

Table	de hele tabel.
Table Body	feitelijke tabel (tabel *exclusief* titel en voetnoten).
Data Cells	alle data cellen van geactiveerde rij(en) of kolom(men).
Data and Label Cells	gehele geactiveerde rij of kolom (dus titel(s) + data!).

Cellen tabelonderdeel selecteren

Je selecteert een enkele cel van een tabelonderdeel door erop te klikken. Je selecteert aaneengesloten cellen door over de cellen te slepen en niet-aaneengesloten cellen door erop te klikken terwijl je de <Control>-toets ingedrukt houdt.

Rijen of kolommen selecteren

Je kunt een hele rij of kolom selecteren door op de rij- of kolomtitel te klikken in combinatie met <**Control**>-<**Alt**>. Door te klikken met <**Shift**><**Control**><**Alt**> ingedrukt, kun je meerdere rijen of kolommen tegelijk selecteren.

geslacht * vervoermiddel Crosstabulation					
Statistics	Count ▼				
		vervoermiddel			
		fiets	auto	openbaar vervoer	Total
geslacht	man	11	19	8	38
	vrouw	17	10	15	42
Total		28	29	23	80

TIP Via menukeuze **Edit; Options;** tabblad **Output Labels**, optie **Pivot Table Labeling** kun je in plaats van labels de variabelennamen of waarden gebruiken.

Wisselen rijen en kolommen in de Viewer

De getoonde rijen en kolommen van een draaitabel kun je gewoon in het uitvoervenster omwisselen. Activeer de tabel met een dubbelklik en maak menukeuze **Pivot; Transpose Rows and Columns** (zie ook paragraaf 17.3).

17.3 Werken met Pivot Trays: rijen, kolommen, lagen herschikken

De draaitabel biedt de mogelijkheid om de inhoud van de tabeldimensies (rijen, kolommen, lagen) te herschikken (*draaien*, vandaar: *draaitabel*).

Draaitabellen met lagen

Een gewone standaard uitvoertabel (dus ook zonder aangepaste statistische uitvoer) heeft maar twee dimensies: je kunt de rijen en kolommen omwisselen, maar dat is dan ook alles. Er is maar één niveau met informatie.

Je krijgt *lagen* in een draaitabel als je bij de SPSS-opdracht zelf lagen hebt gemaakt (bijvoorbeeld als je kruistabellen maakt met drie of meer variabelen, of als je diverse statistische maten opgeeft voor de tabel; zie par. 31.3).

Als je lagen hebt opgegeven, moet je in het venster *Pivot Trays* nog bepalen welke variabelen als laag gaan functioneren. Daarna moet je in de tabel (bij het onderdeel *Layers*, weergegeven in rood) nog kiezen welke laag getoond wordt.

TIP De lagen zijn als het ware opgestapelde niveaus met informatie. In de tabel kies je steeds voor het tonen van één van de lagen.

Pivoting Trays

Voor het herschikken van de tabeldimensies handel je zo:
1. Dubbelklik op de tabel en maak dan menukeuze **Pivot; Pivoting Trays**.
2. Het *Pivoting Trays*-venster verschijnt. Het venster bestaat uit een middendeel (met de structuur van de tabel), omgeven door drie vakken: **Column** (kolom), **Row** (rij) en **Layer** (laag). Iconen in de kaders geven aan welke informatie (variabelen of statistische gegevens) in welke dimensie van de tabel staat.
3. De gegevens die als lagen moeten dienen, versleep je naar het vak **Layers**.
4. Je draait de tabel door iconen van de vakken **Row** en **Column** te verwisselen.

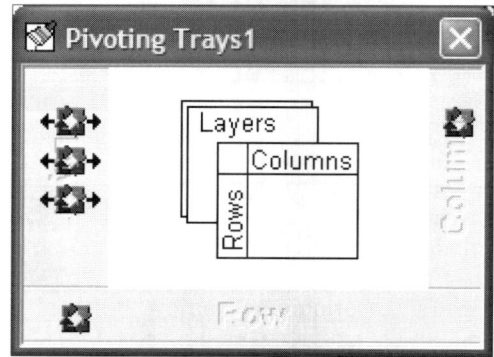

TIP Als je met de muisaanwijzer een icoon aanwijst verschijnt er uitleg.

TIP Je kunt *Pivoting Trays* ook activeren in het venster *SPSS Pivot Table*. Hier heb je in het snelmenu **Pivoting Trays** en menukeuze **Pivot; Pivoting Trays**.

Werken met Pivoting Trays: een voorbeeld met een kruistabel

Ter illustratie van de mogelijkheden van de *Pivoting Trays*, enkele varianten van een kruistabel met twee variabelen ('geslacht' en 'vervoermiddel'), en als *Statistics* twee statistische maten: *celfrequentie* ('Count') en *kolompercentage* ('%').

Eerst maken we de tabel zonder lagen en daarna maken we *Statistics* tot laag.

Tabel a is een standaard kruistabel met twee variabelen: in de *Pivoting Trays* staan de iconen van 'geslacht' en 'statistics' in het vak *Row*: er wordt eerst ingedeeld op 'geslacht' en daarna op statistische maat (er is opgegeven dat zowel telling als percentages als maat worden getoond). In het vak *Column* staat 'vervoermiddel'.

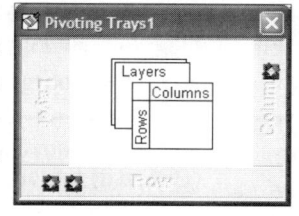

geslacht * vervoermiddel Crosstabulation

			vervoermiddel			Total
			fiets	auto	openbaar vervoer	
geslacht	man	Count	11	19	8	38
		% within vervoermiddel	39,3%	65,5%	34,8%	47,5%
	vrouw	Count	17	10	15	42
		% within vervoermiddel	60,7%	34,5%	65,2%	52,5%
Total		Count	28	29	23	80
		% within vervoermiddel	100,0%	100,0%	100,0%	100,0%

In **Tabel b** zijn de iconen van de variabelen 'geslacht' en 'vervoer' verwisseld door ze in de *Pivoting Tray* te verslepen naar het andere vak (of via menukeuze **Pivot; Transpose...** om te draaien). In het vak *Row* staan nu de iconen van 'vervoermiddel' en 'statistics'. In het vak *Column* staat 'geslacht'.

geslacht * vervoermiddel Crosstabulation

			geslacht		Total
			man	vrouw	
vervoermiddel	fiets	Count	11	17	28
		% within vervoermiddel	39,3%	60,7%	100,0%
	auto	Count	19	10	29
		% within vervoermiddel	65,5%	34,5%	100,0%
	openbaar vervoer	Count	8	15	23
		% within vervoermiddel	34,8%	65,2%	100,0%
Total		Count	38	42	80
		% within vervoermiddel	47,5%	52,5%	100,0%

Tabel c is drie-dimensionaal gemaakt door 'geslacht' als *laag* te gebruiken. Het icoon 'geslacht' is daartoe verplaatst naar het vak *Layer*.

In de tabel staan nu steeds alleen maar één van de categorieën van de laag 'geslacht'; dus 'man' of 'vrouw' of 'total'.

Je wisselt nu tussen de categorieën van de laag via de keuzelijst in de geactiveerde tabel (je kunt ook in het venster *Pivoting Trays* klikken op de pijltjes aan weerzijde van het icoon *geslacht* om te wisselen).

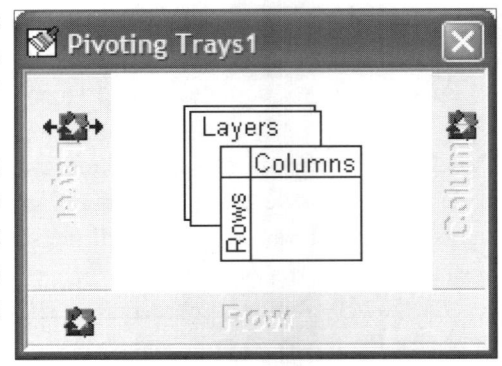

geslacht * vervoermiddel Crosstabulation					
geslacht	Total ▼		vervoermiddel		
	geslacht man			openbaar	
	geslacht vrouw		auto	vervoer	Total
	Total				
Count		28	29	23	80
% within vervoermiddel		100,0%	100,0%	100,0%	100,0%

Lagen tonen in geactiveerde tabel
Bij tabellen met lagen worden de eenheden van de lagen die niet zichtbaar zijn, toegankelijk gemaakt via een uitklapmenu bovenin de tabel.

Dit uitklapmenu kun je alleen gebruiken als de tabel is geactiveerd (dus met een dubbelklik op de tabel). Door in het uitklapmenu op de gewenste optie te klikken, krijg je de gewenste dimensies te zien.

Kolom- en rij-titels kantelen
Met **Format; Rotate Inner Column Labels** worden de onderste kolomtitels verticaal afgedrukt. Met **Rotate Outer Row Labels** kantelen de buitenste rij-titels.

TIP Je kunt een bewerkte uitvoertabel weer in zijn oorspronkelijke lay-out terug brengen met de menukeuze **Pivot; Reset Pivots to Defaults**.

17.4 Opmaken van gehele draaitabel & tabelonderdelen

De eenvoudigste manier om een draaitabel in zijn geheel op te maken, is via de *tabeleigenschappen*. Dit gaat als volgt:

1. Dubbelklik op de tabel en maak menukeuze **Format; Table Properties** (of kies in het snelmenu de optie **Table Properties**).
2. Het venster *Table Properties* verschijnt. Geef op de tabbladen **General**, **Footnotes**, **Cell Formats**, **Borders** en **Printing** de gewenste instellingen op.
3. Klik op **Toepassen** als je de instellingen wilt uitproberen of sluit af met **OK**.

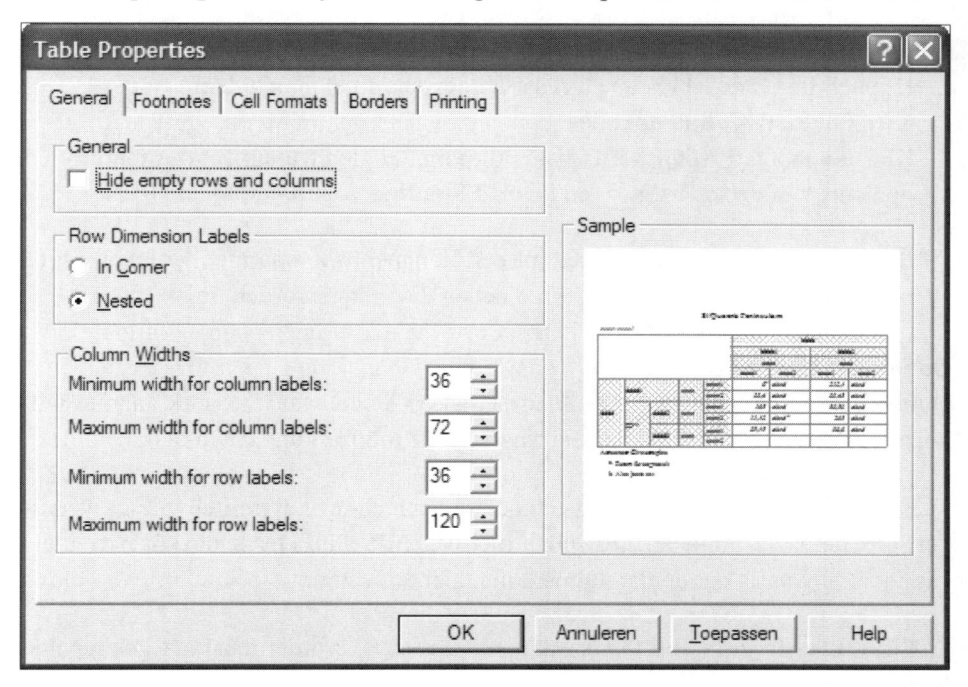

Tabelonderdeel opmaken

Wil je een tabelonderdeel (*kolomtitel*, *rijtitel* enz.) opmaken, handel dan zo:

1. Dubbelklik op de tabel en maak menukeuze **Format; Table Properties** en kies het tabblad **Cell Formats**.
2. Kies in de keuzelijst bij **Area** het gewenste onderdeel (of klik bij **Sample** op het gewenste onderdeel) en geef de gewenste instellingen op:

Text	Lettertype, -grootte, stijl (standaard, **vet**, *schuin*, streep, kleur).
Alignment	Uitlijnen celinhoud.
Shading	Percentage schaduw (*Foreground*) en achtergrond kleur.
Inner Margin	Afstand celinhoud tot kaderlijnen.

Lettertype hele tabel instellen

Als je voor de gehele tabel hetzelfde lettertype en -stijl wilt instellen, dubbelklik dan op de tabel en maak menukeuze **Edit; Select; Table** of **Table Body** (= tabel exclusief titel en voetnoten); kies daarna **Format; Font**.

Lettertype tabelonderdeel wijzigen

1. Dubbelklik op de tabel en selecteer het gewenste tabelonderdeel.
2. Maak menukeuze **Format; Font** om lettertype, -grootte en stijl (normaal, vet, cursief, onderstrepen) te wijzigen. Met **Hidden** kun je de celinhoud verbergen.

Uitlijnen, marges en arcering van tabelonderdeel

1. Dubbelklik op de tabel en selecteer het gewenste tabelonderdeel.
2. Kies **Format; Cell Properties**.
3. Kies het tabblad **Alignment** voor uitlijning, tabblad **Margins** voor marges ten opzichte van de kaderlijnen, en tabblad **Shading** voor arcering en kleur.

TIP Met **View; Toolbar** verschijnt een knoppenbalk waarmee lettertype, lijnstijl en uitlijning voor de geselecteerde cellen direct kan worden opgegeven.

De inhoud van een cel wijzigen

Dubbelklik op de tabel en dubbelklik daarna op de cel waarvan je de inhoud wilt wijzigen. Er verschijnt een kadertje waarin je de inhoud kunt aanpassen.

LET OP Als je de inhoud van een cel met een rij- of kolomtitel wijzigt, verandert ook de tekst in alle andere cellen met dezelfde titel. Dit geldt ook voor titels van tabeldimensies die op dat moment niet zichtbaar zijn.

LET OP Als je in een tabel waarden verandert, worden daaraan gekoppelde waarden - zoals procenten of totalen - *niet* mee veranderd.

Voetnoten plaatsen

1. Dubbelklik op de tabel en kies in het snelmenu van de cel **Insert Footnote**. (Je kunt de standaard voetnootaanduiding (a) wijzigen met **Format; Footnote Marker**).
2. Dubbelklik op 'Footnote' onder de tabel en typ een voetnoot-tekst in.

TIP Standaard worden voetnoten aangegeven met letters (*Alphabetic*). Met **Format; Table Properties**; tabblad **Footnotes** kun je kiezen voor cijfers (*Numeric*), en kan de positie worden ingesteld: superscript (^{a}) of subscript ($_a$).

17.5 Instellen celeigenschappen

In de Pivot Table Editor kun je voor elke selectie van cellen de *celeigenschappen* instellen. Het gaat hierbij o.m. om het aantal getoonde decimalen.

Aantal decimalen instellen
1. Dubbelklik op de tabel; de Pivot Table Editor wordt actief.
2. Selecteer de cel(len) en maak menukeuze **Format; Cell Properties**.
3. Kies tabblad **Value**. Kies in het vak **Format** het gewenste formaat (voorkeur: #.#). Typ bij **Decimals** het gewenste aantal decimalen in.

Decimale scheidingsteken
In tabellen geldt als het decimale scheidingsteken de Windows-instelling (VS: punt; NL: komma). Je wijzigt dit via *Landeninstellingen* van Windows.

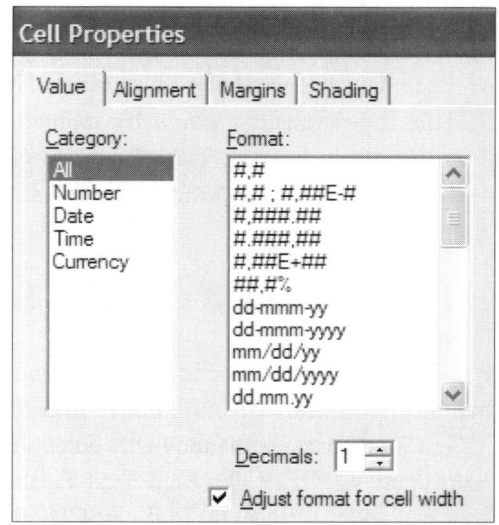

17.6 Werken met tabel lay-outs

Draaitabellen worden standaard weergegeven in de standaard lay-out. Je kunt ook een andere lay-out (of *TableLook*) kiezen. Je kunt zelfs je eigen tabel lay-out bewaren als *TableLook* en eventueel instellen als standaard.

Lay-out kiezen voor uitvoertabel
1. Dubbelklik op de tabel en maak de menukeuze **Format; TableLooks**.
2. Kies in het venster *TableLooks* de gewenste lay-out. Via de knop **Browse** kun je TableLook-bestanden uit andere mappen selecteren.
3. Klik op **OK** als je de gewenste lay-out hebt gekozen.
4. Je kunt de TableLook desgewenst aanpassen en bewaren als eigen lay-out.

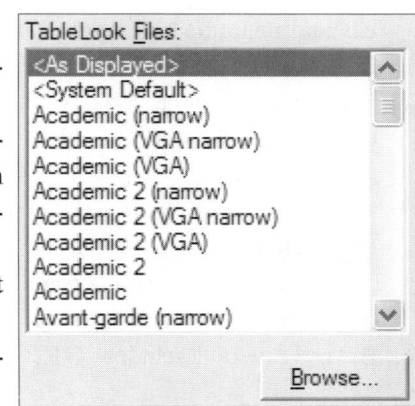

Eigen tabelinstellingen bewaren als lay-out

Je kunt je eigen tabelinstellingen (lay-out) aan de TableLooks-lijst toevoegen: Open het venster **TableLooks** en kies bij **TableLook Files** voor <As Displayed> en klik op **Save As** en geef het bestand een naam.

Tabel lay-out als standaard instellen

Je kunt elke tabel lay-out als standaard lay-out opgeven!
1. Zorg dat er geen tabel geselecteerd is. Maak menukeuze **Edit; Options**.
2. Kies in het venster *Options* het tabblad **Pivot Tables**.
3. Selecteer in het vak **TableLook** de gewenste *TableLook* (standaard lay-out). Met **Browse** kun je bestanden uit andere mappen kiezen.

17.7 Uitvoertabel in andere bestandsformaten

Als je uitvoertabellen wilt inlezen in andere programma's (zoals Excel), is het handig en vaak noodzakelijk om ze in een ander bestandsformaat te krijgen.

Dit kan op twee manieren. Je kunt draaitabellen laten *uitvoeren* in de Draft Viewer in WORD/RTF (Rich Text Format), en je kunt draaitabellen *exporteren* naar een ander formaat (HTML; ASCII-tekst *.txt; Excel *.xsl; Word/RTF *doc).

TIP ASCII-tabellen met Tabs-scheidingen kunnen worden ingelezen in rekenprogramma's als Excel.

Tabellen exporteren naar ander bestandsformaat

1. Selecteer de tabel(len) en kies in het snelmenu de optie **Export** (of klik op de knop **Export**). Het venster *Export Output* verschijnt.
2. Kies in het vak **Export** voor **Output Document (No Charts)**. Geef map en bestandsnaam op bij **Export File**. Standaard wordt de naam *Output* gebruikt.
3. Kies bij *File Type* het gewenste bestandsformaat.
4. Kies onder **Export What** welke tabellen je wilt exporteren: *alle, alle zichtbare* of *alle geselecteerde tabellen*.
5. Klik nu op **Options**. Kies tussen: **Produce Tab Separated Output** (= data zijn gescheiden door Tabs) en **Produce Space Separated Output** (= data gescheiden door spaties of andere tekens). Klik op **OK**.
6. Bevestig de opdracht met **OK**.

18 WERKEN MET GRAFIEKEN IN SPSS

Grafieken gebruik je om de *verdeling* van een variabele grafisch weer te geven, of om een mogelijk *verband* tussen variabelen grafisch weer te geven.

SPSS biedt *standaardgrafieken* en *interactieve grafieken*.

18.1 Aan de slag met grafieken in SPSS

Grafieken zijn uitvoer en verschijnen dus in de Viewer. Je kunt ze zo maken:
- Kies in het menu **Graphs** (of na menukeuze **Graphs; Interactive**) het gewenste grafiektype (je maakt een grafiek op basis van alle cases in de data file).
- Kies tijdens een SPSS-opdracht als extra uitvoer voor **Chart** (je maakt een grafiek die bij de opdracht hoort).
- Kies in een geactiveerde Pivot Table (of selectie daarvan) voor de snelmenu-optie **Create Graph** (je maakt de grafiek van de geselecteerde uitvoer).

Grafiektypen in SPSS
SPSS beschikt over diverse grafiektypen. Welk grafiektype je nodig hebt, hangt af van je gegevens en van de variabele(n) die je in de grafiek wilt weergeven.

Als je *frequentieverdelingen* grafisch wilt weergeven, gebruik je het staafdiagram dan wel het histogram (zie par. 18.3 & 19.1 & 19.2).

Als je mogelijke *verbanden* (zoals correlatie of regressie) grafisch wilt weergeven gebruik je spreidingsdiagrammen (*scatterplots*) (zie par. 19.3).

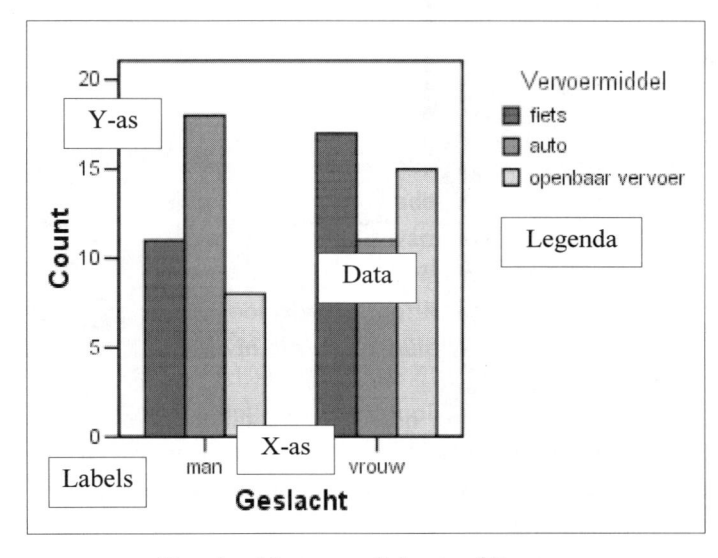

Voorbeeld van grafiek: staafdiagram

18.2 De basisprincipes van grafieken

Hoe je een grafiek ook maakt in SPSS, de basisprincipes zijn altijd hetzelfde. Je kiest een grafiektype dat past bij wat voor soort informatie je grafisch wilt weergeven, en je kiest dan de variabele(n) waarvan je die informatie wilt weergeven.

Grafiek maken
Je maakt een grafiek via het menu **Graphs**. Je kunt in dit menu meteen een grafiektype kiezen, waarna je de bij dat type behorende SPSS-vensters krijgt om de gewenste variabelen te kiezen en de grafiek op te bouwen.

Je kunt ook menukeuze **Graphs; Interactive** maken, en daarna een grafiektype kiezen. Hierna kun je op diverse tabbladen op een interactieve wijze de variabelen kiezen en de grafiek opbouwen, instellen en vormgeven.

Variabelen kiezen voor de grafiek
Welk grafiektype je ook hebt gekozen, je moet altijd in een SPSS-venster uit de variabelenlijst de gewenste variabelen kiezen.

Bij interactieve grafieken sleep je op het tabblad **Assign Variables** de variabele(n) uit de variabelenlijst naar de vakken voor de y-as en de x-as van de grafiek.

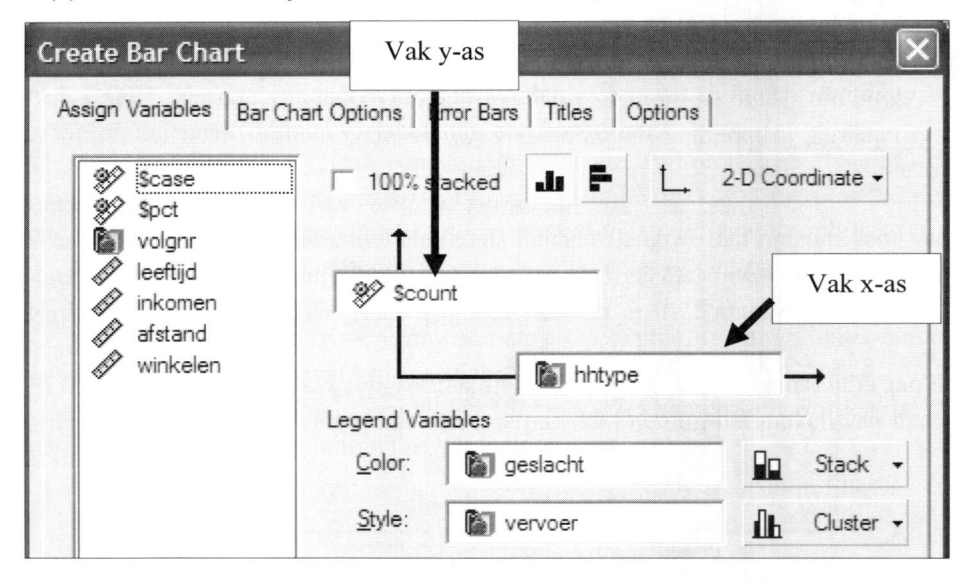

LET OP Als je een grafiek maakt via het snelmenu in de Pivot Table Editor krijg je *meteen* een interactieve grafiek, die je achteraf kunt aanpassen.

LET OP Een grafiek *bewerk* je in de **Chart Editor** (zie Hoofdstuk 20).

18.3 Gegevens en grafieken: kiezen tussen staafdiagram of histogram

Het kiezen van een grafiektype is afhankelijk van je gegevens en ook van de bedoeling van de grafische presentatie.

In SPSS zul je veel gebruik maken van de grafiekcategorieën *staafdiagrammen* (en aanverwante typen) en *histogrammen*. De keuze tussen deze categorieën wordt mede bepaald door de meetschaal van de variabele die je wilt weergeven.

Het belang van discrete en continue variabelen
Bij het maken van grafieken is het van groot belang of de gegevens van de variabelen die je grafisch wilt weergeven *discreet* dan wel *continu* zijn.

- **Discrete variabelen** zijn variabelen waarvan de waarden uitsluitend uit *gehele* getallen bestaan, zoals de variabele 'leeftijd' (dit zijn immers hele jaren), de variabele 'winkelen' (want de gegevens zijn ingevoerd als gehele getallen), maar ook een variabele als 'aantal kinderen per huishouden'. (Zie ook par. 23.4)
- **Continue variabelen** zijn numerieke variabelen waarin *alle mogelijke waarden* kunnen voorkomen, zoals bij de variabele 'lengte' (theoretisch kan – binnen bepaalde grenzen - *elke* mogelijke lengte voorkomen). (Zie ook par. 23.4)

De keuze tussen grafiekcategorieën: staafdiagram of histogram
Bij de keuze tussen het gebruik van staafdiagrammen (en verwante typen als lijn/oppervlaktediagram) dan wel histogrammen, is het dus van belang of werkt met discrete variabelen dan wel continue variabelen:

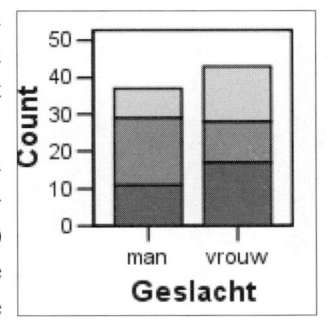

Staafdiagrammen (*bar charts*) en aanverwante typen worden gebruikt bij *discrete interval/ratiovariabelen*, en ook bij categorale (*nominale* en *ordinale*) variabelen. In een staafdiagram wordt één variabele op de *categorie-as* getoond. Voor alfanumerieke variabelen kies je altijd een staafdiagram.

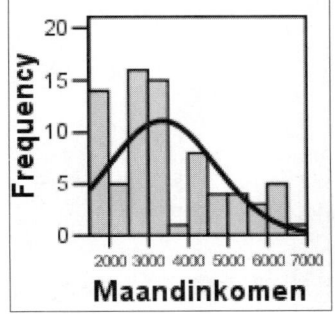

Histogrammen (*histograms*) worden gebruikt bij *continue interval/ratiovariabelen* (in SPSS dus *scale*). Voor het grafisch weergeven van continue variabelen moeten de waarden in *klassen* worden ingedeeld: het resultaat is een histogram.

Het mooie van SPSS is dat bij histogrammen het indelen in klassen voor de variabele op de x-as vanzelf gebeurt; dit kun je aanpassen.

18.4 Grafiektypen in SPSS

Gegevens	Grafiektype	Soort grafiektype
Eén variabele (nominaal, ordinaal, discreet interval/ratio)	**Staafdiagram, Cirkeldiagram** (bij niet teveel categoriën)	Enkelvoudig ('*Simple*')
Eén variabele, verdeeld per categorie van andere variabele	**Staafdiagram, Cirkeldiagram**	Geclusterd of gestapeld ('*Clustered*' of '*Stacked*')
Eén continue interval/ratiovariabele	**Histogram**	Al dan niet met *normaal curve*
Twee continue variabelen (verband)	**Scatterplot**	Al dan niet met *Fit line*
Twee interval/ratiovariabelen waarvan één tijdsvariabele	**Lijndiagram, Oppervlaktediagram**	

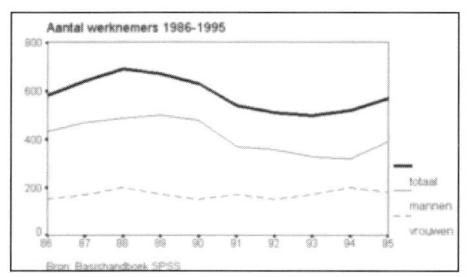

Lijndiagram

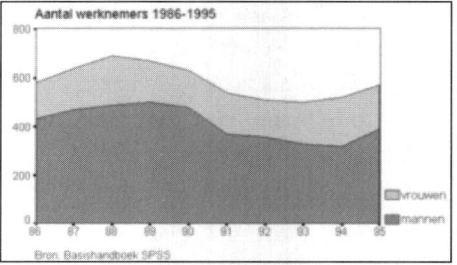

Oppervlaktediagram

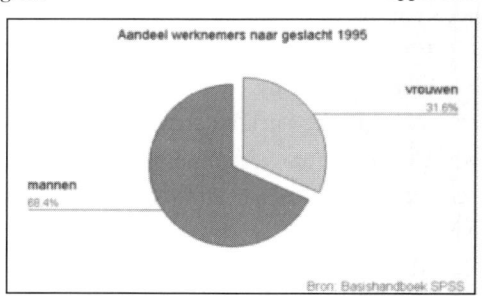

Cirkeldiagram

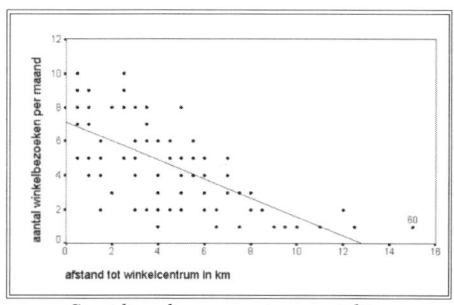

Spreidingsdiagram met regressielijn

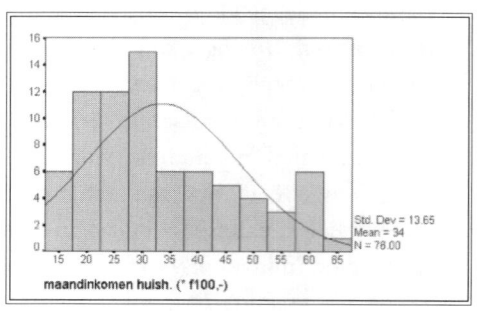

Histogram

19 GRAFIEKEN MAKEN

Als voorbeeld van het werken met grafieken in SPSS gaan we in dit hoofdstuk nader in op staafdiagrammen, histogrammen en spreidingsdiagrammen.

19.1 Werken met staafdiagrammen en verwante grafiektypen

Een staafdiagram (of aanverwant type) gebruik je voor het grafisch weergeven van de *verdeling* van nominale of ordinale (of discrete) variabelen.

Wat is een staafdiagram?
Een staafdiagram biedt een *telling* van de variabele (uitgezet op de y-as). Een staafdiagram heeft als x-as een *categorie-as*. Hier staat de variabele(n), al dan niet gesplitst in de waardecategorieën of verdeeld volgens groepeervariabelen.

Maken standaard staafdiagram
Voor een standaard staafdiagram maak je menukeuze **Graphs; Bar**.

Je krijgt *eerst* het venster **Bar Charts** om een *type* staafdiagram te selecteren. Hier moet je ook bepalen hoe de gegevens worden gepresenteerd in de grafiek.

Vervolgens klik je op **Define** om in een volgend venster de variabele(n) te kiezen.

Simple	Weergave één variabele. Enkelvoudig staafdiagram.
Clustered	Weergave variabele per categorie. De staven staan naast elkaar.
Stacked	Weergave variabele per categorie. De staven worden gestapeld.

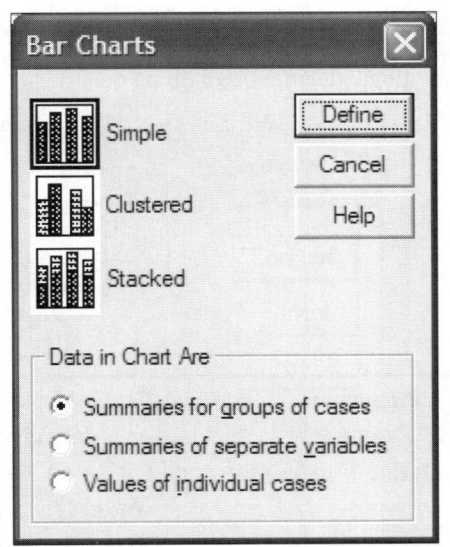

Summaries for groups of cases	Voor elke categorie wordt de frequentie weergegeven (standaardoptie).
Summaries of separate variables	Voor elke categorie wordt het gemiddelde (of een andere statistische maat) van de waarden in die categorie weergegeven.
Values of individual cases	De *waarde* van elke case wordt in een aparte staaf weergegeven.

Het kiezen van weergave variabelen voor staafdiagram

Als je alleen de frequentie wilt tonen van één variabele, dan gebruik je een enkelvoudig staafdiagram. Wil je tonen hoe een variabele is ingedeeld volgens de categorieën van een *andere* variabele, dan kies je een geclusterd of gestapeld staafdiagram. Hierbij kies je twee variabelen: de ene is datgene *waarover* je iets wilt weten, en de andere is *wat* je over de eerste wilt weten.

Kiezen variabelen in standaard staafdiagram

Als je in het venster *Bar Charts* klikt op de knop **Define** verschijnt het venster *Define [..]*. Hier moet je o.m. uit de variabelenlijst de gewenste variabelen kiezen.

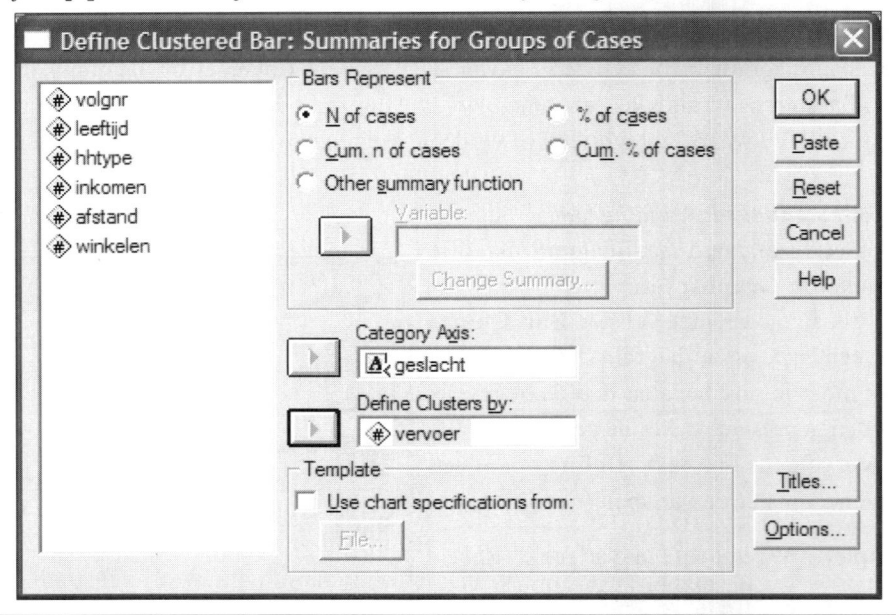

Category Axis	De variabele waarop de verschillende categorieën worden onderscheiden; hier 'geslacht'.
Define Clusters by	De variabele volgens welke de gekozen variabele moet worden geclusterd of gestapeld: hier 'vervoer'.
Bars Represent	Weergave soort frequenties in de staven. Voor de weergave van de absolute frequenties kies je **N of cases**.

TIP Een interactief staafdiagram maak je met menukeuze **Graphs; Interactive; Bar**. Je krijgt een venster met variabelenlijst en tabbladen om de grafiek te maken.

LET OP In een staafdiagram worden missing values *niet* afgebeeld. Je kunt ze wel tonen in de grafiek, maar de wijze waarop je dat doet, gaat bij interactieve grafieken anders dan bij standaard grafieken. Raadpleeg de Help!

19.2 Werken met histogrammen

Histogrammen worden gebruikt om de verdeling van een *continue* variabele grafisch weer te geven. Een continue variabele is een interval/ratiovariabele die alle mogelijke waarden kan hebben (zoals de variabele 'afstand'; zie par. 18.3).

Een continue variabele wordt in het histogram *vanzelf* in *klassen* ingedeeld. Je kunt zelf de indeling in klassen aanpassen.

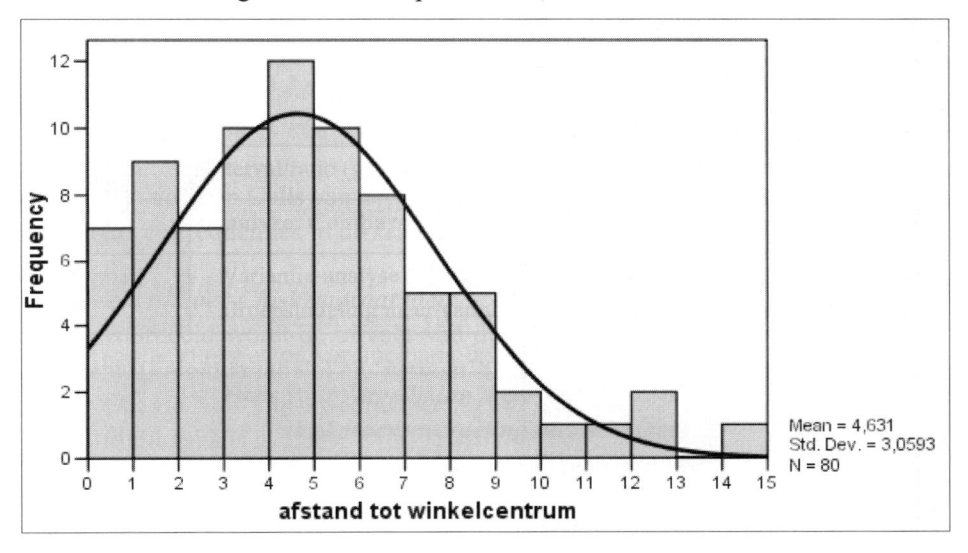

Maken standaard histogram

Het maken van een standaard histogram gaat als volgt:
1. Maak menukeuze **Graphs; Histogram**.
2. Kies in het venster *Histogram* de gewenste (continue) variabele.
3. Wil je ook de *normale curve*, activeer dan de optie **Display normal curve**.
4. Klik op **OK**. Het histogram wordt in de Viewer afgebeeld.

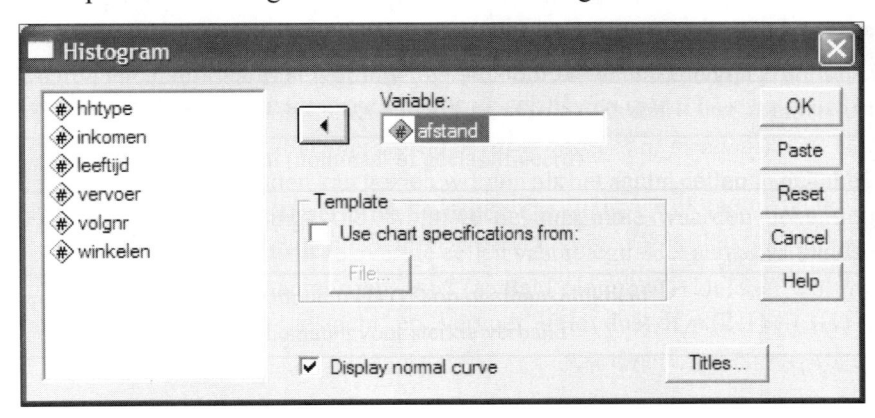

Klassen & klassengrenzen

Bij het maken van een histogram worden de waarden van de variabele die je wilt weergeven automatisch in *klassen* ingedeeld.

De *klassengrenzen* lopen altijd *tot* de bovengrens. Bij de klassen 0-10, 10-20, etc. wordt de waarde 10 tot de klasse 10-20 gerekend en 20 tot de klasse 20-30.

Klassenindeling wijzigen

Je kunt de klassenindeling van een histogram zelf wijzigen. Zo kun je het gewenste *aantal klassen* opgeven dan wel de *klassebreedte* (het aantal klassen wordt dan op basis hiervan berekend). Ook kun je het bereik van de waarden instellen.

Handel zo bij een standaard histogram:
1. Dubbelklik op de grafiek: de Chart Editor wordt geactiveerd.
2. Dubbelklik op de x-as. Je krijgt het venster *Properties*. Kies het tabblad **Histogram Options**.
3. In het vak **Anchor First Bin** geef je bij **Custom** de ondergrens van de eerste klasse op.
4. In het vak **Bin Sizes** geef je bij **Custom** ofwel het aantal klassen op (**Number of intervals**) ofwel de klassebreedte (**Interval width**).
5. Klik op **Apply** (de instellingen worden meteen doorgevoerd).
6. Op het tabblad **Scale** kun je bij **Range** onder **Custom** zelf een minimumwaarde en een maximumwaarde opgeven.
7. Klik op **Apply** (de instellingen worden meteen doorgevoerd).

TIP De normale curve kun je alsnog *achteraf* toevoegen aan een standaard histogram. Activeer daartoe op het tabblad **Histogram options** van het venster *Properties* de optie **Display normal curve**.

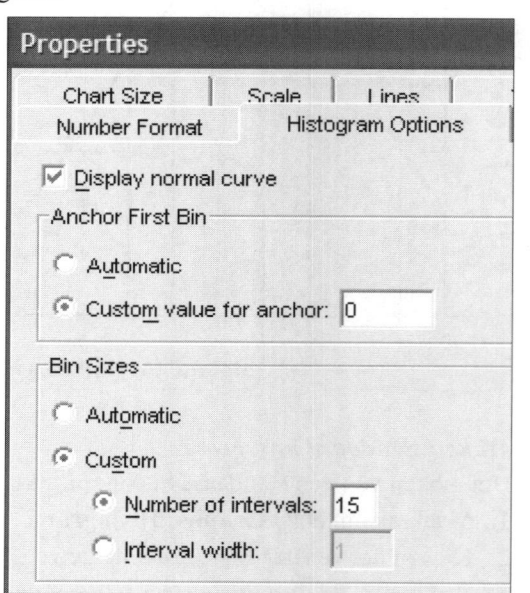

19.3 Werken met spreidingsdiagrammen

Met een spreidingsdiagram (*scatterplot*) kunnen twee (of drie) intervalvariabelen of ratiovariabelen tegen elkaar afgezet worden. In een spreidingsdiagram worden de cases als losse punten tussen de assen geplaatst.

Spreidingsdiagrammen worden vooral gebruikt bij correlatie en regressie, om een mogelijk lineair verband tussen variabelen op te sporen (zie Hoofdstuk 35).

Maken spreidingsdiagram
Voor het maken van een spreidingsdiagram handel je als volgt:
1. Maak menukeuze **Graphs; Scatter** danwel **Graphs; Interactive; Scatterplot**. Het venster (*Create*) *Scatterplot* verschijnt.
2. a) Als je een standaard scatter maakt, moet je in het venster *Scatterplot* het type kiezen, en dan in een nieuw venster *Scatterplot* de variabelen kiezen voor de assen en eventueel variabelen voor legenda (**Set markers by**).
   b) Voor een interactieve scatter kies je op het tabblad **Assign Variables** de variabelen voor de assen, en ook eventueel legenda (zo kun je de scatters onderverdelen volgens een derde variabele). Op het tabblad **Fit** kun je in de keuzelijst kiezen welke soort lijn je wilt (zoals een *regressielijn*).
3. Welk spreidingsdiagram je ook maakt, je kunt altijd later **Fit**-lijnen toevoegen.

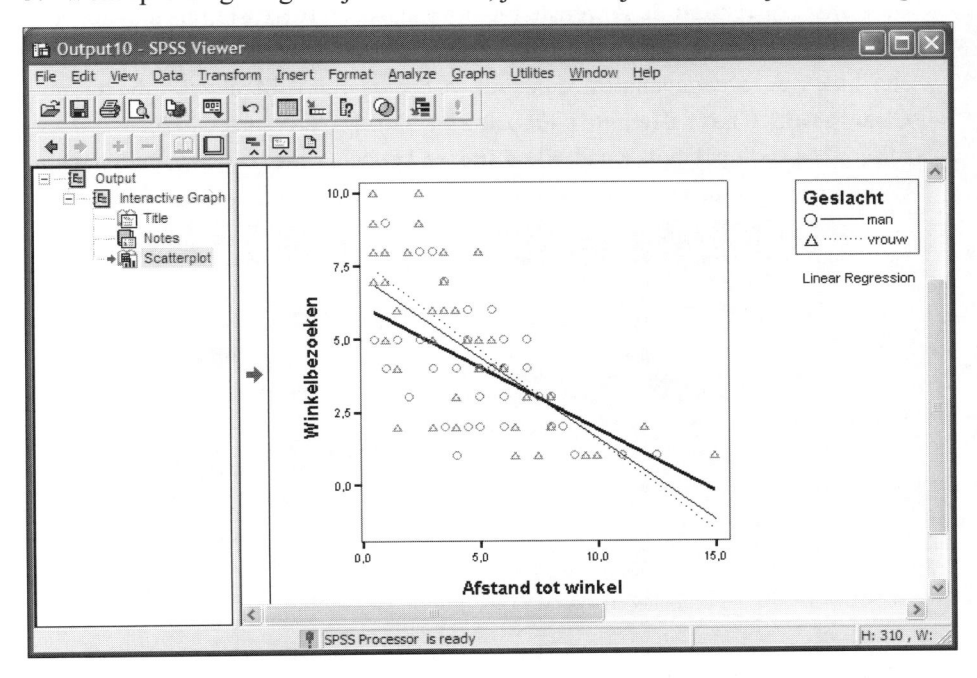

Informatie tonen bij scatters

Elke punt in een scattergrafiek is een case. Als je in de Chart Editor de knop **Data ID Mode / Point id Tool** indrukt en dan op een punt klikt, krijg je standaard het casenummer te zien (handig om *outliers* te identificeren).

Je kunt echter ook *andere* informatie laten tonen na een klik op de knop **Data ID Mode / Point id Tool**. Handel zo:
- Plaats bij een interactieve scatter in het venster *Assign* op het tabblad **Cases** in het vak **Identify Point by** de gewenste variabele. Na een klik op een punt wordt nu de waarde van die variabele getoond.
- In een standaard scatter kun je alleen andere informatie krijgen via de **Data ID Mode**-knop door tijdens het maken van de scatter in het venster *Scatterplot* in het vak **Label Cases By** een variabele te plaatsen.

TIP Zolang de knop **Data Id Mode** is ingedrukt, zijn alle andere knoppen inactief en kun je niet meer de grafiek(onderdelen) bewerken!

Achteraf toevoegen fit-lijn (zoals regressielijn)

Het achteraf toevoegen van een regressielijn doe je als volgt:
1. Dubbelklik op de grafiek: de Chart Editor wordt geactiveerd.
2. a) In een interactieve scatter kun je via het menu **Insert** of via de lijst van de knop **Insert Element** de gewenste Fit-lijn (zoals een regressielijn) toevoegen.
   b) In een standaard scatter moet je de gegevens selecteren; dit kan *alleen* met een klik op de gegevens (al dan niet in de legenda). Maak dan menukeuze **Chart; Add Chart Element; Fit Line at Total**. Het venster *Properties* verschijnt. Maak op het tabblad **Fit Line** je keuze (**Linear** voor regressielijn; **Quadratic** voor een parabool; **Cubic regression** voor derdegraads polynoom).

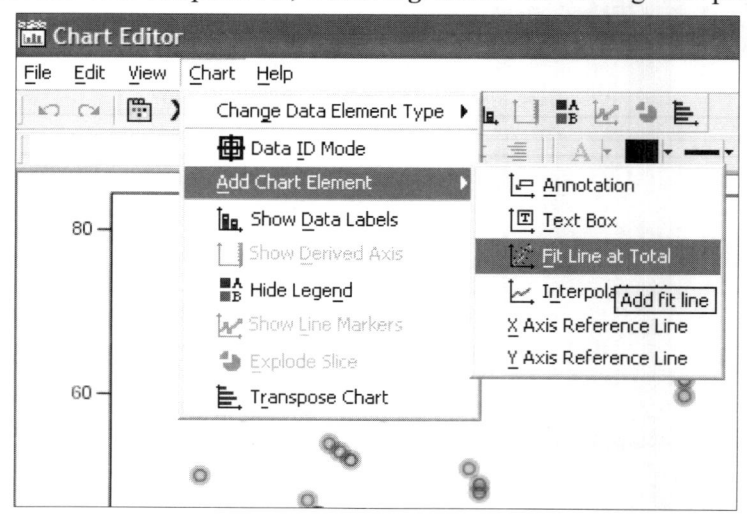

20 GRAFIEKEN BEWERKEN

Grafieken kun je *bewerken* en *opmaken* door ze in de **Chart Editor** te openen. Hier kun je onder meer de weergave van data en legenda instellen, de verdeling op de assen aanpassen en grafiekonderdelen toevoegen dan wel verwijderen.

20.1 Werken in de Chart Editor

Je opent een grafiek in de Chart Editor door op de grafiek te *dubbelklikken* (of via het snelmenu van de grafiek met de optie voor **Graph Object**).

Bij standaard grafieken wordt de Chart Editor actief in een apart venster. Bij interactieve grafieken wordt de Chart Editor actief in de Viewer.

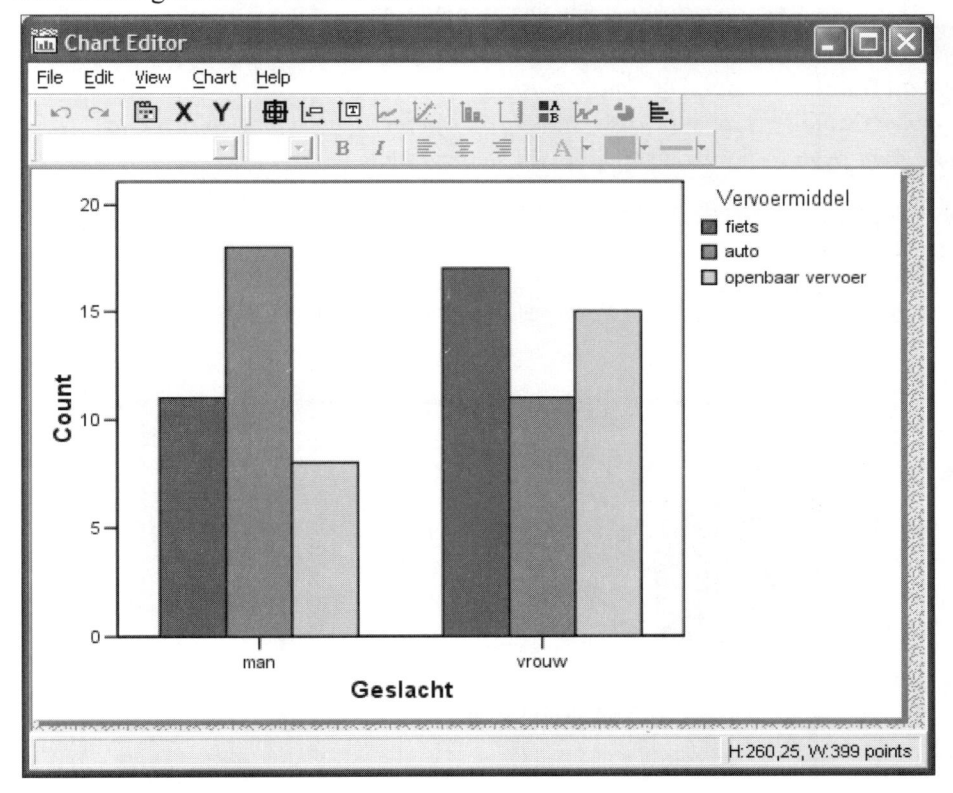

De twee versies van de Chart Editor
Bij *standaard grafieke*n verschijnt de Chart Editor in een apart venster, dat je ook apart moet sluiten.

Bij *interactieve grafieken* verschijnt de Chart Editor in de Viewer met eigen werkbalken en zijn de menu's in de Viewer aangepast voor het werken met grafieken. Je sluit de Editor door buiten de Editor te klikken.

20.2 Werken met standaard grafieken in de Chart Editor

Van een standaardgrafiek staan in de Chart Editor de hoofdonderdelen (grafiek zelf, data, legenda) in diverse frames, die je elk kunt selecteren om te bewerken. Binnen de frames kun je de afzonderlijke onderdelen selecteren om te bewerken.

De frames van een standaard grafiek

In een standaard grafiek kun je vier frames activeren om de onderscheiden onderdelen te bewerken. Je selecteert een frame door in het gebied van het frame te klikken (dan pas worden ze zichtbaar!).

Je kunt elke frame apart verslepen, en ook vergroten dan wel verkleinen door de formaatgrepen te verslepen. De vier frames zijn:

Outer frame	omvat *alle* elementen van de grafiek.
Data frame	omvat de *data*, de *as-titels*, *as-labels*.
Inner frame	omvat de data: *staven*, *taartpunten*, *interpolatielijnen* enz..
Legend frame	omvat de *legenda* (of statistische gegevens).

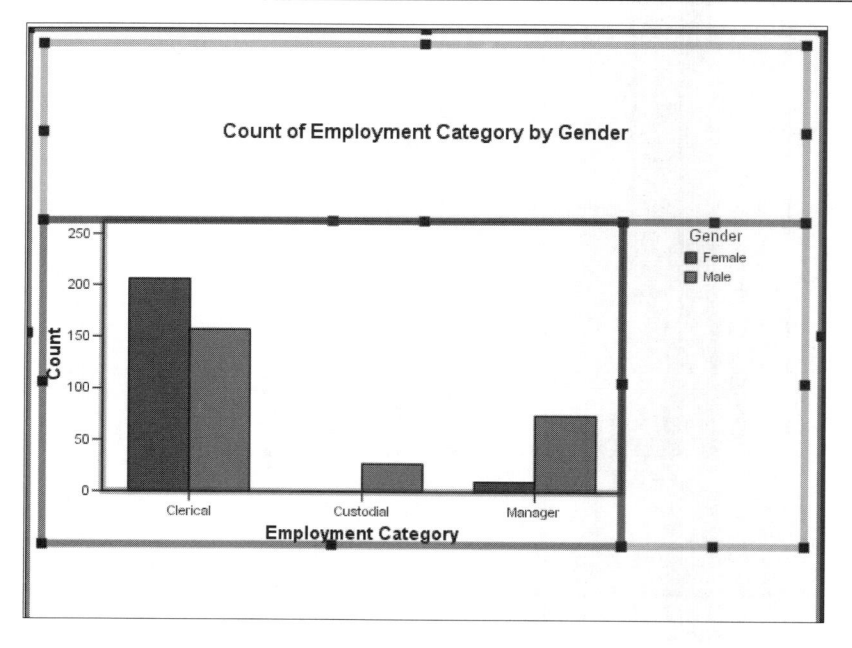

Eigenschappen van grafiek en grafiekonderdelen

Elk frame en elk element dat je in de Chart Editor kunt selecteren, heeft een bijbehorend venster *Properties* waarin je de eigenschappen kunt regelen.

Het venster *Properties* open je via een dubbelklik op een grafiekonderdeel, dan wel via de knop **Properties** of via het snelmenu van een selectie.

20.3 Standaard grafieken bewerken in de Chart Editor

In de standaard Chart Editor kun je de grafiek(onderdelen) bewerken via de knoppenbalk en (snel)menu's, en ook via het venster *Properties*.

Met een dubbelklik op een onderdeel (of selectie en een klik op de knop **Properties**) activeer je het venster *Properties* om eigenschappen in te stellen.

LET OP Elk grafiektype heeft uiteraard zijn eigen grafiekonderdelen. Daarom verschillen de opties om onderdelen te bewerken per grafiektype.

Grafiek bewerken

Je bewerkt de grafiek in zijn geheel door eerst menukeuze **Edit; Select Chart** te maken, gevolgd door menukeuze **Edit; Properties**.

Op de tabbladen **Chart Size** en **Fill & Border** kun je de instellingen opgeven. Bevestig dan met **Apply**: de instellingen worden toegepast.

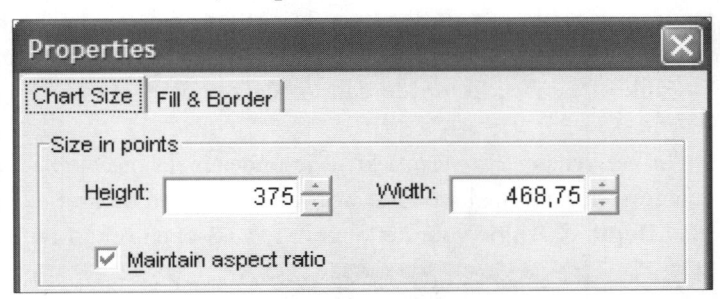

Grafiek-assen aanpassen

Om de assen van een grafiek aan te passen, (dubbel)klik je op de horizontale x-as dan wel op de verticale y-as (of klik je op de knop **Select X/Y Axis** of kies je **Edit; Select X/Y Axis**).

Het venster **Properties** van de assen heeft o.m. deze tabbladen:

Ticks & Grids	voor markeerstreepjes bij labels en rasterlijnen.
Categories	verplaatsen en verwijderen en instellen van de categorieën.
Scale	aanpassen *schaal* van as.
Axis Labels	tonen / verbergen van as-titel en labels.

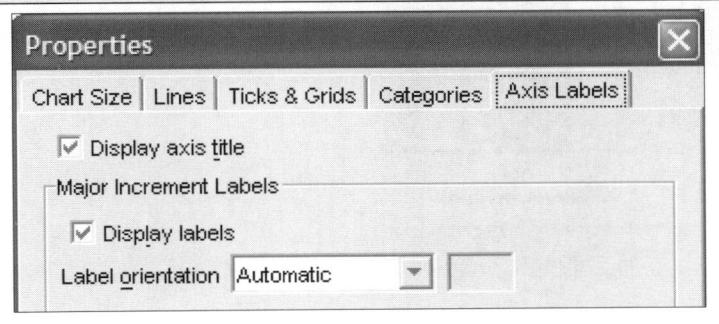

Legenda aanpassen

Standaard worden (bij staafdiagrammen) de *value labels* (of waarden) van de variabele als legenda gebruikt en het *variabelenlabel* (of de variabelennaam) als legenda titel.

Je kunt alle legenda in één keer opmaken door op de tekst van de legenda te (dubbel)klikken.

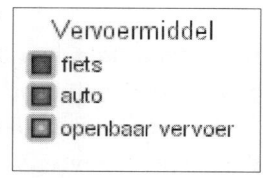

Je kunt de data van de legenda wijzigen per legenda-onderdeel door te (dubbel)klikken op de gekleurde vakjes.

TIP Je kunt legenda verbergen en tonen via de knop **Show/Hide Legend**.

Data aanpassen

Je kunt de data in een grafiek (zoals de taartpunten van een cirkelgrafiek, de scatters in een scatterplot of de staven in een staafdiagram) geheel naar eigen wensen opmaken, tijdelijk verbergen, voorzien van data labels enzovoort.

Klik of dubbelklik op de data of data-onderdeel (via de gekleurde vakjes in legenda).

In het venster *Properties* krijg je onder meer het tabblad **Categories** waar je categorieën kunt uitsluiten (ze worden dan niet in de grafiek getoond) en het tabblad **Depth & Angle** voor het opgeven van **3-D** en **schaduw**.

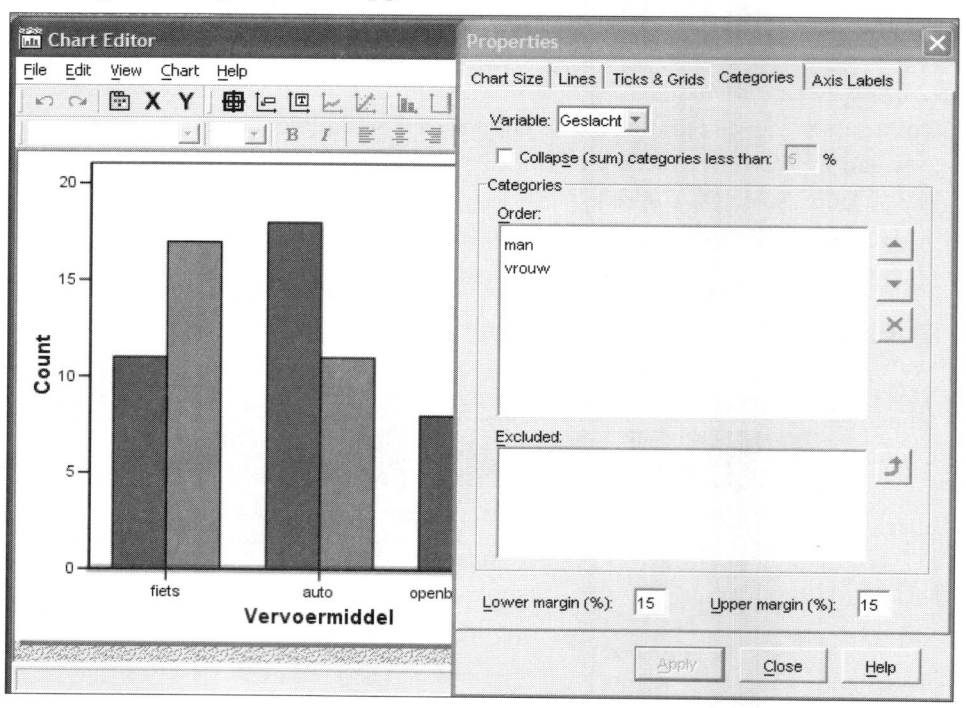

20.4 Werken met interactieve grafieken in de Chart Editor

Interactieve grafieken bewerk je in de Chart Editor, die gewoon in de Viewer actief wordt. Dubbelklik op de grafiek om de Chart Editor te activeren.

De Editor biedt knoppenbalken en menu's om de grafiek(onderdelen) te bewerken. Ook kun je de grafiek(onderdelen) bewerken via de snelmenu's.

TIP Grafiekonderdelen (zoals assen, data, legenda enz.) selecteer je door erop te klikken. Met een dubbelklik op een grafiekonderdeel activeer je het venster *Properties* om de eigenschappen van het onderdeel in te stellen.

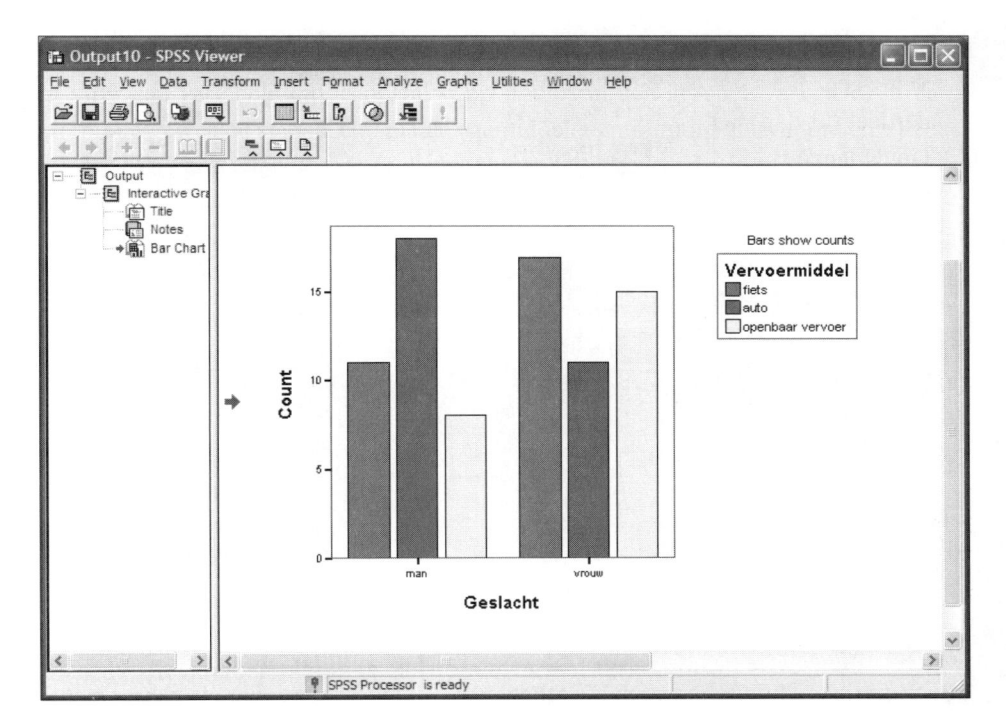

TIP Met het menu of de knop **Insert** kun je allerlei elementen toevoegen aan de grafiek. Met het menu **Format** en via de snelmenu's kun je de grafiek opmaken.

TIP Via de knoppenbalk **Utilities** kun je onder meer *nieuwe variabelen* aan de grafiek toevoegen (via de knop **Assign)**, elementen toevoegen (via de knop **Insert Elements**) en de dimensie van de grafiek wijzigen.

20.5 Enkele verdere mogelijkheden

Grafiek vergroten/verkleinen

De grootte van een standaard grafiek kun je gemakkelijk aanpassen. Selecteer de grafiek in de Viewer, en versleep een van de formaatgrepen die om de grafiek verschijnen. (De grafiek verschijnt ook in de Chart Editor in het nieuwe formaat!)

De grootte van een interactieve grafdiek wijzig je in de **Chart Editor** door na menukeuze **Format; Data Region** bij **Size** het gewenste formaat op te geven.

Kleur grafiekonderdelen wijzigen

De kleur van grafiekonderdelen wijzig je zo:
1. Selecteer het onderdeel (al dan niet via de legenda)
2. Open het venster **Chart Properties**
3. Kies daarna op het tabblad **Fill & Border** (standaard grafieken) of **Color** (interactieve grafieken) een kleur.

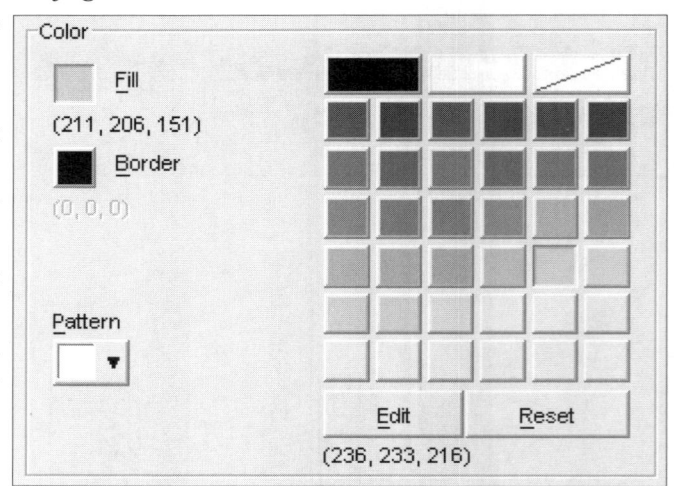

Grafiek kopiëren

SPSS-grafieken kun je rechtstreeks *kopiëren* naar andere Windows-programma's (zoals Word) met knippen en plakken (**Copy/Paste**).

Grafiek exporteren

SPSS-grafieken kun je bewaren als afbeeldingsbestand en vervolgens *exporteren*:
1. Selecteer de grafiek in de Viewer en kies in het snelmenu **Export** (menu **File; Export Chart**).
2. Het venster *Export Output* verschijnt. Kies in de keuzelijst bij **Export** voor **Charts Only**.
3. Geef desgewenst in het vak **File Name** een bestandsnaam op. Kies in het vak **File Type** het een bestandsformaat (je kunt alleen kiezen uit grafische formaten; **jpeg** is standaard!).
4. Bevestig de opdracht met **OK**.

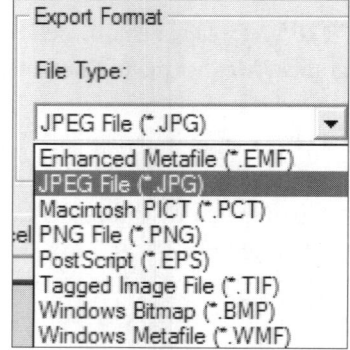

21 WERKEN IN DE SYNTAX EDITOR

Er zijn verschillende manieren om een SPSS-opdracht uit te voeren. De meest gangbare manier is om de opdracht direct uit te voeren. Je kunt een opdracht ook *eerst opslaan en pas later uitvoeren.*

Deze mogelijkheid is van belang omdat het bij een statistische analyse dikwijls gaat om een *reeks* commando's die samen de SPSS-opdracht vormen.

Deze reeks commando's verzamel je in de *Syntax Editor* waar je ze opslaat (eventueel bewerkt), en ze dan later geheel of gedeeltelijk kunt uitvoeren.

21.1 Opdrachten plakken en verzamelen in de Syntax Editor

In veel SPSS-dialoogvensters staat de knop **Paste** waarmee je de opdracht die je instelt kunt *plakken* (*paste*) naar de Syntax Editor.

In de Syntax Editor verschijnen de uitgeschreven opdrachtregels van de geplakte opdracht. Je kunt meerdere opdrachten onder elkaar plakken. Opdrachten in de Syntax Editor kun je bewaren en uitvoeren (*runnen*) wanneer het je uitkomt.

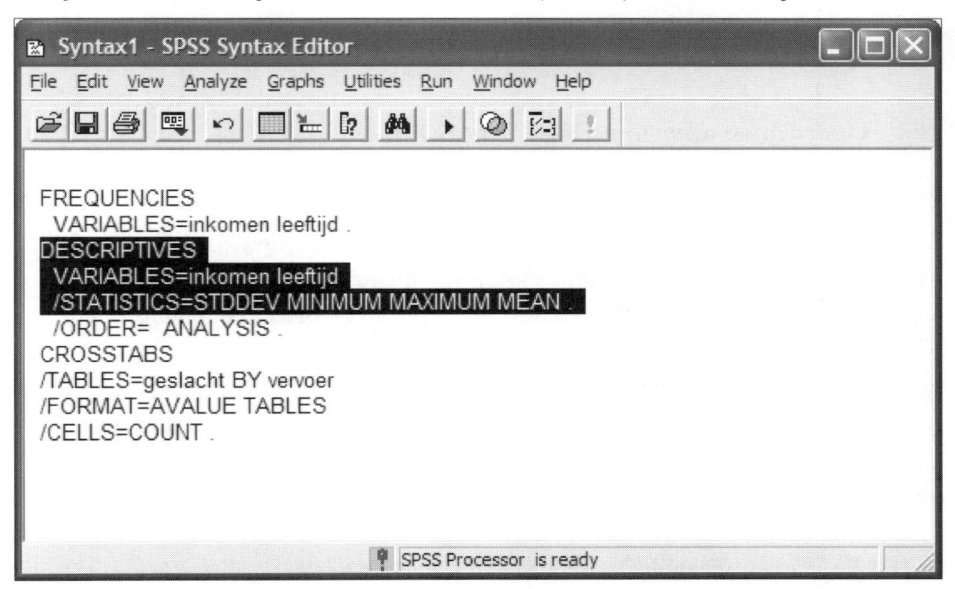

De opdrachten in de Syntax Editor

Elke opdracht in de Syntax Editor begint vooraan op een nieuwe regel. Elke opdracht eindigt met een *punt* (.); onderdelen van de opdracht (subopdrachten) worden voorafgegaan door een *slash* (/); variabelennamen worden voluit geschreven; alfanumerieke waarden staan tussen enkele (' ') of dubbele aanhalingstekens (" ").

Voordelen van de Syntax Editor
Het heeft voordelen om SPSS-opdrachten via de Syntax Editor uit te voeren:
a. Er kan een groot aantal opdrachten achter elkaar worden geplakt, die in één keer kunnen worden uitgevoerd. Dit gaat veel sneller dan het apart uitvoeren van elke opdracht. Dit is vooral handig bij grote data files, omdat iedere opdracht dan veel rekentijd vergt.
b. De opdrachten kunnen meerdere malen worden uitgevoerd, zonder dat ze steeds opnieuw via de SPSS-dialoogvensters opgegeven hoeven worden.
c. De opdrachten kunnen bewaard worden als **syntax file** (extensie ***.sps**). Een syntax file is een ASCII-tekstbestand, en kan opnieuw in de Syntax Editor worden geopend (met **File; Open; Syntax**) en uitgevoerd.
d. De opdrachten kunnen in de Syntax Editor worden *bewerkt*. Je kunt bijvoorbeeld stukken tekst kopiëren. (Een syntax file kan ook in een tekstverwerkingsprogramma worden bewerkt; daarna bewaren in ASCII).
e. Niet alle SPSS-opdrachten zijn via de menu's beschikbaar; sommige opdrachten *moeten* in de Syntax Editor worden ingetypt.

TIP Je kunt ook een *deel* van de opdrachten uit de Syntax Editor laten uitvoeren.

21.2 Opdrachten uitvoeren via de Syntax Editor

Syntax Editor openen
Zodra je voor de eerste keer in een SPSS-dialoogvenster op de **Paste**-knop klikt, wordt de Syntax Editor geopend. Je kunt met menukeuze **File; New; Syntax** een lege nieuwe editor openen. Je kunt de Syntax Editor zo vaak openen als je wilt.

Syntax file opslaan en openen in de Syntax Editor
Heb je eenmaal opdrachten in de Syntax Editor met menukeuze **File; Save (as)** opgeslagen als *syntax file* (met de extensie ***.sps**), dan kun je dit bestand weer openen in de editor met menukeuze **File; Open; Syntax**.

TIP Er kunnen meerdere syntaxvensters tegelijk geopend zijn. **Paste**-opdrachten worden altijd *in het laatst geopende* syntaxvenster geplaatst. Met de **Designate Window**-knop kun je een ander venster activeren als doelvenster (par. 8.6).

Opdrachten selecteren
Je selecteert een opdracht door er op te klikken. Je selecteert meerdere opeenvolgende opdrachten door over de opdrachten te slepen.

Werken in de Syntax Editor 121

Opdrachten uitvoeren

Om opdrachten vanuit de Syntax Editor uit te voeren, moet je die opdrachten eerst selecteren. Klik na selectie op de knop **Run Selection**.

Als je niets selecteert, wordt de opdracht waarin de cursor staat uitgevoerd.

Je kunt ook opdrachten uitvoeren met behulp van het **Run**-menu van de Syntax Editor. Je kunt dan kiezen welke opdrachten je uitvoert. Er zijn vier opties:

All	Alle opdrachten uitvoeren.
Selection	Alle geselecteerde opdrachten uitvoeren.
Current	Alleen de opdracht uitvoeren waarin de cursor staat.
To End	Alle opdrachten uitvoeren vanaf de opdracht waarin de cursor staat.

Opdrachten zelf invoeren

Veel opdrachten kun je uitbreiden met een aantal extra opties, die niet in de standaard-menu's staan. Deze opties moet je zelf in de Syntax Editor intikken.

Met de knop **Syntax Help** in de editor krijg je een overzicht van alle SPSS-commando's en hun syntax (schrijfwijze). De Syntax Guide van het Help-menu biedt een nog uitgebreider syntax-overzicht. Je hebt hiervoor de SPSS-cd nodig.

Syntax regels

Ga je opdrachten schrijven in de Syntax Editor, houd je dan strikt aan de syntax:
a. Elke opdracht moet op een nieuwe regel beginnen.
b. Elke opdracht moet eindigen met een punt (.).
c. Een opdracht kan meerdere *tekstregels* omvatten; spaties hebben geen invloed.
d. Subopdrachten worden voorafgegaan door een slash (/).
e. Als decimaal scheidingsteken wordt altijd een punt (.) gebruikt.
f. De diverse onderdelen van een opdracht mogen worden afgekort tot de eerste drie letters (zoals FRE voor FREQUENCIES). Variabelennamen mag je niet afkorten. Er is hierbij *geen* verschil tussen hoofdletter en kleine letters.
g. Alfanumerieke waarden *moeten* tussen enkele (' ') of dubbele aanhalingstekens (" ") staan. Hoofdletters en kleine letters worden als *verschillende* tekens beschouwd. Tekst tussen aanhalingstekens mag niet op meerdere regels staan. Numerieke waarden *mogen niet* tussen aanhalingstekens staan.

22 BESTANDEN IMPORTEREN EN EXPORTEREN

Gegevensbestanden uit andere programma's kunnen in SPSS worden *geïmporteerd*. Bestanden uit SAS en Excel (maar ook uit Lotus, dBase en oudere SPSS-versies) worden in principe vanzelf geconverteerd als je ze importeert (par. 22.1).

Om ASCII-bestanden (dus gegevensbestanden in 'kale' tekst) te importeren, is er een speciale *Text Import Wizard* beschikbaar (par. 22.2).

Ook kun je SPSS-files *exporteren* naar andere bestandsformaten (par. 22.3).

22.1 Importeren van gegevensbestanden uit andere programma's

Met menukeuze **File; Open; Data** kan een groot aantal bestandstypen in SPSS worden *geïmporteerd*. De bestanden worden automatisch geconverteerd en in de Data Editor geplaatst. In de Data Editor kun je ze bewaren als SPSS-data file.

Gegevensbestanden importeren

Nadat de opdracht **File; Open; Data** is gekozen verschijnt het dialoogvenster *Open File*, waarin *bestandsnaam* en *bestandstype* van het te importeren bestand moeten worden opgegeven.

Meetschaal wijzigingen bij het importeren van bestanden

Als data files uit andere programma's in SPSS worden geïmporteerd, worden alfanumerieke variabelen als *nominal* gedefinieerd, numerieke variabelen tot 24 verschillende waarden als *ordinal*, en numerieke variabelen met meer dan 24 verschillende waarden als *scale*.

Voor het importeren van oude SPSS files kun je dit aantal wijzigen: maak menukeuze **Edit; Options** en kies op het tabblad **Interactive** een ander aantal.

LET OP Als we ons voorbeeldbestand importeren uit een ander programma, dan krijgt de variabele 'vervoer' de meetschaal *ordinaal*, terwijl hij *nominaal* was!

Importeren van een Excel-werkblad

Het importeren van een Excel-werkblad is niet moelijk maar vraagt enige voorbereiding. Zorg ervoor dat op het Excel-werkblad de eerste rij met gegevens de variabelennamen bevat. Je kunt maar één werkblad tegelijk importeren. Handel zo:

1. Maak in de Data Editor menukeuze **File; Open; Data**. Het dialoogvenster *Open File* verschijnt. Ga naar de gewenste map.
2. Zorg dat bij **Bestandstype** is gekozen: *Excel (*.xls)*.
3. Selecteer het gewenste bestand en klik daarna op **Openen**.
4. Het venster *Opening Excel Data Source* verschijnt.
5. Activeer als nodig de optie **Read variable names from the first row of data**: de waarden van de eerste rij data worden dan de variabelennamen.
6. Kies nu in de lijst bij **Worksheet** het gewenste werkblad. Geef desgewenst bij **Range** een deel van het werkblad op volgens de Excel-notatie. Laat je deze regel leeg, dan wordt het gehele werkblad geïmporteerd.
7. Bevestig met een klik op **OK**.

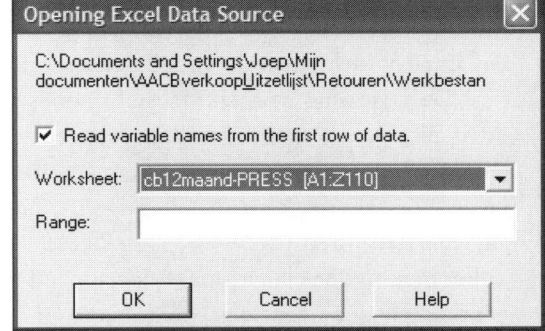

TIP Wil je een Excel-*werkmap* importeren, importeer dan de bladen van de werkmap een voor een en plak ze aan elkaar met **Data; Merge Files** (hfst. 12).

Importeren van een Lotus-werkblad

Het importeren van een Lotus-werkblad gaat op dezelfde wijze als een Excel-werkblad. Kies in het dialoogvenster *Open File* als bestandstype: *Lotus (*.W*)*.

Importeren van dBase-bestanden

dBase-bestanden worden op vergelijkbare wijze ingelezen als Excel-werkbladen. Kies in het dialoogvenster *Open File* het bestandstype *dBase (*.dbf)*. De veldnamen (fieldnames) van de database file worden in SPSS als variabelennamen gebruikt. Veldnamen van meer dan 8 posities worden afgebroken.

Importeren van Access-bestanden of Quattro Pro-bestanden

Access- en Quattro Pro-bestanden kunnen *niet* rechtstreeks in SPSS worden ingelezen. Bewaar Access-bestanden eerst als *Excel*-bestand en Quattro Pro-bestanden eerst als *Lotus*-bestand; importeer ze daarna.

22.2 Importeren van ASCII-tekstbestanden

Om ASCII-tekstbestanden te importeren beschikt SPSS over een *Text Import Wizard*. Deze kan op twee manieren geactiveerd worden:
a. met de menukeuze **File; Read Text Data**.
b. met de menukeuze **File; Open; Data**, indien in het dialoogvenster *Open File* als bestandstype **Text** (*.txt) of **Data** (*.dat) wordt gekozen.

ASCII-tekstbestanden: fixed width & delimited

Er zijn twee soorten ASCII-tekstbestanden: *fixed with* en *delimited* bestanden.
- Bij **fixed width** staan de variabelen in kolommen onder elkaar op vaste posities. De gegevens worden meestal door spaties of komma's gescheiden, maar dit is niet per se nodig. De gegevens kunnen ook 'achter elkaar geplakt' zijn (bij elke kolompositie hoort immers één vaste variabele). Meestal is er voor elke case één rij, maar het is ook mogelijk dat een case meerdere rijen beslaat.
- Bij een **delimited** (of *freefield*) tekstbestand staan de gegevens niet in vaste kolommen onder elkaar, maar doorlopend achter elkaar. De gegevens worden gescheiden door een leesteken, spatie of tab. Bij een delimited tekstbestand kunnen de gegevens van meerdere cases op dezelfde regel staan, waardoor er snel fouten ontstaan. Gebruik dit bestandstype dus zo weinig mogelijk!

LET OP Bij importeren van een *delimited* tekstbestand worden missing values soms overgeslagen, waardoor de data verschuiven. Aan het einde van de regel (case) blijken er dan te weinig waarden te zijn. De achterste variabele(n) worden dan als *missing* gedefinieerd.

Fixed width; een voorbeeld

Als voorbeeld bij het importeren van een *fixed width* tekstbestand nemen we het bestand *winkel.dat* in een *fixed width* versie (variabelen gescheiden door spaties).

Het bestand telt 24 komposities: de eerste 2 posities worden door de variabele 'volgnr' (max. 2 cijfers) ingenomen; positie 4 door 'geslacht' etc. Voor 'afstand' zijn er vier posities (16-19), omdat de grootste waarde 15.0 is.

Er moet dus een aparte positie voor het decimale scheidingsteken zijn! Tussen elke variabele moet een spatie staan (posities 3, 5 etc.).

```
kolomnummer:
123456789012345678901234
 1 m 18 1 2100  5.0 3   8
 2 m 26 2 2500  1.5 2   5
 3 m 30 3 2000  3.0 1   8
 4 v 25 3 1900  5.5 1   5
 5 m 35 3 6000  7.0 2   4
 .  .  . .  .   .   .   .
79 m 28 2 5200  6.0 2   2
80 v 18 1 2100  2.0 1   8
```

LET OP Het decimale scheidingsteken in een ASCII-bestand moet overeen komen met de instelling van Windows.

Inlezen van een fixed width tekstbestand

Het importeren van een *fixed width* tekstbestand gaat als volgt:

1. Kies **File; Read Text Data** en kies in het dialoogvenster *Open File* het tekstbestand dat je wilt importeren (standaard extensies *.txt of *.dat).
2. De *Text Import Wizard (Step 1 of 6)* verschijnt. In het **Text file**-kader zijn de eerste 4 cases van het tekstbestand zichtbaar.
3. In de Text Import Wizard worden de definities van het tekstbestand stap voor stap vastgelegd (*Steps 2-6*). Je kunt die definities bewaren, en opnieuw gebruiken voor het importeren van een ander tekstbestand (optie **Does your text file match a predefined format?**). Omdat wij dit niet doen klikken we meteen op **Volgende**.
4. Het tweede venster van de Text Import Wizard verschijnt (*Step 2 of 6*). Kies het bestandstype: **Delimited** of **Fixed Width** (wij kiezen de laatste).
5. Geef aan of op de eerste regel de variabelennamen staan: **Names on top of your file?** Hier is dat niet het geval: **No**. Klik daarna op de knop **Volgende**.
6. Het derde venster verschijnt (*Step 3 of 6*).
7. Geef op hoeveel regels een case omvat (hier: 1). Je kunt hier ook opgeven dat je maar een deel van het bestand wilt importeren. Klik op **Volgende**.
8. Het vierde venster verschijnt (*Step 4 of 6*). De lijnen in het vak **Data Preview** geven aan waar de kolomscheidingen worden gelegd. Als dit niet klopt, kun je de lijnen verslepen, verwijderen of lijnen toevoegen (klik hiervoor op de betreffende positie). Klik op **Volgende**.
9. Het vijfde venster verschijnt (*Step 5 of 6*). Hier kun je nog eens zien hoe het bestand er in de Data Editor uit zal komen te zien. Als je tevreden bent met het resultaat (en de definities niet wilt bewaren), klik dan op **Voltooien**.
Als je de definities *wel* wilt bewaren, klik dan op **Volgende**. In het zesde venster (*Step 6 of 6*) geef je een bestandsnaam op voor een *Text Wizard predefined format*-bestand (extensie *.tpf).

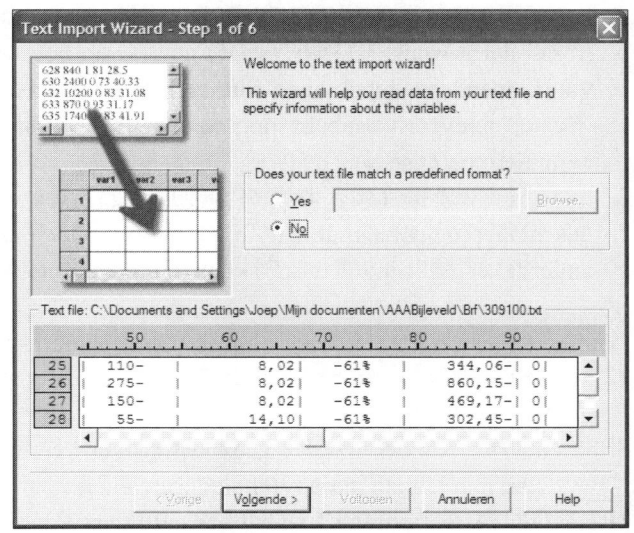

Inlezen van een delimited tekstbestand
Het importeren van een *delimited* tekstbestand gaat op praktisch dezelfde wijze als het importeren van *fixed width* bestand. Je maakt gebruik van de *Text Import Wizard*. Er zijn enkele kleine verschillen:
a. In het tweede venster (*Step 2 of 6*) kies je voor **Delimited**.
b. In het derde venster (*Step 3 of 6*) geef je op hoe de cases in het tekstbestand voorkomen: per regel: **each line represents a case**; of allemaal achter elkaar: geef op hoeveel variabelen iedere case telt: **a specific number of variables represents a case**.
c. In vierde venster (*Step 4 of 6*) wordt opgegeven op welke wijze de waarden gescheiden worden: met een *Tab*, *comma*, *space* (spatie), *semicolon* (;), of een ander teken (zelf invullen). Er kunnen meerdere tekens worden gekozen.

22.3 Exporteren van SPSS data files

SPSS data files kunnen worden geëxporteerd naar een ander bestandsformaat.

LET OP Als een bestand wordt bewaard in een ander bestandsformaat, worden altijd alleen de waarden opgeslagen, *en niet de value labels*.

SPSS data file exporteren naar een ander formaat
Wil je een SPSS-bestand exporteren naar een ander formaat, handel dan zo:
1. Open de gewenste data file en maak menukeuze **File; Save As**.
2. Het dialoogvenster *Save Data As* verschijnt.
3. Kies bij **Opslaan als type (Save as type)** het gewenste bestandstype. Afhankelijk van het gekozen bestandtype kunnen de variabelennamen van het SPSS-bestand naar de eerste rij van het werkblad worden weggeschreven. Activeer hiervoor de optie **Write variable names to spreadsheet**.
4. Bevestig met **OK**.

SPSS data file exporteren naar Access
Je kunt een SPSS data file *niet* rechtstreeks exporteren naar Access. Handel zo:
1. Bewaar de data file als Excel-bestand.
2. Maak in Access een nieuwe database, en kies in Access **Bestand; Externe gegevens opvragen; Importeren**.
3. Importeer het gemaakte Excel-bestand.

23 STATISTISCHE KERNBEGRIPPEN

Bij het uitvoeren van statistische procedures in SPSS is het uiteraard van belang de statistische kernbegrippen onder de knie te hebben.

TIP In Hoofdstuk 25 vind je een uitgebreid overzicht van alle statistische procedures en de bijbehorende SPSS-opdrachten die in dit *Basishandboek SPSS 12* worden besproken.

23.1 Beschrijvende statistiek & inductieve statistiek

Bij het statistisch werken met onderzoeksgegevens zijn er twee soorten statistiek aan de orde:

- *beschrijvende statistiek*
- *inductieve statistiek*

Beschrijvende statistiek

Beschrijvende (ofwel descriptieve) statistiek gebruiken we om onderzoeksgegevens te *ordenen* en te *presenteren* in frequentietabellen en grafieken, alsmede voor het samenvatten van gegevens in *karakteristieke maten*.

Twee belangrijke karakteristieke maten zijn: *centrummaten* en *spreidingsmaten*. Centrummaten geven het middelpunt van een reeks gegevens aan. De bekendste centrummaat is het *rekenkundig gemiddelde*.

De spreidingsmaten geven een indicatie van de *spreiding* van een reeks gegevens (bijvoorbeeld ten opzichte van het rekenkundig gemiddelde). De bekendste spreidingsmaat is de *standaarddeviatie*.

Ook zijn er *associatiematen* die een *samenhang* tussen gegevens uitdrukken.

LET OP Beschrijvende statistiek heeft altijd *één variabele* van je gegevensbestand als onderwerp, al dan niet in samenhang met groepeervariabelen.

Inductieve statistiek

Inductieve (ofwel *inferentiële*) statistiek gebruiken we voor het trekken van conclusies over de hele populatie op basis van een representatieve steekproef.

Om te onderzoeken of de uitkomsten van de steekproef geldig zijn voor de populatie (en de theoretische aannames daarover), gebruik je statistische **toetsen** (*testen*), zoals *t-toetsen* (zie Hoofdstuk 33), *variantie-analyse* (zie Hoofdstuk 34) en *niet-parametrische toetsen* (zie Hoofdstuk 39).

23.2 Populatie, steekproef, cases, variabelen, waarden

Populatie & steekproef
Onder een **populatie** worden alle onderzoekseenheden met een bepaald gemeenschappelijk kenmerk verstaan. Dit kunnen alle Nederlanders zijn, alle huishoudens, alle gemeenten of alle winkelbezoekers, enzovoort.

Vaak is het niet mogelijk om met populatiegegevens te werken. We maken dan gebruik van een **aselecte steekproef**, zoals een enquête onder 80 winkelbezoekers.

Het is dus van belang om te bepalen (testen) of de steekproef *representatief* is.

Cases
Het gegevensbestand voor je statistische analyse (zoals een steekproef) is opgebouwd uit onderzoekseenheden. Als je een enquête houdt onder 80 winkelbezoekers is elke ondervraagde winkelbezoeker een onderzoekseenheid.

Elke onderzoekseenheid is een *case*.

Variabelen
Van elke onderzoekseenheid worden bepaalde *kenmerken* onderzocht. Zo onderzoek je van de onderzoekseenheid 'winkelbezoekers', de 'leeftijd', het aantal 'winkelbezoeken', en het 'inkomen', maar niet '*de kleur ogen*'.

Elk onderzocht kenmerk is een aparte *variabele*.

Waarden
Elke variabele van elke case krijgt door het onderzoek (de enquête) een *score*. Die score kan voor de variabele 'vervoer' zijn: 'openbaar vervoer', 'auto' of 'fiets'. En voor de variabele 'leeftijd' kan de score elk geheel getal tussen 0 en 120 zijn.

Elke *score* van de variabele van een case is een *waarde*.

23.3 Meetschalen

De wijze waarop gegevens zijn *gemeten*, wordt de **meetschaal** of het *schaalniveau* van de variabele genoemd. De meetschaal is bepalend voor de berekeningen en statistische toetsen die mogen worden uitgevoerd.

Er zijn vier meetschalen, die een oplopende reeks vormen: *nominaal, ordinaal, ratio, interval*. SPSS werkt met *nominal, ordinal, scale* (voor interval & ratio).

LET OP Berekeningen die bij een bepaald schaalniveau zijn toegestaan, mogen ook bij hogere schaalniveau's worden gebruikt. Het omgekeerde geldt niet.

Nominale schaal

We spreken van een *nominale* schaal als de gegevens zijn ingedeeld in elkaar uitsluitende categorieën, zonder dat er sprake is van een rangorde.

Een voorbeeld van een nominale variabele is 'vervoer'. Er zijn in ons voorbeeldbestand drie categorieën ('fiets', 'auto', 'openbaar vervoer'), maar we kunnen niet zeggen dat de ene categorie 'meer' is dan de andere.

LET OP Een speciaal soort nominale variabele is de *dichotome* variabele. Dit is een variabele die slechts twee waarden kan aannemen, bijvoorbeeld 'man' en 'vrouw', of 'ja' en 'nee', of '0' en '1'.

Ordinale schaal

Indien er wel sprake is van een rangorde van categorieën, maar de gegevens niet in vaste eenheden zijn gemeten, spreken we van *ordinale* schaal (ofwel: *rangordeschaal*). Een voorbeeld is 'opleidingsniveau'. Er is sprake van een rangorde (vmbo-havo-vwo), maar de verschillen kunnen niet in een getal worden uitgedrukt. We weten alleen dat havo 'meer' is dan vmbo.

Ook geclassificeerde variabelen als 'inkomensklassen' zijn ordinaal. We weten dat iemand uit een hogere inkomensklasse meer verdient dan iemand uit een lagere klasse, maar we weten niet *hoeveel* meer.

Intervalschaal & ratioschaal

Als de gegevens zijn gemeten in vaste eenheden is er sprake van een *intervalschaal* dan wel een *ratioschaal*. De afstanden tussen de schaalposities liggen dan vast. Hierdoor is het mogelijk om rekenkundige bewerkingen uit te voeren.

Intervalschalen hebben een *arbitrair nulpunt*. Hierdoor is het niet mogelijk om verhoudingen (ratio's) tussen de schaalposities te berekenen. Een voorbeeld van een intervalschaal is temperatuur in graden Celsius. Gezegd kan worden dat de intervallen van 10-20 graden en 30-40 graden even groot zijn. Maar je kunt niet zeggen dat 40 graden Celsius twee keer zo warm is als 20 graden Celsius.

Ratioschalen hebben wel een *absoluut nulpunt*. Hiermee zijn alle rekenkundige bewerkingen mogelijk. Voorbeelden zijn: leeftijd, inkomen en temperatuur in graden Kelvin (0 graden Kelvin = absolute nulpunt).

TIP Het verschil tussen intervalschaal en ratioschaal is voor de meeste hier besproken statistische technieken niet van belang.

LET OP In SPSS worden intervalschaal en ratioschaal samengevat onder de noemer *scale* (zie par. 7.9).

23.4 Discrete variabelen & continue variabelen

Variabelen worden onderscheiden in *discrete* (ofwel: *niet-continue*) variabelen en *continue* variabelen.

Discrete variabelen
Bij een discrete variabele bestaan de waarden alleen uit *gehele getallen*. De variabele heeft een waarde die de uitkomst is van een *telling*.

Zo bezoekt een winkelbezoeker een winkel 0, 1 of 2 keer per jaar, maar nooit 1,5 keer (er zijn geen tussenliggende waarden). De variabele 'winkelbezoek' is dus een discrete variabele.

Continue variabele
Een continue variabele is een numerieke variabele die in theorie *alle mogelijke* waarden kan krijgen (de mogelijke waarden vormen een continuüm). De variabele heeft een waarde die de uitkomst is van een *meting*.

Een voorbeeld van een continue variabele is 'lichaamslengte'. De lichaamslengte van de respondent kan namelijk steeds nauwkeuriger worden bepaald, afhankelijk van het gekozen meetinstrument. De variabele 'lichaamslengte' kan (binnen bepaalde grenzen) in theorie *elke* numerieke waarde aannemen.

LET OP Discrete variabelen moeten worden weergegeven in een *staafdiagram* of *cirkeldiagram*. Continue variabelen in een *histogram*.

Classificeren in klassen van continue variabele
Werk je met een continue variabele (zoals lichaamslengte), dan moeten voor veel statistische procedures de uitkomsten eerst worden *geclassificeerd*, ofwel onderverdeeld worden in *klassen* (zoals lengte tussen 1 m. en 1,25 m. enz.).

TIP Een klasse heeft *klassengrenzen* die je in SPSS kunt instellen. Dit is aan de orde bij het hercoderen van variabelen (zie par. 15.1) en bij het maken van histogrammen (zie par. 19.2).

24 TOETSING & NORMALE VERDELING

Vaak is het niet mogelijk om met populatiegegevens te werken. We maken dan gebruik van een *representatieve steekproef*. Dit is een steekproef waarbij ieder element uit de populatie een gelijke kans heeft om in de steekproef voor te komen.

Aan de hand van de *steekproefgegevens* proberen we met behulp van *inductieve statistiek* uitspraken te doen over de hele populatie.

Door middel van *statistische toetsing* kan worden nagegaan of de relaties die in de steekproef zijn gevonden op toeval berusten, of dat ze gelden voor de hele populatie. In het laatste geval spreken we van *statistisch significante* relaties.

LET OP Bij statistische toetsing spelen *theoretische verdelingen* een rol. Een van de belangrijkste verdelingen is de *normale verdeling*, ofwel de geheel symmetrische verdeling die is bepaald door *gemiddelde* en *standaarddeviatie*. Grafisch ziet een normale verdeling eruit als een klok (par. 24.2).

TIP Bij statistiek wordt bij populaties gebruik gemaakt van Griekse letters (zoals μ voor gemiddelde; σ voor standaarddeviatie), en bij steekproefgegevens van Romeinse letters (zoals $\bar{x}$ voor gemiddelde en s voor standaarddeviatie).

24.1 Statistische toetsing & significantie

Statistische toetsing hoeft alleen te worden uitgevoerd als we te maken hebben met steekproefgegevens. Getoetst wordt of de steekproefuitkomsten representatief zijn voor de hele populatie. Afhankelijk van de meetschaal van de variabele(n) en van de steekproefomvang wordt een bepaalde statistische toets gekozen (zie Hoofdstuk 25).

Statistische toetsing
De procedure is bij alle statistische toetsen min of meer hetzelfde. Uitgaande van een representatieve steekproef wordt een **nulhypothese** (H_0) geformuleerd. Deze H_0 gaat er (meestal) vanuit dat er *geen* relatie bestaat tussen de variabelen.

Op basis van de steekproefuitkomst wordt een *toetsingsgrootheid* berekend, bijvoorbeeld Chi-kwadraat (χ^2) of Student's t. Vervolgens wordt aan de hand van een theoretische kansverdeling - de *steekproevenverdeling* - gekeken hoe groot de kans op deze toetsingsgrootheid is, indien de nulhypothese *waar* is.

Als die kans klein is, wordt de nulhypothese *verworpen* en is er dus sprake van een statistisch significante relatie tussen de variabelen in de populatie (de nulhypothese veronderstelt immers dat er geen relatie is). Is de kans groot, dan wordt H_0 *niet verworpen* en bestaat er geen significant verband.

De overschrijdingskans

De kans op de steekproefuitkomst die bij de statistische toetsing wordt berekend, wordt de *overschrijdingskans* (of *significantieniveau*) genoemd en wordt in SPSS aangeduid met de **p-waarde** (*probability level*).

Een p-waarde van 0.05 wil zeggen dat de kans op een dergelijk uitkomst 5% is, indien de nulhypothese waar zou zijn. Daarom verwerpen we de H_0 met een *betrouwbaarheid van 95%*, want we zullen slechts in 5 op de 100 steekproeven (5%) deze steekproefuitkomst aantreffen. Dit betekent echter ook dat we in 5% van de gevallen de H_0 ten onrechte verwerpen. Daarom wordt de nulhypothese altijd verworpen met een betrouwbaarheid van (100-p)%.

LET OP *In het algemeen wordt de nulhypothese verworpen indien de overschrijdingskans $p \leq 0.05$. Dit betekent dat de nulhypothese altijd wordt verworpen met een betrouwbaarheid van 95% (of meer).*

Eenzijdig toetsen & tweezijdig toetsen

Bij sommige statistische toetsen kan worden gekozen om de p-waarde *eenzijdig* (*one-tailed*) of *tweezijdig* (*two-tailed*) te laten berekenen.

Bij een **eenzijdige toets** wordt ervan uitgegaan dat de richting van een verband vooraf (theoretisch) al bekend is. De kans op een steekproefuitkomst wordt dan alleen berekend voor één zijde van de steekproevenverdeling.

Als je bijvoorbeeld onderzoekt of de gemiddelde huurprijzen zijn gestegen ten opzichte van een bepaald jaar, kun je gebruik maken van eenzijdige toetsing. Dan ga je ervan uit dat de huren vanwege de jaarlijkse huurverhoging niet zijn gedaald.

Bij een **tweezijdige toets** wordt de richting van het verband vooraf niet als bekend verondersteld en worden de kansen op positieve en negatieve steekproefuitkomsten als even waarschijnlijk beschouwd. Omdat de richting van een verband meestal onvoorspelbaar is, is het doorgaans raadzaam om een tweezijdige toets uit te voeren.

Tweezijdige overschrijdingskansen (p-waarden) worden overigens verkregen door eenzijdige kansen te verdubbelen.

24.2 De normale verdeling

Een belangrijke theoretische verdeling in de statistiek is de *normale verdeling*. Een voorbeeld van een variabele die normaal is verdeeld, is de 'lichaamslengte van mannen'. De meeste mannen hebben een lengte van omstreeks het gemiddelde (ca.1,80 m). Hele kleine en hele lange mannen komen relatief weinig voor.

Eigenschappen van normale verdeling

De belangrijkste eigenschappen van de normale verdeling zijn:

- De normale verdeling wordt volledig gedefinieerd door het *rekenkundig gemiddelde* en de *standaarddeviatie*.

- De grafische weergave van de normale verdeling is klokvormig en wordt gedefinieerd door de plaats van de *symmetrie-as* en de *buigpuntsafstand*.

- De *modus*, *mediaan* en *rekenkundig gemiddelde* zijn aan elkaar gelijk en liggen in het midden. Scheefheid (*skewness*) en welving (*kurtosis*) zijn gelijk aan nul.

- De normale verdeling is *symmetrisch:* de oppervlakte links en rechts van het gemiddelde zijn gelijk; dit betekent dat de kans op positieve afwijkingen dan wel negatieve afwijkingen even groot is.

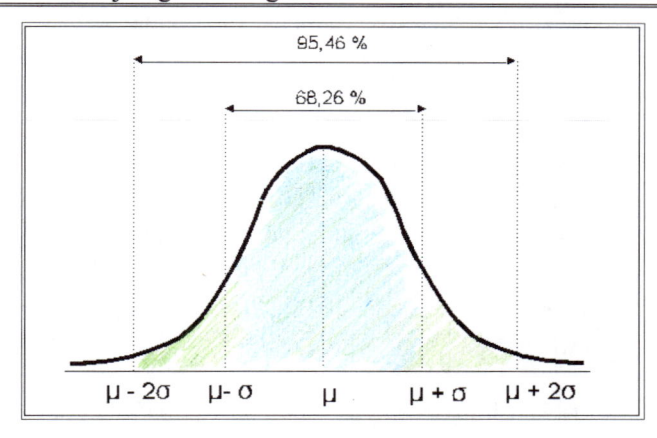

De normale verdeling

LET OP Bij een normale verdeling ligt ongeveer 68,3% van de waarnemingen binnen één standaarddeviatie (σ) van het gemiddelde (μ) en ongeveer 95,5% binnen 2 standaarddeviaties (2σ).

Statistische toetsing aan de hand van de normale verdeling

Bij statistische toetsing maken we gebruik van de *steekproevenverdeling*. Dit is een kansverdeling van alle steekproefparameters (meestal gemiddelden) die we in theorie kunnen vinden.

Veel steekproevenverdelingen zijn normaal verdeeld of volgen een daarop gebaseerde verdeling. Met behulp van de normale verdeling kunnen we de kans op een steekproefuitkomst (toetsingsgrootheid) bepalen, en dan beslissen of H_0 al dan niet wordt verworpen.

24.3 Parametrische toetsen & niet-parametrische toetsen

De keuze voor een statistische toets wordt niet alleen bepaald door het probleem dat je wilt onderzoeken. Bij iedere toets moet aan bepaalde eisen of vooronderstellingen zijn voldaan.

Statistische toetsen kunnen worden ingedeeld in twee groepen: *parametrische* toetsen en *niet-parametrische* toetsen.

Parametrische versus niet-parametrische toetsen

Aan parametrische toetsen (of: *klassieke toetsen*) worden hoge eisen gesteld. De variabelen moeten op interval- of ratioschaal zijn gemeten, zodat er rekenkundige bewerkingen mee kunnen worden uitgevoerd en (meestal) dient de steekproevenverdeling normaal verdeeld te zijn.

Als de variabelen zijn gemeten op nominale of ordinale schaal, of als aan de vooronderstellingen ten aanzien van de steekproevenverdeling niet is voldaan, is het niet toegestaan om een parametrische toets uit te voeren.

Als alternatief kan dan een *niet-parametrische* toets of *vrije verdelingstoets* worden uitgevoerd. Niet-parametrische toetsen zijn gebaseerd op de rangvolgorde van de gegevens en zijn in het algemeen minder krachtig. Dit betekent dat de kans wat groter is dat een hypothese ten onrechte *niet* wordt verworpen.

LET OP Indien aan alle vooronderstellingen voor een parametrische toets is voldaan, kies dan altijd een parametrische toets!

Wanneer is de steekproevenverdeling normaal verdeeld?
Een steekproevenverdeling is normaal verdeeld indien:
a. De variabele in de gehele populatie normaal verdeeld is; of
b. De steekproefomvang voldoende groot is (minimaal 30 cases). We noemen dit de *centrale limietstelling*.

LET OP Indien twee steekproeven worden vergeleken, zoals bij een *Student's t test* op twee populatiegemiddelden, dienen beide steekproeven een omvang van minimaal 30 cases te hebben!

25 OVERZICHT STATISTISCHE TECHNIEKEN

Voor een goede analyse van de gegevens is het belangrijk om de juiste statistische techniek te kiezen. Dit hoofdstuk biedt een overzicht van de statistische technieken die in dit *Basishandboek* worden besproken (met de SPSS-opdrachten).

25.1 Statistische technieken en SPSS

We kunnen de statistische technieken globaal indelen in 4 groepen:

1. Beschrijvende statistiek (par. 25.2)
2. Vergelijken van een variabele met een theoretische verdeling (par.25.3)
3. Toetsing steekproefgegevens op significantie (par. 25.4)
4. Verbanden tussen variabelen (par. 25.5)

TIP Alle hier besproken statistische technieken staan in het menu **Analyze**.

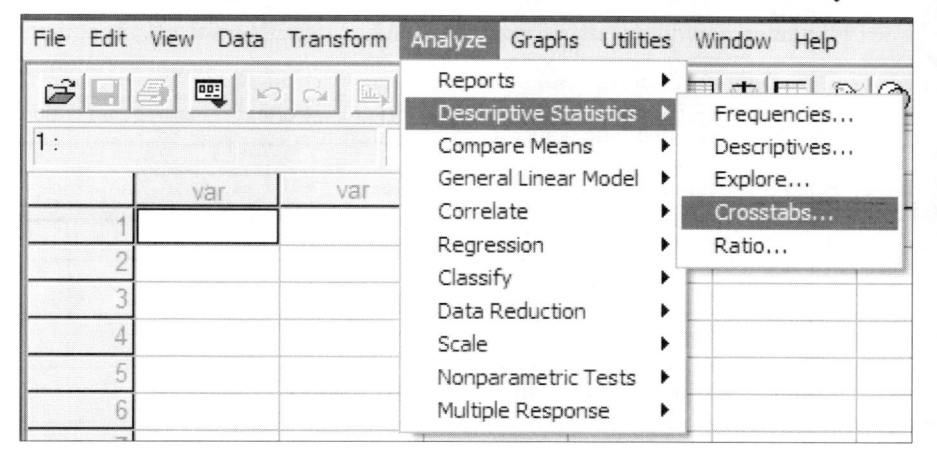

25.2 Beschrijvende statistiek

	Frequentietabellen maken (par. 26.1 & 26.2)	
meetschaal:	alle; bij voorkeur niet teveel verschillende waarden	
opdracht:	**Analyze; Descriptive Statistics; Frequencies**	
opmerking:	tabeluitvoer:	absolute frequenties en percentages
	grafiek:	nominaal/ordinaal: staafdiagram of cirkeldiagram; interval/ratio: histogram

Statistische maten berekenen (par. 26.3)	
meetschaal:	alle
opdracht:	**Analyze; Descriptive Statistics; Frequencies;** knop **Statistics**

Statistische maten berekenen voor interval/ratio variabelen (par. 28.1)	
meetschaal:	interval/ratio
opdracht:	**Analyze; Descriptive Statistics; Descriptives**

Variabele standaardiseren (Z-scores) (par. 28.2)	
meetschaal:	interval/ratio
opdracht:	**Analyze; Descriptive Statistics; Descriptives**

Gemiddelden van groepen vergelijken (par. 29.1 & 29.2)	
meetschaal:	interval/ratio (subgroepen: nominaal)
opdracht:	**Analyze; Compare Means; Means**

Exploreren variabele (par. 30.1)	
meetschaal:	interval/ratio (subgroepen: nominaal)
opdracht:	**Analyze; Descriptive Statistics; Explore**
opmerking:	tabeluitvoer: berekening statistische maten grafiek: boxplot, stem-and-leaf diagram, histogram optioneel: analyses per subgroep

Kruistabel maken (par. 31.1 & 31.2)	
meetschaal:	categoraal (nominaal of geclassificeerd)
opdracht:	**Analyze; Descriptive Statistics; Crosstabs**
opmerking:	tabeluitvoer: absolute en relatieve celfrequenties optioneel: ook per subgroep (controlevariabele)

25.3 Vergelijken van een variabele met een theoretische verdeling

	Onderzoeken of een variabele normaal verdeeld is (par. 30.8)
meetschaal:	interval/ratio
opdracht:	**Analyze; Descriptive Statistics; Explore;** knop **Plots;** optie **Normality plots with tests**
opmerking:	*normal probability plots* en *goodness-of-fit* toetsen op normaliteit

	Onderzoeken of een nominale variabele een theoretische verdeling volgt (par. 39.2)
meetschaal:	nominaal (of geclassificeerd)
opdracht:	**Analyze; Nonparametric Tests; Chi-Square**
opmerking:	vergelijk verdeling met een uniforme of opgegeven verdeling

	Onderzoeken of een dichotome variabele een theoretische verdeling volgt (par. 39.3)
meetschaal:	dichotoom
opdracht:	**Analyze; Nonparametric Tests; Binomial**
opmerking:	vergelijk aandeel met zelf opgegeven proportie (aandeel)

	Onderzoeken of interval/ratio variabele een theoretische verdeling volgt (par.39.5)
meetschaal:	interval/ratio
opdracht:	**Analyze; Nonparametric Tests; 1-Sample K-S**
opmerking:	Kolmogorov-Smirnov-toets ter vergelijking verdeling met normale, uniforme of Poisson-verdeling

	Onderzoeken of opeenvolgende waarnemingen onafhankelijk zijn (par. 39.4)
meetschaal:	alle
opdracht:	**Analyze; Nonparametric Tests; Runs**
opmerking:	ook geschikt voor test onafhankelijkheid residuen

25.4 Toetsing steekproefgegevens op significantie

Toets op theoretisch populatiegemiddelde (steekproevenverdeling normaal) *(par. 33.2)*	
meetschaal:	interval/ratio
opdracht:	**Analyze; Compare Means; One-Sample T Test**
opmerking:	Student's t-toets

Toets op het verschil van 2 populatiegemiddelden (steekproevenverdeling normaal) *(par. 33.3)*	
meetschaal:	interval/ratio (groepsindeling: nominaal)
opdracht:	**Analyze; Compare Means; Independent-Samples T Test**
opmerking:	- Student's t-toets - twee onafhankelijke steekproeven - Levene's test ter vergelijking van populatievarianties

Toets voor vergelijking 2 verdelingen (steekproevenverdeling niet normaal) *(par. 39.6)*	
meetschaal:	ordinaal, interval/ratio (groepsindeling: nominaal)
opdracht:	**Analyze; Nonparametric Tests; 2 Independent Samples**
opmerking:	- Mann-Whitney toets - twee onafhankelijke steekproeven

Toets voor gepaarde waarnemingen (steekproevenverdeling normaal) *(par. 33.4)*	
meetschaal:	interval/ratio (groepsindeling: nominaal)
opdracht:	**Analyze; Compare Means; Paired-Samples T Test**
opmerking:	- Student's t-toets - één gepaarde steekproef (*matched pairs*)

Toets voor gepaarde waarnemingen (steekproevenverdeling niet normaal) (par. 39.8)	
meetschaal:	ordinaal, interval/ratio (groepsindeling: nominaal)
opdracht:	**Analyze; Nonparametric Tests; 2 Related Samples**
opmerking:	- Wilcoxon matched pairs toets - één gepaarde steekproef (*matched pairs*)

Toets voor meer dan 2 populatiegemiddelden (steekproevenverdeling normaal) (par. 34.2)	
meetschaal:	interval/ratio (groepsindeling: nominaal)
opdracht:	**Analyze; Compare Means; One-Way ANOVA**
opmerking:	- Variantie-analyse (ANOVA) - Groepsindeling meer variabelen: **General Linear Model; Univariate**

Toets voor vergelijking meer dan 2 verdelingen; steekproevenverdeling niet normaal: (par. 39.7)	
meetschaal:	ordinaal; interval/ratio (groepsindeling: nominaal)
opdracht:	**Analyze; Nonparametric Tests; K Independent Samples**
opmerking:	- Kruskal-Wallis toets - meer dan twee onafhankelijke steekproeven - bij gepaarde steekproeven: Friedman toets

25.5 Verbanden tussen variabelen

Verband tussen twee categorale variabelen (par. 32.1)	
meetschaal:	categoraal (nominaal of geclassificeerd)
opdracht:	**Analyze; Descriptive Statistics; Crosstabs**; knop **Statistics**
opmerking:	- Chi-kwadraat toets (χ^2) op onafhankelijkheid - associatiematen voor sterkte verband

Verband tussen twee ordinale variabelen (par. 36.2)	
meetschaal:	ordinaal (of interval/ratio)
opdracht:	**Analyze; Correlate; Bivariate;** optie **Spearman**
opmerking:	- Spearman's rangcorrelatiecoëfficiënt (r_s) - toetsing op significantie

Verband tussen twee interval/ratiovariabelen (par. 36.1)	
meetschaal:	interval/ratio
opdracht:	**Analyze; Correlate; Bivariate**
opmerking:	- Pearson's correlatiecoëfficiënt (r) berekend - voorwaarde: lineariteit (spreidingsdiagram) - toetsing op significantie - met controlevariabele(n): **Analyze; Correlate; Partial**

Relatie van een afhankelijke en een onafhankelijke variabele (par. 37.1)	
meetschaal:	interval/ratio
opdracht:	**Analyze; Regression; Linear**
opmerking:	- regressievergelijking: Y=a+bX - voorwaarde: lineariteit (spreidingsdiagram) en normaliteit residuen - toetsing op significantie

Relatie van één afhankelijke met meerdere onafhankelijke variabelen (par. 37.2 & par. 37.3 & par 37.4)	
meetschaal:	interval/ratio (onafhankelijke ook dummies: categoraal)
opdracht:	**Analyze; Regression; Linear**
opmerking:	- regressievergelijking: $Y=a+b_1X_1+b_2X_2...$ - voorwaarde: lineariteit en normaliteit residuen - twee methoden; standaard en stapsgewijs - toetsing op significantie

26 FREQUENTIETABELLEN & STATISTISCHE MATEN

Een van de meest voorkomende statistische procedures van de beschrijvende statistiek is het maken van een *frequentietabel*. Bij de tabel kun je *statistische maten* laten berekenen (zoals rekenkundig gemiddelde en standaarddeviatie).

Een frequentietabel maak je met menukeuze **Analyze; Descriptive Statistics; Frequencies.**

LET OP Frequentietabellen zijn niet geschikt voor continue variabelen die niet in klassen zijn ingedeeld. (Zie ook Hoofdstuk 28).

26.1 Werken met frequentietabellen

Een frequentietabel biedt inzicht in de **frequentie** van waarden van een variabele. Dit betekent dat er geturfd wordt hoe vaak waarden voorkomen en wat de absolute en relatieve frequenties zijn van die waarden.

Een frequentietabel is vooral nuttig voor een eerste overzichtsblik op je gegevens. Als je een frequentietabel maakt in SPSS, krijg je als uitvoer altijd twee tabellen: de tabel *Statistics* met de gekozen statistische maten en de frequentietabel zelf.

Statistics

type huishouden

N	Valid	78
	Missing	2

type huishouden

		Frequency	Percent	Valid Percent	Cumulative Percent
Valid	een-persoons hh	16	20,0	20,5	20,5
	twee-persoons hh	27	33,8	34,6	55,1
	gezin met kinderen	27	33,8	34,6	89,7
	eenouder gezin	6	7,5	7,7	97,4
	overig	2	2,5	2,6	100,0
	Total	78	97,5	100,0	
Missing	System	2	2,5		
Total		80	100,0		

Tabel Statistics & Frequentietabel 'type huishouden'

26.2 Het maken van een frequentietabel

Je maakt een frequentietabel als volgt:
1. Maak menukeuze **Analyze; Descriptive Statistics; Frequencies**.
2. Kies in het dialoogvenster *Frequencies* de gewenste variabele(n).
3. Activeer (indien nodig) de optie **Display frequency tables**.
4. Klik op **OK**. De uitvoer wordt gemaakt.

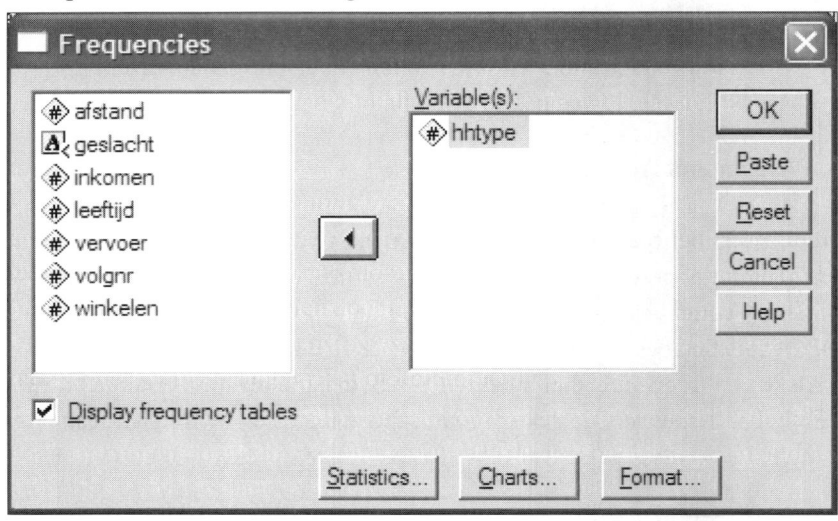

Een frequentietabel als uitvoer

Een standaard frequentietabel van SPSS biedt het volgende:
- Valid (*geldige cases*), missing values en totalen van de variabelen.
- Frequency (*absolute frequentie*), Percent (*relatieve frequentie* ofwel *percentages*) en Cumulative percent (*cumulatieve percentage*) van de geldige cases.
- De waarden(categorieën) staan in oplopende volgorde.
- System-missing values en user-missing values.

LET OP In een frequentietabel van de variabele 'hhtype' (met variabelenlabel 'type huishouden') blijkt dat deze variabele bestaat uit 80 cases (zie vorige pagina). Daarvan zijn 78 cases geldig (*valid*) en 2 hebben een *missing value* voor deze variabele. In de kolom *Cumulative Percent* blijkt dat 55,1 % van de respondenten tot een van de categorieën éénpersoons- en tweepersoonshuishouden behoort.

TIP In het venster *Frequencies* kun je via de knoppen **Statistics**, **Charts** en **Format** respectievelijk statistische maten berekenen (par. 26.3), grafieken maken (par. 19.1 & 19.2) en de standaarduitvoer wijzigen (par. 26.4).

26.3 Berekenen van statistische maten

Bij het maken van een frequentietabel kunnen voor de gekozen variabele(n) meteen de bijbehorende statistische maten worden berekend.

In dit geval kun je kiezen uit vier groepen statistische maten: percentielen (*percentile values*), centrummaten (*central tendency*), spreidingsmaten (*dispersion*) en verdelingsmaten (*distribution*).

Statistische maten berekenen
Je berekent statistische maten van een variabele als volgt:
1. Maak menukeuze **Analyze; Descriptive Statistics; Frequencies**.
2. Kies in het dialoogvenster *Frequencies* de gewenste variabele(n).
3. Kies **Statistics**. Het dialoogvenster *Frequencies: Statistics* verschijnt. Kies de gewenste statistische maten en kies **Continue**.
4. Klik op **OK**. De berekende statistische maten komen in de tabel *Statistics*.

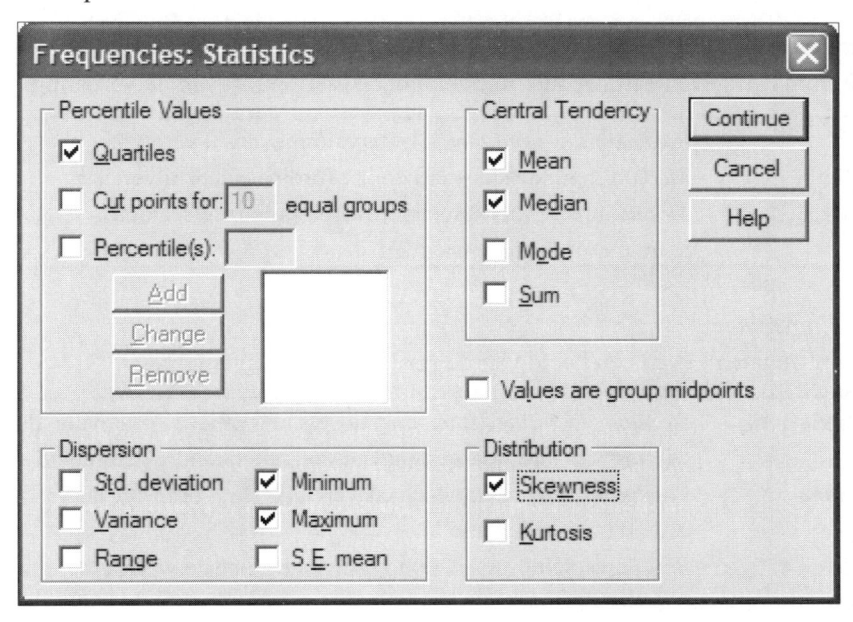

Percentielen
Een *percentiel* is de waarde, waar een bepaald deel (percentage) van de waarnemingen onder ligt. Het 40-ste percentiel geeft aan dat 40 procent van alle waarnemingen een waarde heeft van kleiner dan of gelijk aan de percentiel-waarde.

Het 25-ste en 75-ste percentiel worden ook wel het *eerste* en *derde kwartiel* genoemd; het 50-ste percentiel (tweede kwartiel) is de *mediaan*.

Door middel van percentielen kan een indruk worden verkregen van de verdeling van een ordinale, interval- of ratiovariabele.

Er zijn drie opties om percentielen te berekenen:

Quartiles	25-ste, 50-ste (mediaan) en 75-ste kwartiel.
Cut points for ... equal groups	Bereken percentielen voor aantal zelf op te geven groepen van gelijke omvang (10 wil zeggen 10%, 20%, 30% ... 90%).
Percentile(s)	Zelf opgeven percentielen. (Tik de waarde in en klik op **Add**; met **Remove** wis je een waarde.)

TIP Als de data *klassenmiddens* voorstellen, kun je met de optie **Values are group midpoints** de percentielen en mediaan voor de oorspronkelijke, niet-geclassificeerde gegevens berekenen. Er wordt daarbij verondersteld dat de cases in elke klasse gelijkmatig gespreid zijn.

Centrummaten (maten van centrale tendentie)

Centrummaten geven een bepaald middelpunt (zwaartepunt) van de verdeling:

Mean	*Rekenkundig gemiddelde* (interval/ratioschaal vereist).
Median	*Mediaan*: middelste waarneming (ordinale schaal vereist).
Mode	*Modus*: meest voorkomende waarde (alle meetschalen).
Sum	*Som*: de som van de waarden.

Spreidingsmaten

Spreidingsmaten geven een beeld van de spreiding van de verdeling:

Std.deviation	*Standaarddeviatie* (interval/ratioschaal vereist): maat voor de afwijking van alle waarnemingen t.o.v. rekenkundig gemiddelde.
Variance	*Variantie* (interval/ratioschaal vereist). De wortel uit de variantie is de standaarddeviatie.
Range	*Bereik*: verschil tussen de hoogste en de laagste waarde.
Minimum	*Laagste waarde*.
Maximum	*Hoogste waarde*.
S.E. mean	*Standaardfout* van het gemiddelde: standaarddeviatie gedeeld door de wortel uit het aantal waarnemingen.

Verdelingsmaten
Verdelingsmaten geven een beeld van de vorm van de verdeling:

Skewness	*Scheefheid*: is 0 bij symmetrische verdelingen (normale verdeling). Een positieve skewness wijst op uitschieters met hoge waarden (rechts asymmetrisch); een negatieve skewness op uitschieters met lage waarden (links asymmetrisch). Verdelingen met skewness ≤ |1| mogen als symmetrisch beschouwd worden. S.E. = standaardfout van de skewness.
Kurtosis	*Welving* ten opzichte van de normale verdeling (kurtosis = 0). Een positieve kurtosis betekent meer gepiekt dan de normale verdeling, een negatieve kurtosis betekent meer afgeplat. S.E. = standaardfout van de kurtosis.

Uitvoer opdracht Frequencies; Statistics
Tot de uitvoer van een frequentietabel behoort altijd de tabel *Statistics*. Deze tabel bevat standaard het aantal cases (*N*), uitgesplitst in valide en missing cases.

In ons voorbeeld worden ook de statistische maten getoond die voor de variabele 'leeftijd' zijn gekozen: rekenkundig gemiddelde, mediaan, scheefheid met standaardfout, minimum, maximum en de drie kwartielen (*Percentiles 25, 50* en *75*).

Statistics

leeftijd		
N	Valid	80
	Missing	0
Mean		35,67
Median		33,00
Skewness		,804
Std. Error of Skewness		,269
Minimum		18
Maximum		71
Percentiles	25	25,00
	50	33,00
	75	44,75

LET OP In ons voorbeeld is de verdeling van de variabele 'leeftijd' enigszins positief scheef (0,8) en is het rekenkundig gemiddelde groter dan de mediaan. De waarde van de mediaan is uiteraard gelijk aan het 50-ste percentiel en geeft aan dat de leeftijden van de 50% oudste respondenten meer gespreid zijn (tussen 33-71 jaar) dan de leeftijden van de 50% jongste respondenten (18-33 jaar).

26.4 Wijzigen van standaarduitvoer bij frequentietabellen

Bij het maken van een frequentietabel kan de standaarduitvoer worden aangepast. Je kunt de volgorde van de waarden in de tabel bepalen, omvangrijke tabellen onderdrukken en opgeven dat statistische maten (die voor diverse variabelen zijn opgegeven) in één tabel dan wel in aparte tabellen worden weergegeven.

Je wijzigt de standaarduitvoer door in het dialoogvenster *Frequencies* op **Format** te klikken. Maak in het venster *Frequencies: Format* je keuze.

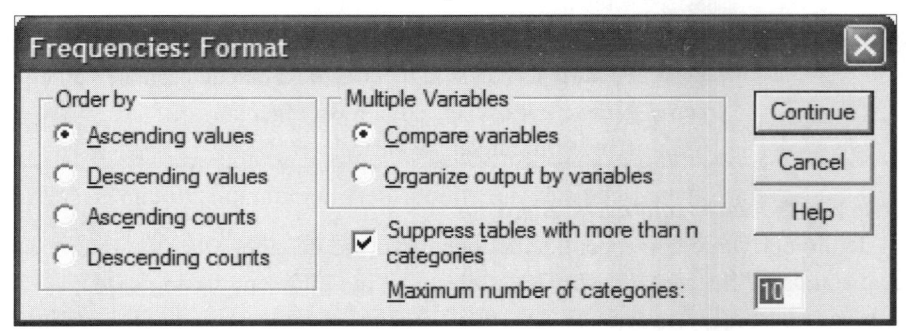

Volgorde cases in frequentietabel
Standaard worden de waardecategorieën in een frequentietabel op oplopende volgorde getoond. Je kunt bij het maken van de frequentietabel deze standaardvolgorde wijzigen. Je hebt de volgende mogelijkheden:

Ascending values	oplopend: waarden van laag naar hoog (standaard).
Descending values	aflopend: waarden van hoog naar laag.
Ascending counts	oplopend: op volgorde van frequentie.
Descending counts	aflopend: op volgorde van frequenties.

LET OP Je kunt de volgorde van de waarden *niet* aanpassen als je ook een histogram maakt of mediaan, percentielen of kwartielen laat berekenen.

LET OP Met **Suppress tables with more than n categories** worden de frequentietabellen alleen tot een op te geven aantal waarden of categorieën getoond. Geef het aantal op bij **Maximum number of categories**.

Statistische maten van meerdere variabelen in één tabel
Als er meerdere variabelen zijn opgegeven, worden standaard van alle variabelen de statistische maten en het aantal cases naast elkaar in één tabel ondergebracht (dit vergemakkelijkt het vergelijken van de variabelen). Wil je voor elke variabele een aparte *Statistics*-tabel, kies dan de optie **Organize output by variables**.

27 SUMMARIES & STATISTISCHE MATEN

Met menukeuze **Analyze; Reports; Case Summaries** maak je een 'samenvatting' (*summary*) van de data file. Zo krijg je in één keer een snel overzicht op de statistische maten (zoals rekenkundig gemiddelde, minimum, maximum) van een variabele, al dan niet gegroepeerd volgens een andere variabele.

Je kunt alleen summaries met statistische maten maken voor *interval/ratiovariabelen*. Als groepeervariabelen zijn uiteraard alleen categorale variabelen handig.

27.1 Summary van data file maken

Een summary kun je maken voor alle of een beperkt aantal cases van één variabele, of voor een variabele die je opsplitst op basis van een groepeervariabele. Je geeft hierbij de gewenste statistische maten (gemiddelde, minimum, maximum enz.) op.

Het resultaat is een tabel met een samenvatting van de statistische maten, al dan niet uitgesplitst volgens het opgegeven aantal cases.

Summary maken

Een summary van cases maak je zo:
1. Maak menukeuze **Analyze; Reports; Case Summaries**. Het venster *Summarize Cases* verschijnt.
2. Geef bij **Variable(s)** de variabele(n) op (alleen *scale!*).
3. Geef bij **Grouping Variable(s)** de groepeervariabele(n) op (alleen nominale en ordinale variabelen!).
4. Geef na een klik op **Statistics** de statistische maten op; klik op **Continue**.
5. Bevestig met **OK**.

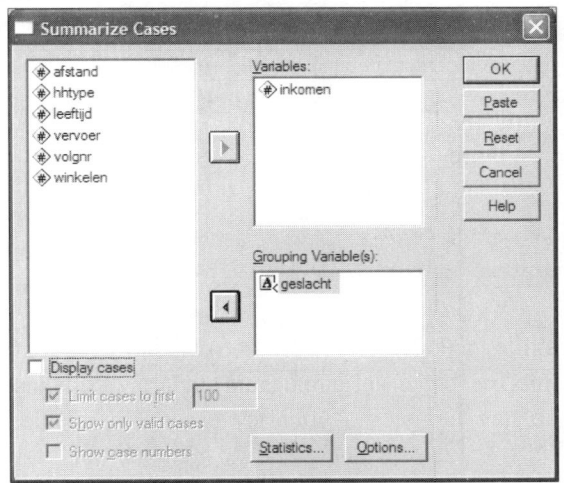

Samenvatting al dan niet van bepaald aantal cases

De samenvatting kun je beperken en laten uitsplitsen naar een opgegeven aantal cases van je data file. De optie **Display cases** moet dan actief zijn.

Als je alleen een samenvatting wilt van de gehele variabele, dan moet de optie **Display cases** niet actief zijn.

De opties bij Display cases

Limit cases to first	Standaard worden eerste 100 cases getoond. Geef een aantal op.
Show only valid cases	Geen missing values tonen.
Show case numbers	Casenummers tonen.

Statistische maten berekenen

Met de knop **Statistics** in het dialoogvenster *Summarize Cases* moet je voor de gekozen variabelen statistische maten opgeven. Je kunt kiezen uit een zeer groot aantal, zoals rekenkundig gemiddelde, standaarddeviatie, minimum en maximum.

Case Summaries

maandinkomen

geslacht	N	Minimum	Maximum	Mean
man	36	1700	6600	3747,22
vrouw	40	1500	6000	2992,50
Total	76	1500	6600	3350,00

Case Summaries[a]

					maandinkomen
geslacht	man	1			2500
		2			2000
		3			6000
		4			4100
		Total	N		4
			Minimum		2000
			Maximum		6000
			Mean		3650,00
	vrouw	1			2100
		2			1900
		3			5200
		4			3400
		Total	N		4
			Minimum		1900
			Maximum		5200
			Mean		3150,00
	Total		N		8
			Minimum		1900
			Maximum		6000
			Mean		3400,00

a. Limited to first 8 cases.

28 STATISTISCHE MATEN & Z-SCORES

Uitsluitend voor interval/ratio variabelen biedt SPSS de mogelijkheid om in één keer de belangrijkste statistische maten bij elkaar te krijgen in één uitvoertabel.
Het gaat standaard om minimum, maximum, gemiddelde en standaarddeviatie. Daarnaast kun je variantie, bereik, kurtosis of skewness laten berekenen.
Je kunt hierbij de waarden *standaardiseren* (ofwel: de z-score berekenen).

28.1 Statistische maten berekenen van interval/ratio variabelen

Statistische maten bereken voor interval/ratio variabele
Wil je statistische maten berekenen, handel dan als volgt:
1. Maak menukeuze **Analyze; Descriptive Statistics; Descriptives.**
2. Het dialoogvenster *Descriptives* verschijnt. Kies de gewenste variabele(n). In de uitvoertabel komen de variabelen in de volgorde waarin je ze opgeeft.
3. Kies **Options** voor het opgeven van *extra* statistische maten en voor het *wijzigen* van de volgorde van de uitvoer. Maak je keuze en kies **Continue**.
4. Bevestig de opdracht met **OK**. Het uitvoervenster verschijnt met de uitvoer.

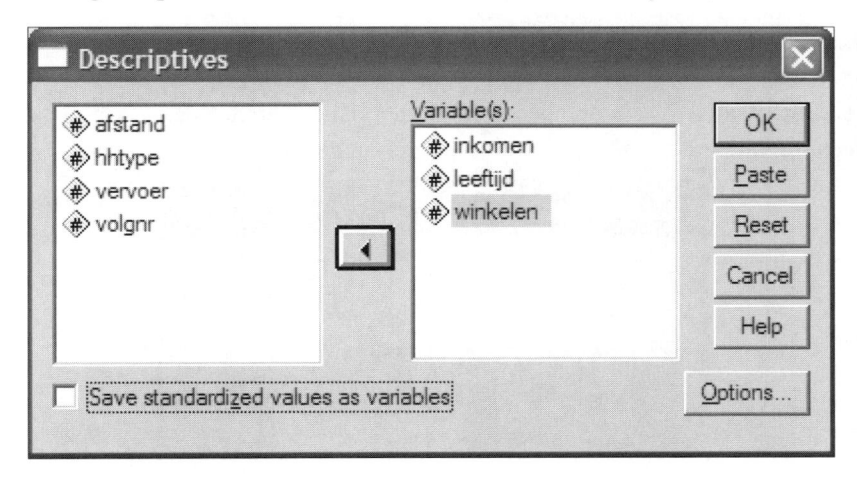

LET OP Omdat alleen maten voor numerieke variabelen kunnen worden berekend, staan er in de variabelenlijst geen alfanumerieke variabelen.

Standaard uitvoer opdracht Descriptives
De uitvoer van de opdracht **Frequencies; Descriptives** bestaat uit de tabel *Descriptive Statistics*. Standaard worden rekenkundig gemiddelde, standaarddeviatie, minimum, maximum berekend en wordt het aantal valide cases geteld.

Bij wijze van voorbeeld zijn voor de variabelen 'inkomen', 'leeftijd' en 'winkelen' de standaard statistische maten berekend.

Valid N (listwise) is het aantal waarnemingen dat voor alle gekozen variabelen valide is, dus geen missing values heeft (hier: 76).

Descriptive Statistics

	N	Minimum	Maximum	Mean	Std. Deviation
maandinkomen	76	1500	6600	3350,00	1365,137
leeftijd	80	18	71	35,68	13,886
winkelbezoeken per maand	80	1	10	4,56	2,530
Valid N (listwise)	76				

Volgorde variabelen in uitvoer wijzigen

Standaard worden de variabelen in de uitvoertabel getoond in de volgorde waarin ze zijn opgegeven. Voor het wijzigen van de volgorde klik je in het dialoogvenster *Descriptives* op **Options**. Maak in het dialoogvenster *Descriptives: Options* in het vak **Display Order** je keuze:

Variable List	Volgorde waarin variabelen zijn opgegeven.
Alphabetic	Alfabetische volgorde variabelen.
Ascending means	In oplopende volgorde van het gemiddelde.
Descending means	In aflopende volgorde van het gemiddelde.

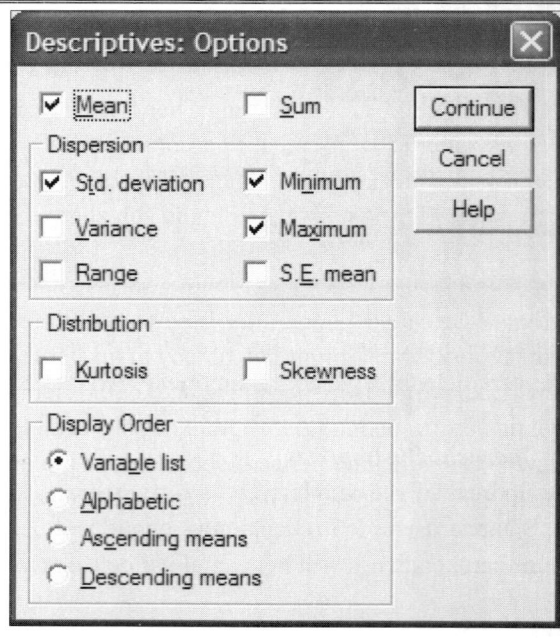

28.2 Standaardiseren van variabele (relatieve positie bepalen)

Soms is het handig om de relatieve positie van een waarneming binnen een verdeling te weten. Stel, een kandidaat heeft voor een examen 80 punten behaald. Dit zegt niets over de prestatie van die kandidaat. Daarvoor moet je weten of 80 punten veel, gemiddeld of weinig is. Je moet dan de variabele *standaardiseren*.

Standaardiseren interval/ratio variabele: berekenen z-score
Als een variabele wordt gestandaardiseerd, wordt voor iedere waarde de *z-score* berekend.

De z-score krijg je door van de waarde (x) het rekenkundig gemiddelde (μ) af te trekken en dit verschil te delen door de standaarddeviatie (σ) van die variabele.

De z-score geeft aan hoeveel eenheden standaarddeviatie een waarneming boven of onder het gemiddelde ligt.

$$Z = \frac{X - \mu}{\sigma}$$

LET OP Gestandaardiseerde variabelen hebben altijd een rekenkundig gemiddelde van 0 en een standaarddeviatie van 1.

Standaardiseren variabele
Het standaardiseren van een variabele doe je als volgt:
1. Maak menukeuze **Analyze; Descriptive Statistics; Descriptives**.
2. Het dialoogvenster *Descriptives* verschijnt. Kies de gewenste variabele(n).
3. Activeer de optie **Save standardized values as variables**.
4. Klik op **OK**. De gestandaardiseerde variabele wordt *aan de file toegevoegd*.

Naamgeving
Gestandaardiseerde variabelen worden automatisch aan de data file toegevoegd. Ze krijgen vanzelf de naam van de oorspronkelijke variabele, voorafgegaan door de letter *z* (maximaal 8 posities).

Met het variabelenlabel wordt aangegeven dat de data *z-scores* zijn.

TIP Door standaardisering kunnen verschillende verdelingen met elkaar worden vergeleken. Bij multivariate technieken zoals multiple regressie of clusteranalyse, is standaardisering van variabelen nodig om de invloed van meeteenheden in de verschillende variabelen te neutraliseren.

29 GROEPEN VERGELIJKEN

Een data file kan in verschillende groepen worden gesplitst, op basis van een nominale variabele. Voor elke groep die ontstaat worden van een opgegeven kenmerk een aantal statistische maten berekend zodat je groepen kunt vergelijken.

29.1 Groepen maken & gemiddelden vergelijken

SPSS biedt de mogelijkheid om een nominale variabele van je data file uit te splitsen in groepen. Elke categorie of categorale waarde van deze variabele wordt een groep.
　　Stel, je wilt in ons voorbeeldbestand weten wat het gemiddelde inkomen is van winkelende mannen en vrouwen. Je gaat daartoe de variabele 'geslacht' in groepen splitsen.
　　Je krijgt dan meteen voor elke groep ('man' en 'vrouw') het aantal cases, het rekenkundig gemiddelde en de standaarddeviatie.

LET OP Met de uitkomsten van het uitsplitsen van een variabele in groepen kun je in één keer de groepen *vergelijken*.

Nominale variabele in groepen splitsen
Een bestand verdelen in groepen doe je door een *nominale* variabele op te geven als *onafhankelijke* variabele.
　　Daarnaast moet je een *interval/ratio* variabele opgeven als *afhankelijke* variabele waarvoor je de statistische maten wilt berekenen.

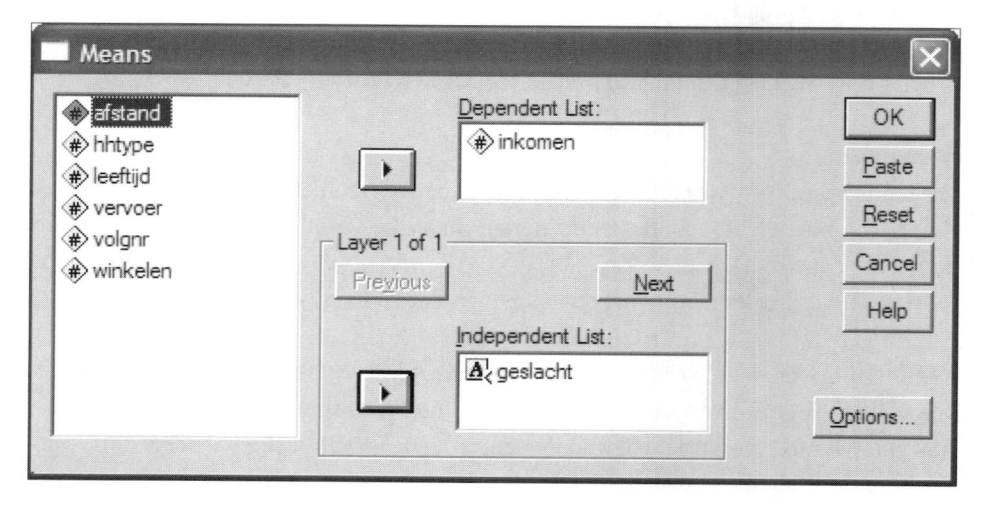

Gemiddelden van groepen van data file vergelijken

Wil je statistische maten van groepen berekenen, handel dan zo:
1. Maak menukeuze **Analyze; Compare Means; Means**. Je krijgt het venster *Means*.
2. Zet in het vak **Dependent List** de variabele waarvan je het gemiddelde wilt bereken (dit *moet* een interval/ratio variabele zijn, zoals 'inkomen').
3. Zet in het vak **Independent List** de variabele die als basis moet dienen voor de groepen (dit *moet* een nominale variabele zijn, zoals 'geslacht').
4. Bevestig met **OK**. De uitvoer is *de Case Processing Summary* en de tabel *Report*.

	Case Processing Summary					
	Cases					
	Included		Excluded		Total	
	N	Percent	N	Percent	N	Percent
maandinkomen * geslacht	76	95,0%	4	5,0%	80	100,0%

Report
maandinkomen

geslacht	Mean	N	Std. Deviation
man	3747,22	36	1434,769
vrouw	2992,50	40	1208,175
Total	3350,00	76	1365,137

Uitvoer Means-opdracht

In ons voorbeeld hebben we het bestand opgedeeld op basis van 'geslacht' en is het gemiddelde maandinkomen voor elke groep berekend. Het gemiddelde inkomen van de 36 mannen (3747,22) ligt hoger dan dat van de 40 vrouwen (2992,50).

Statistische toetsing

Bij steekproefgegevens moet nog getoetst worden of het verschil tussen de gemiddelden van beide groepen statistisch significant is; dus geldig voor de populatie.

Bij twee groepen wordt hiervoor een *Student's T Test* gebruikt (par. 33.1).

Bij meer dan twee groepen moet er een variantie-analyse worden uitgevoerd. Dit kan via de knop **Options** in het venster *Means*. Je krijgt dan de keuze tussen:

Anova table and eta	Variantie-analyse met één onafhankelijke variabele (par. 34.2). Eta = associatiemaat voor nominale en interval/ratiovariabele.
Test for linearity	Bij meer dan twee groepen. Variantie-analyse, toets op lineariteit, Pearson's R en R^2 (zie ook par. 36.1).

29.2 Groepen onderverdelen in subgroepen

De groepen waarin je de data file opdeelt, kunnen weer worden onderverdeeld in subgroepen op basis van een tweede onafhankelijke variabele. Er kunnen maximaal vijf indelingsvariabelen worden opgegeven.

De eerste indeling in groepen is de 'eerste laag' (*layer 1*), de tweede indeling wordt de 'tweede laag' (*layer 2*) enzovoort.

Voorbeeld opdelen van groepen in subgroepen
Stel, we willen het gemiddelde inkomen van mannen en vrouwen berekenen, uitgesplitst naar type vervoermiddel.

Eerst moet het bestand op basis van 'geslacht' worden ingedeeld in *mannen* en *vrouwen*. Dan moeten deze groepen weer worden verdeeld op basis van 'vervoer' in *fiets, auto* en *openbaar vervoer*. Handel zo:
1. Maak menukeuze **Analyze; Compare Means; Means**.
2. Kies in het dialoogvenster *Means* als afhankelijke variabele: 'inkomen'.
3. Kies als eerste onafhankelijke variabele: 'geslacht'. Klik op **Next**. (De tekst **Layer 1 of 1** verandert in **Layer 2 of 2**). Met **Previous** ga je naar de vorige laag.
4. Kies 'vervoer' als tweede onafhankelijke variabele.
5. Klik op **OK**. Het uitvoervenster verschijnt met de uitvoer.

Report

maandinkomen

geslacht	vervoermiddel	Mean	N	Std. Deviation
man	fiets	2530,00	10	739,444
	auto	4594,44	18	1351,893
	openbaar vervoer	3362,50	8	1009,862
	Total	3747,22	36	1434,769
vrouw	fiets	2223,53	17	592,167
	auto	3890,00	10	1436,392
	openbaar vervoer	3307,69	13	1054,721
	Total	2992,50	40	1208,175
Total	fiets	2337,04	27	654,069
	auto	4342,86	28	1398,790
	openbaar vervoer	3328,57	21	1012,493
	Total	3350,00	76	1365,137

LET OP Deze opdracht is dus niet hetzelfde als een opdracht waarbij beide onafhankelijke variabelen in de **Independent List** worden gezet. In dat geval worden eerst de gemiddelde inkomens voor beide geslachten berekend en daarna de gemiddelde inkomens voor elk type vervoermiddel.

30 GEGEVENS EXPLOREREN

Voordat je begint met het uitvoeren van statistische toetsen, is het van belang om de data eerst goed te analyseren, ofwel te *exploreren* met de **Explore**-opdracht.
 Je krijgt dan een overzicht van de statistische maten en de verdeling in een *stem & leaf diagram* en een *boxplot*. Je kunt alle cases exploreren maar ook per groep.

TIP Behalve voor een overzicht van statistische maten en de grafische weergave van de verdeling, exploreer je een variabele ook om te zien of er sprake is van een normale verdeling, om *outliers* te bepalen en om groepen cases te identificeren.

30.1 Het exploreren van een variabele

Je verkent altijd een scale-variabele (interval/ratio-variabele). Voor het eventueel groeperen van cases gebruik je een nominale of ordinale variabele.

Variabele exploreren met de Explore-opdracht
Wil je een data-analyse voor een scale-variabele uitvoeren, handel dan zo:
1. Maak menukeuze **Analyze; Descriptive Statistics; Explore**. Het dialoogvenster *Explore* verschijnt.
2. Zet bij **Dependent List** de afhankelijke (*scale*) variabele.
3. Om een variabele te splitsen in groepen, zet je in het vak **Factor List** een nominale variabele om die groepen te bepalen.
4. Klik op **OK**. Het uitvoervenster verschijnt.

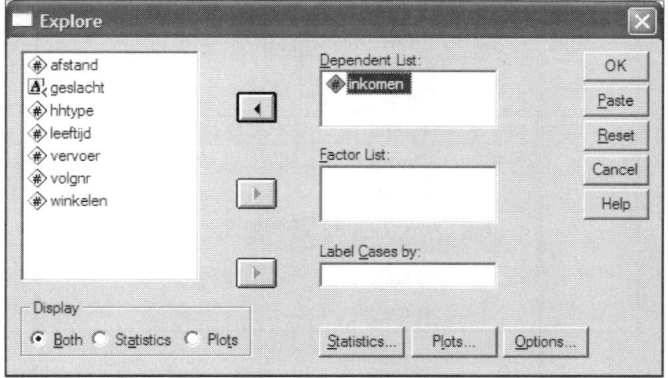

TIP Bij **Label Cases by** kun je een variabele opgeven waarvan de waarden voor de *Outliers* in de boxplot worden getoond.

De standaarduitvoer van een Explore-opdracht
De standaard uitvoer van een Explore-opdracht bestaat uit:
- de tabel *Case Processing Summary* en de tabel *Descriptives* (par. 30.2).
- een *stem-and-leaf diagram* (par. 30.3) & een *boxplot* (par. 30.4).

30.2 De Explore-uitvoer (I): de tabellen

Tot de standaarduitvoer van een **Explore**-opdracht behoren de tabel *Case Processing Summary* en de tabel *Descriptives*

De *Case Processing Summary* geeft een overzicht van de valide en missing values van de variabele(n). *Descriptives* bevat beschrijvende statistische maten.

Case Processing Summary

	Cases					
	Valid		Missing		Total	
	N	Percent	N	Percent	N	Percent
maandinkomen	76	95,0%	4	5,0%	80	100,0%

Descriptives

			Statistic	Std. Error
maandinkomen	Mean		3350,00	156,592
	95% Confidence Interval for Mean	Lower Bound	3038,05	
		Upper Bound	3661,95	
	5% Trimmed Mean		3290,06	
	Median		3000,00	
	Variance		1863600,00	
	Std. Deviation		1365,137	
	Minimum		1500	
	Maximum		6600	
	Range		5100	
	Interquartile Range		1900	
	Skewness		,707	,276
	Kurtosis		-,506	,545

De meeste statistische maten die standaard worden berekend (en getoond in de tabel *Descriptives*) zijn al besproken (zie par. 26.3). Er zijn drie 'nieuwe' maten:

95% Confidence Interval	95%-betrouwbaarheidsinterval van het gemiddelde.
5% Trimmed Mean	Rekenkundig gemiddelde waarbij de 5% hoogste en 5% laagste waarnemingen *buiten beschouwing worden gelaten* (om de invloed van uitschieters te corrigeren).
Interquartile Range	*Interkwartielafstand* (IQR). Verschil tussen het derde en eerste kwartiel. Binnen de IQR liggen de 50% 'middelste' waarnemingen.

Voorbeeld Explore-opdracht nader bekeken

In dit voorbeeld is een **Explore**-opdracht uitgevoerd voor de variabele 'inkomen'. Uit de tabel *Descriptives* blijkt dat de verdeling van het inkomen enigszins positief scheef is: de skewness = 0,707 en het gemiddelde is iets groter dan de mediaan. De 50% 'middelste inkomens' liggen binnen een marge van 1900,- (*Interquartile Range*).

Het populatiegemiddelde ligt met een waarschijnlijkheid van 95% tussen 3038,05 (*Lower Bound*) en 3661,95 (*Upper Bound*).

30.3 De Explore-uitvoer (II): het stem-and-leaf diagram

Tot de standaarduitvoer van een **Explore**-opdracht behoort een *stem-and-leaf diagram*. In een stem-and-leaf diagram (*stam-en-bladeren*) wordt, net als bij een histogram, de frequentieverdeling van een geclassificeerde variabele weergegeven.

Evenals bij een histogram worden de waarnemingen ingedeeld in klassen. De klassebreedte staat onder de grafiek vermeld: *Stem width: 1000*.

```
maandinkomen

maandinkomen Stem-and-Leaf Plot

 Frequency    Stem &  Leaf

     14,00       1 .  55677788889999
     21,00       2 .  011235555666666788899
     16,00       3 .  0000001122344445
     12,00       4 .  000111345578
      7,00       5 .  0223568
      6,00       6 .  000026

 Stem width:      1000
 Each leaf:       1 case(s)
```

Stam & blad

In een stem-and-leaf diagram worden alle waarden gesplitst in een *stam* en een *blad*. De *stam* geeft het gemeenschappelijk deel aan: dus alle waarnemingen in de eerste klasse hebben een stam van 1 (inkomen van 1000-1900) en alle waarnemingen in de tweede klasse hebben een stam van 2 (inkomen van 2000-2900).

De *bladeren* geven het specifieke deel van iedere waarneming aan. Elk blad stelt één waarneming voor: **Each leaf: 1 case(s)**. De 6 waarnemingen in de hoogste klasse (6000-6900) hebben dus de waarden: 6000 (4x), 6200 en 6600.

TIP Een stem-and-leaf diagram is dus een histogram, waarbij de staven zijn vervangen door gedetailleerde informatie over de waarden in iedere klasse.

Extremen
Als er extreme waarden voorkomen, die niet in het diagram kunnen worden weergegeven - hetgeen hier niet het geval is - worden die apart onder de grafiek vermeld als *Extremes*. Met de optie **Outliers** (na een klik op de knop **Statistics** in het venster *Explore*) kan een lijst worden getoond van cases met extreme waarden.

Soms is het aantal cases per klasse zo groot, dat de stam wordt opgedeeld in stukjes. In de kolom onder het &-teken worden dan tekens gezet die een deel van de stam representeren: * voor blad 0 en 1; t voor 2-3; f voor 4-5; s voor 6-7 en een . voor blad 8 en 9. Deze onderverdeling is eigenlijk overbodig omdat alle informatie al uit de grafiek gehaald kan worden.

30.4 De Explore-uitvoer (III): de boxplot

Tot de standaarduitvoer van een **Explore**-opdracht behoort een *boxplot*. Een boxplot is een grafische weergave van de verdeling van een variabele op basis van de mediaan en het eerste en derde kwartiel.

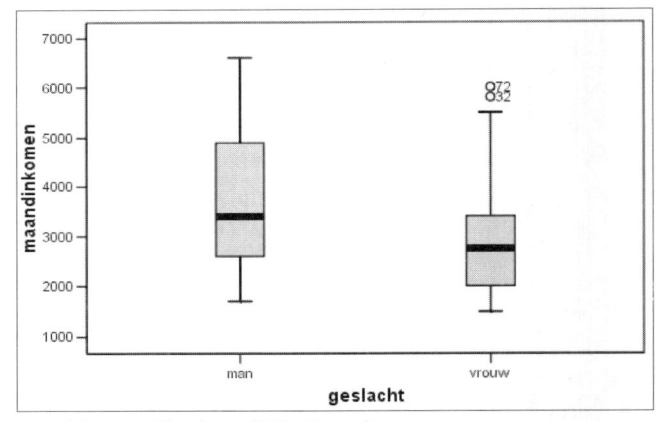

Uitvoer Explore (III): Boxplots voor twee groepen

De boxplot nader bekeken: box, whiskers, outliers, extremes
Een boxplot bestaat uit een centrale rechthoek (de *box*). De onder- en bovengrens van de rechthoek worden gevormd door het eerste en derde kwartiel. De lengte van de box komt dus overeen met de interkwartielafstand (*IQR*). Dit betekent dat 50 procent van alle cases zich in de box bevindt. Zowel boven als onder de box bevindt zich 25 procent van de cases.

De zwarte lijn in de box geeft de mediaan aan. De horizontale strepen onder en boven de box (de *whiskers*) markeren de hoogst respectievelijk laagst voorkomende waarde binnen een afstand van 1,5 IQR (= boxlengte) tot aan de box.

De cases die buiten de whiskers vallen worden apart vermeld. Cases die op een afstand van 1,5 IQR tot 3 IQR van de box liggen worden *Outliers* genoemd en worden aangegeven met een rondje.

Cases op meer dan 3 IQR van de box worden *Extremes* genoemd en aangeduid met een asterisk *.

TIP Boxplots zijn handig om de verdeling van verschillende groepen te vergelijken. Ons voorbeeld bestaat uit boxplots van de variabele 'inkomen' voor beide geslachten ('geslacht' is dus als *factor* opgegeven).

Het interpreteren van de boxplot

Een boxplot geeft informatie over de spreiding van een verdeling. Indien de mediaan niet in het midden van de box ligt, is er sprake van een scheve verdeling.

Als de mediaan onderin de box ligt, is de verdeling positief scheef en zijn er dus uitschieters aan de bovenkant van de plot (hoge waarden). Ligt de mediaan bovenin de box, is de verdeling negatief scheef en zijn er uitschieters aan de onderkant (lage waarden). De lengte van de box vormt een indicatie voor de spreiding: hoe langer de box (en whiskers), hoe groter de spreiding.

In ons voorbeeld is het mediane inkomen van mannen hoger dan dat van vrouwen en is de spreiding bij de mannen groter.

De inkomens van vrouwen liggen meer geconcentreerd, rond een lagere mediane waarde. Bij de vrouwen zijn er drie *Outliers*: de cases 70, 32 en 72.

Er zijn geen *Extremes*.

30.5 Behandeling van missing values bij een Explore-opdracht

Bij een **Explore**-opdracht kun je opgeven op welke wijze de missing values behandeld moeten worden. Maak menukeuze **Analyze; Descriptives; Explore**, geef de variabelen op in het venster *Explore,* en klik op **Options**. Maak dan in het dialoogvenster *Explore: Options* je keuze:

Exclude cases listwise	Cases die voor tenminste één variabele (**Dependent** of **Factor**) een missing value hebben worden in geen enkele analyse meegenomen (= standaardoptie!).
Exclude cases pairwise	Per analyse wordt gekeken of een case een missing value heeft. Alle valide cases worden gebruikt.
Report values	Missing values voor **Factor**-variabelen worden als aparte categorie beschouwd.

30.6 Extra statistische maten bij een Explore-opdracht

Bij een **Explore**-opdracht kun je nog (extra) statistische maten laten berekenen.

Maak menukeuze **Analyze; Descriptives; Explore**, geef de variabelen op in het venster *Explore,* en klik op **Statistics**.

Maak vervolgens in het dialoogvenster *Explore: Statistics* je keuze voor de diverse statistische maten:

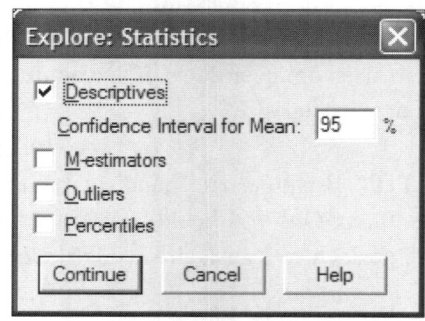

Descriptives	Berekenen beschrijvende statistische maten. Bij **Confidence Interval for Mean** kan het percentage van het betrouwbaarheidsinterval worden aangepast (standaard 95%).
M-estimators	Maximum-likelihood estimators: vier gewogen rekenkundige gemiddelden. Cases die verder van de mediaan liggen worden minder zwaar geteld.
Outliers	Lijst van de 5 cases met de hoogste en laagste waarden.
Percentiles	Berekenen percentielen: 5, 10, 25, 50, 75, 90 en 95.

30.7 Extra grafieken bij een Explore-opdracht

Bij een **Explore**-opdracht kun je nog extra grafieken laten maken. Maak menukeuze **Analyze; Descriptives; Explore**, geef de variabelen op in het venster *Explore,* en klik op **Plots**. Maak dan in het dialoogvenster *Explore: Plots* je keuze.

Extra grafieken: Boxplots
Indien een data-analyse wordt uitgevoerd voor meerdere *afhankelijke* variabelen kan in het vak **Boxplots** uit twee opties worden gekozen:

Factor levels together	Er wordt voor elke analyse-variabele een aparte boxplot gemaakt (standaardoptie).
Dependents together	De boxplots van alle analyse-variabelen worden bij elkaar in een grafiek afgebeeld.

Extra grafieken: Histogram
Met de optie **Histogram** wordt voor elke categorie van de **Factor**-variabele een histogram gemaakt.

30.8 Onderzoeken of een variabele normaal is verdeeld

Voor veel statistische toetsen geldt de vooronderstelling dat de variabele normaal verdeeld is, of dat de steekproef afkomstig is uit een normaal verdeelde populatie.

Je onderzoekt dit via de **Explore**-opdracht met de optie *normal probability plot*. je krijgt dan twee grafieken: de *Normal Q-Q plot* en de *Detrended Q-Q plot,* waarin de verdeling van de variabele wordt vergeleken met een normale verdeling.

Normal Probability Plot: Normal Q-Q plot & Detrended Q-Q plot

Met een *normal probability plot* wordt de cumulatieve verdeling van de analyse-variabele (*Observed*) vergeleken met de cumulatieve verdeling die je zou verwachten indien de variabele normaal verdeeld is (*Expected*).

Beide verdelingen worden tegen elkaar afgezet in een spreidingsdiagram: de *Normal Q-Q plot*. Indien de analyse-variabele normaal verdeeld is, zullen de punten in de *Normal Q-Q plot* een rechte lijn vormen.

De feitelijke afwijkingen van alle punten tot de rechte lijn worden ook grafisch weergegeven. Een dergelijke grafiek is een *Detrended Q-Q plot*.

Als een variabele normaal verdeeld is, zullen alle punten rond (of op) de horizontale nullijn liggen, zonder dat er een systematisch patroon te ontdekken valt.

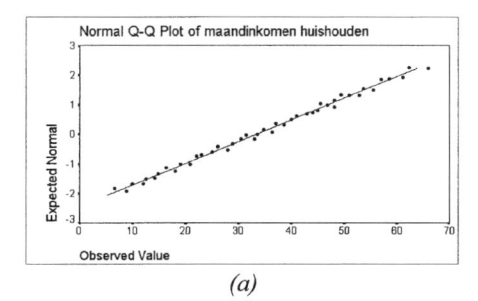

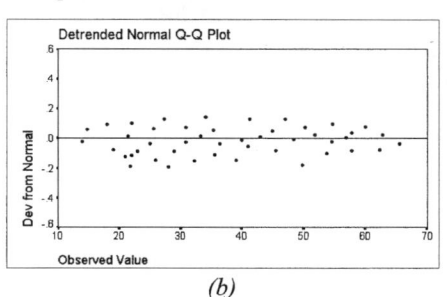

Normal Q-Q plot (a) en Detrended Normal Q-Q plot (b) bij een normale verdeling

Normal probability plots maken

Het maken van *normal probability plots* gaat als volgt:
1. Maak menukeuze **Analyze; Descriptive Statistics; Explore**. Geef de gewenste variabelen op. (Als in de **Factor List** een groepsvariabele is opgegeven, worden de plots per groep gemaakt.)
2. Klik op **Plots** en kies de optie **Normality plots with tests**. Klik op **Continue**.
3. Bevestig met **OK**. De *Normal Q-Q plot* en de *Detrended Normal Q-Q plot* worden gemaakt; en er worden twee toetsen op normaliteit uitgevoerd: de *Kolmogorov-Smirnov* toets en de *Shapiro-Wilks* toets.

Interpretatie Normal probability plots

Bij een normaal verdeelde variabele zullen alle punten rond (of op) de horizontale nullijn liggen, zonder dat er een systematisch patroon te ontdekken valt.

Als een variabele *niet* normaal verdeeld is, zal de *Normal Q-Q plot* geen rechte lijn vertonen en zullen de punten in de *Detrented Q-Q plot* geen random beeld vertonen, maar een systematisch patroon.

Hieronder zie je beide grafieken voor de variabele 'inkomen'. Het blijkt dat 'inkomen' niet normaal verdeeld is.

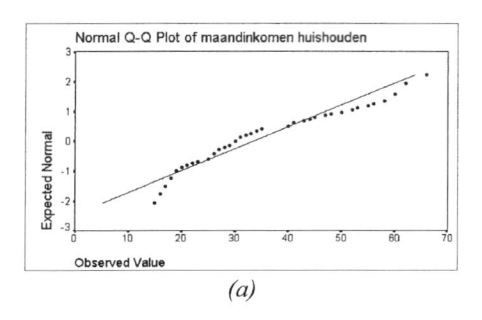

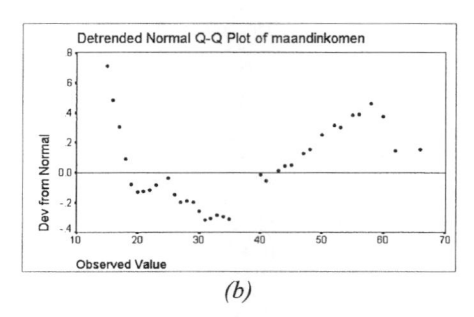

(a) *(b)*

Normal Q-Q plot (a) en Detrented Normal Q-Q plot (b) voor 'inkomen'

TIP Je kunt ook *normal probability plots* maken via het menu **Graphs**. Met optie **Q-Q** maak je dezelfde plots als met **Explore** (gebaseerd op kwartielverdeling). **P-P** plots zijn gebaseerd op de cumulatieve verdeling. Het verschil is nihil.

Toetsen op normaliteit

Met beide Q-Q-plots is alleen een visuele inspectie op normaliteit mogelijk. Er worden evenwel ook twee *goodness-of-fit* toetsen uitgevoerd, waarmee kan worden onderzocht of de verdeling significant van een normale verdeling verschilt.

Deze toetsen zijn de *Kolmogorov-Smirnov toets* (met *Lilliefors* significantie) en de *Shapiro-Wilks toets*.

Je krijgt de Kolmogorov-Smirnov *niet* als de steekproefomvang kleiner dan of gelijk is aan 50; in dat geval krijg je alleen de Shapiro-Wilks toets.

Met een betrouwbaarheid van 99,9% (*Sig.= 0,001*) kan gezegd worden dat de variabele 'inkomen' *niet* normaal is verdeeld.

Tests of Normality

	Kolmogorov-Smirnov[a]			Shapiro-Wilk		
	Statistic	df	Sig.	Statistic	df	Sig.
maandinkomen	,143	76	,001	,921	76	,000

a. Lilliefors Significance Correction

31 WERKEN MET KRUISTABELLEN

In een kruistabel (*contingentietabel*) worden twee variabelen op samenhang (*associatie*) in beeld gebracht.

Een kruistabel gebruik je om inzicht te krijgen in de vraag: *Hoe hangen de kenmerken van de ene variabele samen met de kenmerken van een andere variabele?*

LET OP In dit hoofdstuk gaan we de kruistabel *maken* in SPSS; in het volgende hoofdstuk gaan we in de kruistabel *associaties toetsen*.

31.1 De basisprincipes van kruistabellen

Een kruistabel (*crosstabulation*) is een tweedimensionale tabel die bestaat uit rijen en kolommen. Elke combinatie van een rij en kolom is een cel.

Een tabel met 2 rijen en 2 kolommen heet een *2x2 tabel*.

De inhoud van een kruistabel

In een kruistabel worden twee variabelen tegen elkaar afgezet.

De waarden van de ene variabele worden als *kenmerken* (of *categorieën*) in de rijen gezet, de waarden van andere als kenmerken in de kolommen.

In elke cel staat standaard het aantal *geobserveerde waarnemingen* (de *absolute celfrequentie*) dat geeft aan hoe vaak de combinatie van kenmerken voorkomt.

vervoermiddel * geslacht Crosstabulation

Count

		geslacht		Total
		man	vrouw	
vervoermiddel	fiets	11	17	28
	auto	19	10	29
	openbaar vervoer	8	15	23
Total		38	42	80

TIP Wil je een variabele met veel verschillende waarden in een kruistabel gebruiken dan moet je die variabele *hercoderen* (*in klassen indelen*) (zie par. 15.1).

Zinvolle aanwending kruistabel

Het is alleen zinvol om kruistabellen te maken met variabelen die niet teveel verschillende waarden hebben, zoals de meeste nominale (of geclassificeerde) variabelen. De waarden worden immers de rijen en kolommen van de kruistabel.

Het heeft geen zin om een ratiovariabele als 'leeftijd' in een kruistabel op te nemen, omdat voor iedere waarde (jaar) dan een rij of kolom wordt gemaakt. Zo'n tabel zou uit een enorm aantal cellen bestaan.

31.2 Het maken van een kruistabel

Het maken van een kruistabel doe je als volgt:
1. Maak menukeuze **Analyze; Descriptive Statistics; Crosstabs**. Het dialoogvenster *Crosstabs* verschijnt.
2. Geef een rij- en een kolomvariabele op. Je kunt meerdere rij- en/of kolomvariabelen tegelijk opgegeven. Er wordt dan voor iedere combinatie van rij- en kolomvariabele een kruistabel gemaakt.
3. Wil je relatieve celfrequenties (percentages), klik dan op **Cells** (zie par. 31.4). Voor de *Chi-kwadraat toets* klik je op **Statistics** (zie Hfdstk 32).
4. Bevestig de opdracht met **OK**.

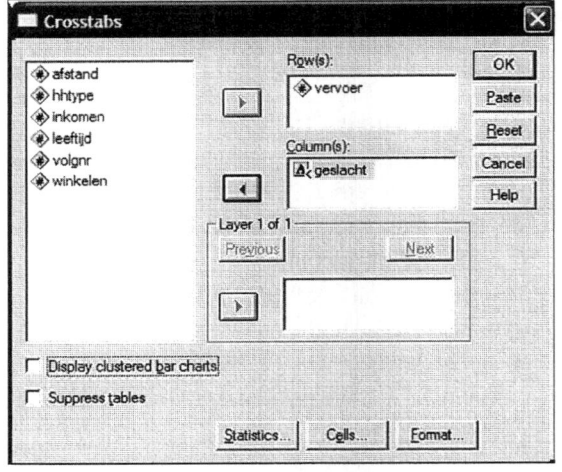

Standaard uitvoer van een kruistabel: absolute celfrequenties

In een standaard kruistabel wordt de absolute celfrequentie (= het aantal waarnemingen in iedere cel) weergegeven (boven de tabel staat *Count*).

De totalen in de rechter kolom en in de onderste rij van de kruistabel worden de *marginale waarden* genoemd. Dit zijn de absolute frequenties van de afzonderlijke kolom- en de rij-variabele.

LET OP De kruistabel in ons voorbeeld omvat dus 80 respondenten (zie par. 31.1). De tabel maakt duidelijk dat het gaat om 11 mannelijke en 17 vrouwelijke fietsers, alsmede 19 mannelijke en 10 vrouwelijke automobilisten, en daarnaast 8 mannelijke en 15 vrouwelijke reizigers in het openbaar vervoer.

Standaard uitvoer van kruistabel uitbreiden

De standaard uitvoer van een kruistabel kan worden aangevuld met onder meer relatieve celfrequenties, chi-kwadraat en associatiematen. Je doet dit via de knoppen in het venster *Crosstabs*.

Cells	Wijzigen celinhoud: afdrukken percentages, verwachte celfrequenties of residuen in de kruistabel (par. 31.4).
Statistics	Uitvoeren Chi-kwadraat toets en berekenen associatiematen voor nominale en ordinale variabelen (hoofdstuk 32).
Format	Volgorde van waarden van de rij-variabele wijzigen: *oplopend* (*Ascending*) of *aflopend* (*Descending*). De volgorde van de kolomvariabele kan *niet* gewijzigd worden.

TIP Met de optie **Display clustered bar charts** in het venster *Crosstabs* wordt in de uitvoer ook een staafdiagram getoond, waarin de gegevens van de kolomvariabele worden weergegeven voor iedere categorie van de rij-variabele.

31.3 Kruistabellen per subgroep

Door gebruik te maken van *controlevariabelen* kunnen subgroepen worden onderscheiden. Er wordt dan voor iedere waarde van de controlevariabele (subgroep) een *aparte* kruistabel gemaakt. Ook worden de statistische maten per kruistabel berekend. Er kunnen maximaal 8 controlevariabelen worden opgegeven.

Kiezen aantal controlevariabelen

Het is meestal niet zinvol om meer dan één of twee controlevariabelen te gebruiken. Omdat voor iedere subgroep een aparte tabel wordt gemaakt, zal het aantal waarnemingen per cel steeds kleiner worden. Voor het uitvoeren van een chi-kwadraat toets moet de celvulling echter voldoende groot zijn (par. 32.1).

Het totaal aantal cellen dat wordt getoond in de uitvoer is gelijk aan het product van het aantal verschillende waarden van iedere controlevariabele.

Problemen bij werken met controlevariabelen

Stel, je wilt voor elk huishoudenstype een aparte kruistabel van 'geslacht' en 'vervoer' maken. In dat geval worden er 5 tabellen (huishoudenstypen) van 6 cellen gemaakt (5*2*3=30 cellen), terwijl het bestand slechts uit 80 cases bestaat.

Een χ^2-toets (per tabel) kan dan waarschijnlijk niet meer worden uitgevoerd, omdat de celvulling (het aantal waarnemingen per cel) te klein is. Bij een bestand van bijvoorbeeld 1000 cases is dit waarschijnlijk nog wel mogelijk.

Definiëren subgroepen

Met elke controlevariabele krijgt de kruistabel een extra 'laag'(*Layer*). De groepen die op basis van de eerste controlevariabele zijn onderscheiden, kunnen vervolgens weer worden onderverdeeld op basis van een tweede variabele etc.

Het definiëren van subgroepen voor een kruistabel doe je als volgt:
1. Maak menukeuze **Analyze; Descriptive Statistics; Crosstabs**.
2. Kies de rij-variabele en de kolomvariabele.
3. Kies de eerste controlevariabele in het onderste vak van het venster *Crosstabs*. Klik op **Next**. (De tekst **Layer 1 of 1** verandert in **Layer 2 of 2**.)
4. Kies de tweede controlevariabele. (Via **Previous** en **Next** schakel je tussen de aangebrachte lagen.) Klik op de **OK**.

31.4 Kruistabel met percentages, verwachte celfrequenties & residuen

In een standaard kruistabel worden *alleen* de absolute celfrequenties getoond. Je kunt deze uitvoer uitbreiden met *relatieve celfrequenties*, *verwachte celfrequenties* en/of *residuen* (verschil tussen waargenomen en verwachte celfrequenties).

Wijzigen celinhoud

1. Maak menukeuze **Analyze; Descriptive Statistics; Crosstabs**. Geef rij- en/of kolomvariabele(n) op.
2. Klik op **Cells**. Het dialoogvenster *Crosstabs: Cell Display* verschijnt. Maak in de vakken **Counts** (absolute celfrequenties), **Percentages** (relatieve celfrequenties) en **Residuals** (residuen) je keuze en kies dan **Continue**.
3. Bevestig de opdracht met **OK**.

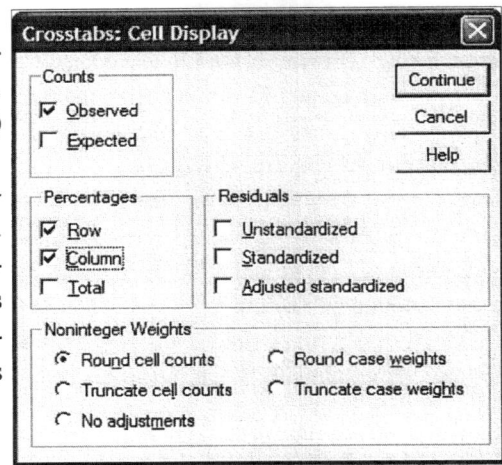

Counts

Observed	Weergeven waargenomen ('echte') celfrequenties = het aantal waarnemingen in iedere cel (standaardoptie).
Expected	Verwachte (theoretische) celfrequenties, indien de beide variabelen statistisch onafhankelijk zijn (zie par. 32.1).

Percentages

Row	Rij-percentages: aandeel ten opzichte van het rijtotaal.
Column	Kolompercentages: aandeel ten opzichte van kolomtotaal.
Total	Totale percentages: aandeel t.o.v. totaal aantal waarnemingen.

Residuals

Unstandardized	Residuen: verschil tussen waargenomen (*Observed*) en verwachte (*Expected*) celfrequenties.
Standardized	Gestandaardiseerde residuen.
Adj. standard.	Gestandaardiseerde residuen, gecorrigeerd voor kleine aantallen.

Voorbeeld kruistabel met meerdere celgegevens

In ons voorbeeld wordt de kruistabel van de variabelen 'vervoer' en 'geslacht', met de opties **Observed**, **Row** en **Column** weergegeven.

In de kruistabel worden nu zowel de waargenomen frequentie (*Count*), als het rijpercentage (*% within Vervoermiddel*) en bovendien het kolompercentage (*% within Geslacht*) getoond.

vervoermiddel * geslacht Crosstabulation

			geslacht		Total
			man	vrouw	
vervoermiddel	fiets	Count	11	17	28
		% within vervoermiddel	39,3%	60,7%	100,0%
		% within geslacht	28,9%	40,5%	35,0%
	auto	Count	19	10	29
		% within vervoermiddel	65,5%	34,5%	100,0%
		% within geslacht	50,0%	23,8%	36,3%
	openbaar vervoer	Count	8	15	23
		% within vervoermiddel	34,8%	65,2%	100,0%
		% within geslacht	21,1%	35,7%	28,8%
Total		Count	38	42	80
		% within vervoermiddel	47,5%	52,5%	100,0%
		% within geslacht	100,0%	100,0%	100,0%

Kruistabel met absolute frequenties en percentages

Percentages

Met behulp van percentages is het mogelijk om de relatieve verdelingen over de verschillende groepen in ons voorbeeld te vergelijken.

- Met de *kolom-percentages* kun je de categorieën van de rij-variabele vergelijken. In dit voorbeeld vergelijken we het gebruik van vervoermiddelen door beide geslachtsgroepen: 50% van de mannen maakt gebruik van de auto, tegenover iets minder dan een kwart (23,8%) van de vrouwen.
- Met de *rij-percentages* kun je de categorieën van de kolomvariabele vergelijken. In dit voorbeeld vergelijken we geslachtsgroepen per vervoermiddel.
- Uit de *totalen* (*marginale waarden*) blijkt dat van alle respondenten 36,3% gebruik maakt van de auto. Met de rij-percentages kunnen we de verdeling per vervoermiddel naar geslacht afleiden: zo is bijvoorbeeld 60,7% van de fietsers een vrouw.

LET OP Rij- en kolompercentages kunnen slechts een indruk geven van een mogelijk verband tussen de beide variabelen in de kruistabel. Met een *Chi-kwadraat toets* kunnen we onderzoeken of er inderdaad sprake is van een verband in de hele populatie (par. 32.1).

TIP Door berekening van associatiematen krijgen we informatie over de sterkte (en richting) van het verband tussen twee variabelen (par. 32.2).

32 CHI-KWADRAAT & ASSOCIATIEMATEN

Met de *chi-kwadraat toets* onderzoek je of tussen de variabelen in een kruistabel een statistisch verband bestaat of dat de variabelen onafhankelijk van elkaar zijn.

Daarnaast kan aan de hand van een aantal *associatiematen* een indruk worden verkregen van de sterkte - en indien beide variabelen ordinaal zijn - van de richting van het verband.

32.1 Chi-kwadraat toets op statistische onafhankelijkheid

Met de *Chi-kwadraat toets* kan worden nagegaan of er een statistisch significant verband bestaat tussen twee categorale (nominale of geclassificeerde) variabelen.

Het resultaat van een chi-kwadraat toets is *Chi-kwadraat* (χ^2); dit is een maat die aangeeft of de associatie in een kruistabel wel of niet statistisch significant is.

vervoermiddel * geslacht Crosstabulation

			geslacht man	geslacht vrouw	Total
vervoermiddel	fiets	Count	11	17	28
		% within vervoermiddel	39,3%	60,7%	100,0%
		% within geslacht	28,9%	40,5%	35,0%
	auto	Count	19	10	29
		% within vervoermiddel	65,5%	34,5%	100,0%
		% within geslacht	50,0%	23,8%	36,3%
	openbaar vervoer	Count	8	15	23
		% within vervoermiddel	34,8%	65,2%	100,0%
		% within geslacht	21,1%	35,7%	28,8%
Total		Count	38	42	80
		% within vervoermiddel	47,5%	52,5%	100,0%
		% within geslacht	100,0%	100,0%	100,0%

Chi-Square Tests

	Value	df	Asymp. Sig. (2-sided)
Pearson Chi-Square	6,024[a]	2	,049
Likelihood Ratio	6,100	2	,047
N of Valid Cases	80		

a. 0 cells (,0%) have expected count less than 5. The minimum expected count is 10,93.

Nulhypothese bij Chi-kwadraat toets

De *nulhypothese* bij een Chi-kwadraat toets is altijd dat de beide variabelen in de kruistabel *onafhankelijk* van elkaar zijn; dus dat er geen verband is!

Indien beide variabelen onafhankelijk zijn, zal de verdeling van de waarnemingen over de cellen volledig op toeval berusten. De variabelen hebben immers geen invloed op elkaar.

De verdeling van de waarnemingen over de cellen op basis van toeval is de *verwachte celfrequentie*.

Verwachte celfrequentie

De *verwachte* (*Expected*) celfrequenties worden bepaald met behulp van kansrekening. De kans om in een bepaalde cel van de kruistabel te zitten, is het product van de *marginale kansen*.

In ons voorbeeld is dus de kans om een man op een fiets te zijn (in de eerste cel linksboven) gelijk aan de kans op een man (38/80=0,475), maal de kans op een fietser (28/80=0,35).

De verwachte frequentie voor de eerste cel is dus gelijk aan: 0,475 * 0,35 * 80 waarnemingen = 13,3.

Berekening Chi-kwadraat

Bij een Chi-kwadraat toets wordt voor iedere cel de *verwachte* (*Expected count*) celfrequentie vergeleken met de *waargenomen* (*Count*) celfrequentie.

Indien de waargenomen (*O*) en verwachte frequenties (*E*) in alle cellen (alle combinaties van rij *i* en kolom *j*) aan elkaar gelijk zijn, zal de waarde van χ^2 (chi-kwadraat) gelijk zijn aan 0. De variabelen zijn dan statistisch onafhankelijk van elkaar. Chi-kwadraat wordt als volgt berekend:

$$\chi^2 = \sum_i \sum_j \frac{(O_{ij} - E_{ij})^2}{E_{ij}}$$

Uitvoeren Chi-kwadraat toets

1. Maak menukeuze **Analyze; Descriptive Statistics; Crosstabs**. Geef rij- en/of kolomvariabele(n) op. (Wil je alleen de chi-kwadraat toets uitvoeren, maar geen kruistabellen maken met celfrequenties, activeer dan de optie **Suppress tables**).
2. Klik in het venster *Crosstabs* op **Statistics**.
3. Het venster *Crosstabs: Statistics* verschijnt. Activeer de optie **Chi Square** en klik op **Continue**.
4. Bevestig de opdracht met **OK**. De uitvoer verschijnt in het uitvoervenster.

Chi-Square Tests

	Value	df	Asymp. Sig. (2-sided)
Pearson Chi-Square	6.024[a]	2	.049
Likelihood Ratio	6.100	2	.047
N of Valid Cases	80		

a. 0 cells (.0%) have expected count less than 5. The minimum expected count is 10.93.

Uitvoer Chi-kwadraat toets voor 'vervoer' en 'geslacht'

TIP Via de knop **Cells** van het venster *Crosstabs* kun je naast de absolute ook de verwachte celfrequenties in de kruistabel laten tonen (zie par. 31.4).

Voorbeeld uitvoer Chi-kwadraat toets
In ons voorbeeld wordt de uitvoer van de Chi-kwadraat toets voor de variabelen 'geslacht' (kolomvariabele) en 'vervoer' (rij-variabele) weergegeven.

De waarde van Chi-kwadraat (*Pearson Chi-Square*) bedraagt 6,024 en de overschrijdingskans is 0,049.

Overschrijdingskans; interpretatie Chi-kwadraat toets
Aan de hand van overschrijdingskans (*Asymp. Sig. 2-sided*) kunnen we de Chi-kwadraat-toets in ons voorbeeld interpreteren. De kans op een dergelijke Chi-kwadraat is 0,049 (4,9%) indien de nulhypothese - dat de variabelen statistisch onafhankelijk zijn - waar is.

Als we uitgaan van een betrouwbaarheid van 95% ($\alpha = 0,05$), wordt de nulhypothese dus verworpen: *met een zekerheid van 95% is er sprake van een statistisch significant verband tussen de variabelen 'geslacht' en 'vervoer'*.

Vrijheidsgraden
De waarde van Chi-kwadraat wordt beïnvloed door het aantal rijen en kolommen in de kruistabel. Hiermee wordt bij het berekenen van de overschrijdingskans rekening gehouden, d.m.v. het aantal *vrijheidsgraden* (*df = degrees of freedom*).

Het *aantal* vrijheidsgraden kan gezien worden als het aantal cellen in de tabel dat willekeurig kan worden ingevuld, wanneer de marginale waarden bekend zijn. Hierdoor wordt de inhoud van de overige cellen vastgelegd. Het aantal vrijheidsgraden in een kruistabel is: (aantal rijen - 1) * (aantal kolommen - 1).

Voor de kruistabel van 'geslacht' en 'vervoer' geldt dus: df = (2-1) * (3-1) = 2.

Voorwaarden Chi-kwadraat toets

Om een Chi-kwadraat toets te kunnen uitvoeren moet aan twee voorwaarden ten aanzien van de verwachte (*Expected*) celfrequenties zijn voldaan:

> 1. Alle verwachte celfrequenties moeten groter of gelijk zijn aan 1.
> 2. Maximaal 20% van de verwachte celfrequenties mag tussen 1 en 5 liggen.

Bij de Chi-kwadraat toets van 'geslacht' en 'vervoer' is aan deze voorwaarden voldaan. Dit blijkt uit de toelichting onder de tabel Chi-Square Tests: *0 cells (.0%) have expected count less than 5. The minimun expected count is 10.93.*

TIP Met de knop **Cells** van het dialoogvenster Crosstabs kun je de verwachte celfrequenties (*Expected*) in de kruistabel tonen.

TIP Bij tabellen met meer dan twee rijen en/of kolommen waarin teveel verwachte celfrequenties van kleiner dan 5 voorkomen, kan het aantal klassen (cellen) door *hercodering* worden gereduceerd (opdracht **Transform; Recode**). De (verwachte) celfrequenties zullen hierdoor toenemen.

Uitgebreide uitvoer Chi-kwadraat

Als SPSS Chi-kwadraat berekent, worden - afhankelijk van het type kruistabel - nog drie toetsen uitgevoerd (die tezamen in een tabel worden weergegeven):

Continuity Correction	*Yates' correctie* op de Chi-kwadraat. Wordt alleen bij *2 x 2 tabellen* voor kleine steekproeven berekend. Van alle positieve verschillen tussen waargenomen en verwachte frequenties (residuen) wordt 0,5 afgetrokken en bij alle negatieve verschillen wordt 0,5 opgeteld. Volgens sommigen is deze maat te conservatief.
Likelihood Ratio	vergelijkbaar met Chi-kwadraat toets. Geeft bij grotere aantallen cases praktisch dezelfde uitkomsten. Wordt gebruikt voor loglineaire modellen.
Fischer's Exact test	wordt alleen uitgevoerd bij *2 x 2 tabellen*. Kan gebruikt worden als niet aan de voorwaarden van de Chi-kwadraat toets t.a.v. de verwachte celfrequenties ($E_{ij}<5$) is voldaan.

32.2 Sterkte van verband bepalen met associatiematen

De Chi-kwadraat toets geeft alleen informatie over het al dan niet voorkomen van een statistisch verband tussen twee variabelen. Omdat de waarde van Chi-kwadraat wordt beïnvloed door de steekproefomvang en het aantal vrijheidsgraden (cellen) van de kruistabel, zegt Chi-kwadraat niets over de *sterkte* van het verband.

Om de sterkte van een verband tussen twee variabelen uit te drukken is (in SPSS) een aantal *associatiematen* beschikbaar.

Associatiematen in soorten en maten

Associatiematen verschillen in de wijze van berekening en interpretatie. Welke associatiemaat het meest geschikt is, is afhankelijk van de meetschaal van de variabelen en het onderzoeksprobleem.

Associatiematen voor nominale variabelen geven *alleen* informatie over de sterkte van een verband. Associatiematen voor ordinale variabelen geven informatie over sterkte *én* richting. Je kiest een associatiemaat als volgt:
1. Maak menukeuze **Analyze; Descriptive Statistics; Crosstabs**.
2. Geef rij- en kolomvariabele(n) op.
3. Klik op **Statistics**. Het venster *Crosstabs: Statistics* verschijnt.
4. Kies de gewenste associatiematen (par. 32.3 tot en met 32.5). Kies **Continue**.
5. Bevestig de opdracht met **OK**.

32.3 Associatiematen voor nominale variabelen

Er zijn twee typen nominale associatiematen: maten gebaseerd op *Chi-kwadraat* en maten gebaseerd op *proportionele foutenreductie.*

1 - Associatiematen gebaseerd op Chi-kwadraat

Bij op Chi-kwadraat gebaseerde associatiematen wordt gecorrigeerd voor de invloed van de steekproefomvang en voor het aantal vrijheidsgraden van de kruistabel op de waarde van Chi-kwadraat.

Er worden drie maten onderscheiden: *Pearson's Contingency coëfficiënt C, Phi* en *Cramér's V.* (Bij *2x2 tabellen* zijn alle drie maten aan elkaar gelijk.)

Contingency coefficient

De waarde van *Pearson's Contingency coefficient C* is gelijk aan 0, als er geen verband is tussen beide variabelen. De bovengrens C_{max} is echter niet eenduidig, maar afhankelijk van het aantal rijen en kolommen in de kruistabel: er geldt: 0,707 (bij 2x2 tabel) $\leq C_{max} < 1$. Door C te delen door C_{max} ontstaat er een eenduidig te interpreteren maat, met een schaal tussen 0 en 1. C wordt als volgt berekend (N = aantal waarnemingen; k= het kleinste aantal rijen of kolommen):

$$C = \sqrt{\frac{\chi^2}{\chi^2 + N}}$$

$$C_{max} = \sqrt{\frac{k-1}{k}}$$

Phi

Phi (ϕ) is alleen geschikt voor *2x2 tabellen.* Er geldt: 0 (geen verband) $\leq \phi \leq 1$ (perfect verband). Bij grotere tabellen is de bovengrens niet eenduidig.

$$\phi = \sqrt{\frac{\chi^2}{n}}$$

Cramér's V

Cramér's V is de meest geschikte op Chi-kwadraat gebaseerde associatiemaat. Er geldt altijd: 0 (geen verband) $\leq V \leq 1$ (perfect verband). Cramér's V wordt als volgt berekend (k = het kleinste aantal rijen of kolommen):

$$V = \sqrt{\frac{\chi^2}{N(k-1)}}$$

Uitvoer associatiematen gebaseerd op Chi-kwadraat

De drie op Chi-kwadraat gebaseerde associatiematen zijn berekend voor de variabelen 'geslacht' en 'vervoer'. Er is sprake een matig sterk verband: V = 0,274 (= ϕ).

De significanties (*Approx. Sig*) zijn afkomstig van de Chi-kwadraat toets. De verwijzingen onder de tabel zijn standaard (en hier niet van toepassing). Ze hebben betrekking op de uitvoertabel met associatiematen gebaseerd op foutenreductie.

Symmetric Measures

		Value	Approx. Sig.
Nominal by Nominal	Phi	.274	.049
	Cramer's V	.274	.049
	Contingency Coefficient	.265	.049
N of Valid Cases		80	

a. Not assuming the null hypothesis.
b. Using the asymptotic standard error assuming the null hypothesis.

2 - Associatiematen gebaseerd op proportionele foutenreductie

Een tweede groep van associatiematen voor nominale variabelen zijn maten gebaseerd op *proportionele foutenreductie* (*proportional reduction of error*).

Deze maten geven de proportionele afname van het aantal foute voorspellingen weer, dat we zullen doen als beide verdelingen bekend zijn, ten opzichte van het aantal foute voorspellingen als slechts één van beide verdelingen bekend is.

Ofwel: hoe goed kunnen we de verdeling van de afhankelijke variabele voorspellen als we de verdeling van een onafhankelijke variabele kennen? We moeten eerst vaststellen welke variabele de onafhankelijke is en welke de afhankelijke. Bij verwisseling krijgen we verkeerde uitkomsten; de associatiematen zijn namelijk *asymmetrisch*.

Er worden drie op foutenreductie gebaseerde associatiematen onderscheiden: *Lambda, Goodman & Kruskal's tau* en de *Uncertainty coefficient*.

Lambda

De bekendste associatiemaat gebaseerd op het principe van foutenreductie is *Lambda*. Lambda ligt altijd tussen 0 en 1. Een lambda van 0 wil zeggen dat we niet in staat zijn om de afhankelijke variabele aan de hand van de onafhankelijke te voorspellen. De foutenreductie is 0 en de variabelen zijn onafhankelijk.

Als Lambda gelijk is aan 1, dan is de foutenreductie 100% en is de voorspelling (het verband) perfect. Een Lambda van bijvoorbeeld 0,81 wil zeggen, dat de foute voorspellingen van de afhankelijke variabele met 81% afnemen, als we de onafhankelijke variabele kennen, t.o.v. de situatie waarbij we die niet kennen.

In de uitvoer worden steeds drie versies van Lambda afgedrukt: twee *asymmetrische* versies met respectievelijk de rij- en de kolomvariabele als onafhankelijke, en één *symmetrische* versie, die een soort middeling daarvan is en gebruikt kan worden als niet duidelijk is welke van de twee variabelen de onafhankelijke is. Met de overschrijdingskans (*Approx. Sig.*) behorende bij de t-waarde (*Approx. T*), kun je nagaan of het verband significant is.

De asymptotische standaardfout (*Asymp. Std. Error*) geeft aan hoeveel de associatiemaat van steekproef tot steekproef varieert. Met de standaardfout kan een betrouwbaarheidsinterval worden bepaald: als lambda=0,39 en Std.Error=0,02, is het 95%-betrouwbaarheidsinterval: 0,39±1,96*0,02.

Goodman & Kruskal's tau en Uncertainty coefficient

De associatiematen *Goodman & Kruskal's tau* (niet verwarren met Kendall's tau!) en *Uncertainty coefficient* zijn vergelijkbaar met *Lambda*. Ze hebben een waarde die altijd tussen: 0 (geen voorspelling) en 1 (perfecte voorspelling).

Van beide maten zijn er twee asymmetrische versies (voor elke variabele als onafhankelijke) en een symmetrische versie.

TIP Voor *Goodman* en *Kruskal's tau* zijn geen aparte opties. Ze worden vanzelf berekend als je in het venster *Crosstabs: Statistics* de optie **Lambda** kiest!

32.4 Associatiematen voor ordinale variabelen

Associatiematen voor nominale variabelen kunnen ook voor ordinale variabelen worden gebruikt. Er bestaan echter ook speciale associatiematen voor het verband tussen twee variabelen met ordinale categorieën. Ze geven informatie over de sterkte en de richting van het verband.

Er kan een onderscheid worden gemaakt tussen maten gebaseerd op de verhouding tussen *concordante* en *discordante paren* en maten gebaseerd op *(rang)correlaties*.

Verhouding tussen concordante paren en discordante paren

Hierbij worden alle mogelijke paren waarnemingen (cases) met elkaar vergeleken. We spreken van een *concordant* paar als voor een bepaalde case de waarden van beide variabelen hoger (of lager) zijn dan voor de andere case.

Een paar is *discordant* als voor een bepaalde case de waarde van één variabele hoger is dan voor de andere case, terwijl de waarde van de andere variabele lager is.

Als de waarden van beide cases voor één of voor beide variabelen gelijk zijn, spreken we van een **knoop** (*tie*).

Bij overwegend concordante paren is het verband positief: als de ene variabele toeneemt, neemt de andere ook toe. Bij overwegend discordante paren is het verband negatief: als de ene variabele toeneemt, neemt de andere af.

Associatiematen gebaseerd op concordante en discordante paren

Er zijn 4 associatiematen die gebaseerd zijn op de verhouding tussen het aantal concordante en discordante paren: *Gamma, Kendall's tau-b, Kendall's tau-c* en *Somer's d*.

Gamma is een maat voor de verhouding van het aantal concordante en discordante paren, maar houdt geen rekening met knopen (T_x en T_y). Gamma is daarom minder geschikt voor kruistabellen.

Kendall's tau-b en *tau-c* houden wel rekening met knopen, en zijn het meest geschikt voor kruistabellen. *Tau-b* mag alleen worden gebruikt bij vierkante tabellen (evenveel rijen als kolommen). Bij rechthoekige tabellen wordt *tau-c* gebruikt.

Somer's d is een asymmetrische associatiemaat; er moet sprake zijn van een afhankelijke en een onafhankelijke variabele. Van *Somer's d* worden altijd drie versies berekend, twee asymmetrische (voor elke variabele als onafhankelijke), en een symmetrische, die een soort middeling is van die twee.

Voor *Gamma, Somer's d, Kendall's tau-b* geldt dat ze altijd liggen tussen: -1 (= perfect negatief verband) en + 1 (= perfect positief verband) liggen. *Kendall's tau-c* kan alleen -1 of +1 worden bij vierkante tabellen; bij rechthoekige tabellen worden deze maxima slechts benaderd. Voor alle vier maten geldt dat ze 0 zijn, als er geen statistisch verband is.

$$G = \frac{P - Q}{P + Q} \qquad d_y = \frac{P - Q}{P + Q + T_y}$$

$$\tau_b = \frac{P - Q}{\sqrt{(P + Q + T_x)(P + Q + T_y)}} \qquad \tau_c = \frac{2k(P - Q)}{N^2(k - 1)}$$

P = aantal concordante paren;   Q = aantal discordante paren;
T_x = aantal knopen in X, maar niet in Y; T_y = knopen in Y maar niet in X;
k = kleinste aantal rijen of kolommen;   N = aantal waarnemingen.

LET OP Voor een 2x2 tabel met de celfrequenties a, b, c, d worden de grootheden in de formules als volgt berekend:
P=ad; Q=bc; T_x=ab+cd; T_y=ac+db

a	b
c	d

Associatiematen gebaseerd op (rang)correlaties

Er kunnen twee correlatiecoëfficiënten worden berekend: *Spearman's rangcorrelatiecoëfficiënt* (*rho*) en *Pearson's correlatiecoëfficiënt* (*R*).

Spearman's coëfficiënt geeft de correlatie tussen de rangscores van twee ordinale variabelen weer. Er geldt: -1 (perfect negatief verband) ≤ rho ≤+1 (perfect positief verband). Als de variabelen onafhankelijk zijn, is rho = 0. Spearman's coëfficiënt wordt vooral gebruikt bij ordinale variabelen met een groot aantal verschillende waarden (scores) en is minder geschikt voor kruistabellen.

Pearson's R is de 'echte' correlatiecoëfficiënt, die het verband aangeeft tussen twee interval/ratio variabelen (par. 36.1), en is hier dus niet op z'n plaats.

32.5 Overige associatiematen

Kappa

Cohen's Kappa meet de mate van overeenstemming tussen twee variabelen (respondenten). De beide variabelen hebben altijd dezelfde waarden (schaling), en de kruistabel heeft dus altijd evenveel rijen als kolommen.

Stel, twee proefpersonen bezoeken 50 restaurants en geven beide hun mening over de maaltijden (slecht, redelijk, goed). Indien de meningen exact overeenkomen, zal alleen de diagonaal van de kruistabel gevuld zijn. Kappa is dan +1. Kappa ligt altijd tussen -1 (tegenovergestelde mening) en +1 (exact dezelfde mening). Als kappa 0 is, berust de celverdeling op toeval (geen overeenstemming).

De variabelen hoeven niet ordinaal te zijn. Het kunnen ook nominale categorieën zijn, zoals *zout, zuur, bitter*.

$$K = \frac{p_o - p_e}{1 - p_e}$$

Kappa wordt berekend door de som van de proporties op de diagonaal (p_o = observed) te vergelijken met de som van proporties op de diagonaal, die je bij toeval zou verwachten (p_e = *expected*) (vgl. verwachte celfrequenties Chi-kwadraat; par. 32.1).

Als K groter is dan 0,75 is er sprake van grote mate van overeenstemming. Bij 0,40 ≤ K ≤ 0,75 is er een redelijke tot goede overeenstemming. Waarden van minder dan 0,40 duiden op een zwakke overeenstemming.

Risk

De *relatieve risk ratio* (kortweg: Risk) geeft de kansverhouding op een gebeurtenis (rijvariabele), voor één van de groepen van de een kolomvariabele (*cohort*). Er worden twee risk ratio's berekend; voor elk cohort één.

De *odds ratio* is het quotiënt van de beide de risk ratio's. Beide maten kunnen alleen gebruikt worden bij *2x2 tabellen*.

In ons voorbeeld is een *2x2 tabel* gemaakt voor 'Geslacht' en 'Vervoermiddel' (voor de categorieën: *fiets* en *auto*).

De *relatieve risk ratio* voor de fietsers is: 36,7/63,0 = 0,582. De gebeurtenis 'gebruik van de fiets' is voor de mannen dus 0,582 keer zo 'groot' als voor de vrouwen. De relatieve risk ratio voor de gebeurtenis 'autogebruik' is: 63,3/37,0=1,71. De kans dat een automobilist een man is, is dus 1,71 keer zo groot, dan dat het een vrouw betreft.

De *odds ratio* is de verhouding tussen beide risk ratio's: 0,582/1,710=0,341, en is lastig te interpreteren, omdat het een verhouding van een verhouding is.

GESLACHT * VERVOER Crosstabulation

% within GESLACHT

		VERVOER		Total
		fiets	auto	
GESLACHT	man	36.7%	63.3%	100.0%
	vrouw	63.0%	37.0%	100.0%
Total		49.1%	50.9%	100.0%

Risk Estimate

	Value	95% Confidence Interval	
		Lower	Upper
Odds Ratio for GESLACHT (man / vrouw)	.341	.116	1.001
For cohort VERVOER = fiets	.582	.335	1.012
For cohort VERVOER = auto	1.710	.975	3.000
N of Valid Cases	57		

Eta

Maat voor een onafhankelijke categorale variabele (nominaal) en een afhankelijke interval- of ratiovariabele. De onafhankelijke variabele moet numeriek gecodeerd zijn. *Eta* in het kwadraat = de hoeveelheid verklaarde variantie als gevolg van de groepsindeling (zie variantie-analyse; Hoofdstuk 34).

33 T-TOETSEN OP GEMIDDELDEN

Een t-toets (*Student's T Test*) wordt gebruikt om te onderzoeken of twee gemiddelden van een interval/ratio-variabele aan elkaar gelijk zijn.

De uitkomst van een t-toets is dat er al dan niet een significant verschil is tussen de twee gemiddelden.

33.1 Het gebruik van de t-toets

De t-toets wordt vooral gebruikt om aan de hand van twee steekproeven (twee groepen cases) na te gaan of de gemiddelden van twee populaties aan elkaar gelijk zijn. De groepen cases worden onderscheiden op basis van twee waarden van een groepeervariabele (kan numeriek of alfanumeriek zijn).

Bij toetsing van *meer* dan twee groepen (op gemiddelde) moet een variantieanalyse worden uitgevoerd (zie Hoofdstuk 34).

Vooronderstellingen bij t-toets

De t-toets is gebaseerd op een aselecte steekproef en op de vooronderstelling dat de steekproevenverdeling normaal is verdeeld. Dit is het geval als de variabele in de populatie normaal is verdeeld, of als *beide* steekproeven voldoende groot zijn (beide minstens 30 cases) (zie par. 24.3).

De nulhypothese luidt dat de beide populatiegemiddelden aan elkaar gelijk zijn ($\mu_1 = \mu_2$). Als niet aan deze vooronderstellingen is voldaan, kan een *niet-parametrische toets* worden uitgevoerd; bijvoorbeeld een *Mann-Whitney toets* (par. 39.6).

T-toetsen in SPSS

Er zijn in SPSS drie t-toetsen (in het menu **Analyze; Compare Means**):

- Met de **One-Sample T Test** wordt één steekproefgemiddelde vergeleken met een theoretisch gemiddelde. Deze toets wordt onder andere gebruikt om na te gaan of een steekproef representatief is voor de hele populatie, of om te onderzoeken of een bepaalde drempelwaarde is gehaald (paragraaf 33.2).
- Met de **Independent-Samples T Test** wordt getoetst of de gemiddelden van twee groepen (populaties) aan elkaar gelijk zijn. Tegelijkertijd wordt met een *Levene's test* gekeken of beide varianties gelijk zijn (par. 33.3).
- Met de **Paired-Samples T Test** (gepaarde toets) wordt onderzocht of de gemiddelden bij gepaarde waarnemingen aan elkaar gelijk zijn. Deze toets wordt ook gebruikt om voor dezelfde cases het gemiddelde van een variabele op twee tijdstippen te vergelijken (*before-after design*) (zie par. 33.4).

33.2 T-toets voor één steekproef

Met de t-toets voor één steekproef (*One-Sample T Test*) onderzoek je hoe groot het verschil is tussen het steekproefgemiddelde en het (door jou op te geven) populatiegemiddelde of een theoretisch gemiddelde.

Voorbeeld t-toets voor één steekproef

Stel, de winkeleigenaren in ons voorbeeld willen onderzoeken of het gemiddeld aantal winkelbezoeken van hun klanten overeenkomt met het gewenste aantal van 4 keer per maand. De nulhypothese is dan H_0: $\mu=4$. Met de t-toets vergelijk je nu het steekproefgemiddelde met het theoretische gemiddelde.

One-Sample T Test uitvoeren

Wil je een t-toets voor één steekproef uitvoeren, handel dan zo:
1. Maak menukeuze **Analyze; Compare Means; One-Sample T Test**.
2. Kies de testvariabele om te toetsen; deze verschijnt bij **Test Variable(s)**.
3. Geef bij **Test Value** de gewenste testwaarde op (in ons voorbeeld '4').
4. Bevestig nu de opdracht met **OK**.

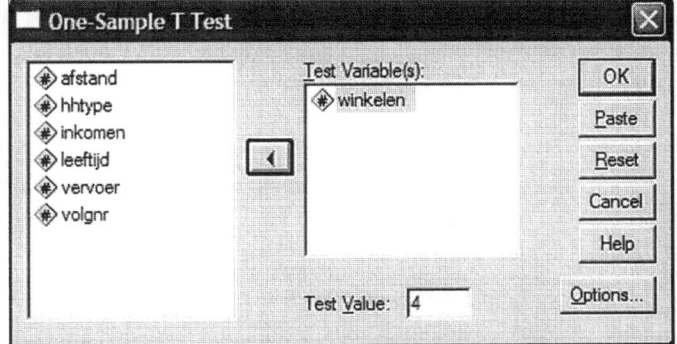

Uitvoer t-toets voor één steekproef

De uitvoer van een t-toets voor één steekproef bestaat uit twee tabellen. De tabel *One-Sample Statistics* bevat een aantal beschrijvende statistische maten voor de testvariabele: aantal cases, rekenkundig gemiddelde, standaarddeviatie en standaardfout van het gemiddelde (*Std. Error Mean*).

De uitkomsten van de t-toets staan in de tabel *One-Sample Test*. Bovenaan staat de testwaarde: *Test Value = 4*. Daaronder vind je onder meer:
- *t* (ofwel de *t-waarde*). In ons voorbeeld 1.989.
- *Mean Difference* (ofwel het verschil tussen het steekproefgemiddelde ($\overline{X}$) en het theoretische gemiddelde (μ). In ons voorbeeld is het verschil ($\overline{X}$) - (μ) = 4,56 - 4 = 0,56 (afgerond).
- *95% Confidence Interval of the Difference* (het betrouwbaarheidsinterval).

One-Sample Statistics

	N	Mean	Std. Deviation	Std. Error Mean
winkelbezoeken per maand	80	4,56	2,530	,283

One-Sample Test

	Test Value = 4					
					95% Confidence Interval of the Difference	
	t	df	Sig. (2-tailed)	Mean Difference	Lower	Upper
winkelbezoeken per maand	1,989	79	,050	,563	-5,330E-04	1,13

Berekening t-waarde

De *t-waarde* wordt berekend door het verschil tussen de gemiddelden (*mean difference*) te delen door de standaardfout van het gemiddelde. (De standaardfout is de standaarddeviatie gedeeld door de wortel uit het aantal cases.)

$$t = \frac{\overline{X} - \mu}{s/\sqrt{N}} = \frac{0,56}{0,283} = 1,989$$

Interpretatie van t-toets

De t-waarde van 1,989 heeft een significantie van 0,050 (bij df = N-1 = 79 vrijheidsgraden). Bij een tweezijdige toets en een betrouwbaarheid van 95% ($\alpha=0,05$) wordt de nulhypothese dat het populatiegemiddelde 4 is, net verworpen. Het gemiddeld aantal winkelbezoeken is dus ongelijk aan 4.

Eenzijdig toetsen & tweezijdig toetsen

De significantie wordt altijd tweezijdig (*2-tailed*) berekend. Soms is het echter handig om een eenzijdige toets uit te voeren. De significantie of p-waarde moet dan door 2 gedeeld worden (hier: 0,025).

In ons voorbeeld zou een eenzijdige toets kunnen worden uitgevoerd. Het gaat de winkeliers immers om een gemiddeld aantal winkelbezoeken van *minimaal 4*. De nulhypothese $\mu=4$ wordt dan verworpen met 95% betrouwbaarheid (p=0,025). Het gemiddeld aantal winkelbezoeken is dus groter dan 4.

Betrouwbaarheidsinterval
In de uitvoer wordt ook het 95%-betrouwbaarheidsinterval van het verschil afgedrukt (*95% Confidence Interval of the Difference*).
Dit interval geeft aan dat de *mean difference* in 95% van de gevallen tussen 5.33E-04 (=-0,000533, of 0,0 afgerond) en 1,13 zal liggen.

Opgeven betrouwbaarheidsinterval & afhandeling missing values
Wil je voor de t-toets een ander *betrouwbaarheidsinterval* opgeven of wil je opgeven hoe de missing values moeten worden behandeld, klik dan op de knop **Options** in het dialoogvenster *One-Sample T Test*.

Confidence Interval	Betrouwbaarheidsinterval: percentage opgeven.
Missing Values	Alle cases die voor de betreffende toets valide zijn worden gebruikt (optie **Exclude cases analysis by analysis;** = standaard)); of alleen de cases die voor *alle* opgegeven toetsen valide zijn worden gebruikt (optie **Exclude cases listwise**).

33.3 T-toets voor twee onafhankelijke steekproeven

Bij een t-toets voor twee onafhankelijke steekproeven wordt getoetst of de gemiddelden voor een interval- of ratiovariabele in *twee groepen cases* aan elkaar gelijk.

De groepen worden onderscheiden op basis van twee waarden van een groepeervariabele (kan numeriek of alfanumeriek zijn).

Bij een kwantitatieve groepeervariabele kies je een *cut point*. Bij een categorale variabele kies je twee van de beschikbare waardencategorieën.

Voorbeeld T-toets voor twee onafhankelijke steekproeven
We willen onderzoeken of de gemiddelde inkomens van mannen en vrouwen significant verschillen. Er was al bekend dat de *steekproefgemiddelden* verschilden (respectievelijk 3747,22 en 2992, 50; zie par 29.1). De vraag is nu of dit verschil ook significant is voor de hele populatie.

Uitvoeren T-toets voor twee onafhankelijke steekproeven
Handel zo:
1. Maak menukeuze **Analyze; Compare Means; Independent-Samples T Test**. Het dialoogvenster *Independent-Samples T Test* verschijnt.
2. Geef de testvariabele op in het vak **Test Variable(s)**. (Dit *moet* een interval- of ratiovariabele zijn.)

3. Geef dan de variabele op waarop de groepen worden onderscheiden in het vak **Grouping Variable**.
4. Klik dan op **Define Groups**. Je krijgt het venster *Define Groups* waar je de beide groepen moet definiëren.
5. Klik op **Continue**.
6. Bevestig de opdracht met **OK**.

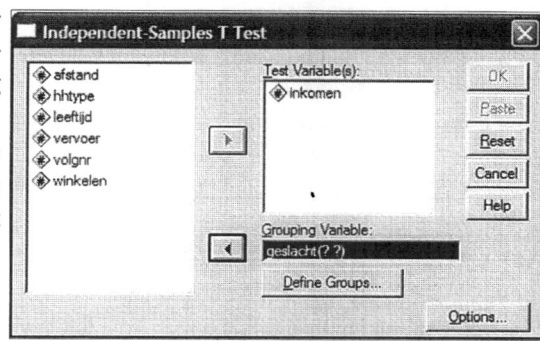

Definiëren groepen
Het definiëren van de groepen doe je in het dialoogvenster *Define Groups*.

Omdat *geslacht* een alfanumerieke variabele is, moeten categoriewaarden (hier: *m* en *v*) worden ingetypt (bij meer categoriewaarden kun je er dus maar twee vergelijken).

Bij numerieke categorale variabelen worden uiteraard cijfers ingevoerd (je krijgt een venster voor invoer van **specified values**).

Bij kwantitatieve variabelen moet je groepen maken op basis van een **Cut point** (snijpunt). Alle waarden kleiner dan het *Cut point* vormen één groep; alle waarden die groter dan of gelijk zijn vormen de andere groep.

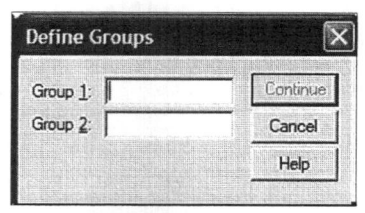

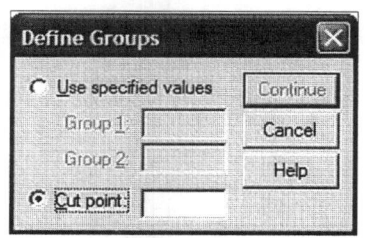

Uitvoer t-toets voor twee onafhankelijke steekproeven
De uitvoer van de t-toets bestaat uit twee tabellen. De tabel *Group Statistics* bevat beschrijvende statistische maten voor beide groepen: het rekenkundig gemiddelde, de standaarddeviatie, de standaardfout (= standaarddeviatie gedeeld door de wortel uit het aantal cases), en het aantal valide cases (N; minimaal 30; par. 24.3).

In ons voorbeeld is het verschil tussen het gemiddelde inkomen van mannen en vrouwen in de steekproef 3747,22 - 2992,50 = 754,72 (*Mean Difference*).

In de tabel *Independent Samples Test* staan de eigenlijke uitkomsten van de toets. Vooraan in de tabel staat de *Levene's Test for Equality of Variances*. Met deze toets kunnen we nagaan of de varianties in de beide populaties aan elkaar gelijk zijn.

Als dit het geval is, moet de t-toets voor *Equal variances assumed* gebruikt worden. Indien de varianties niet aan elkaar gelijk zijn, gebruiken we de t-toets voor *Equal variances not assumed*.

Group Statistics

	geslacht	N	Mean	Std. Deviation	Std. Error Mean
maandinkomen	man	36	3747,22	1434,769	239,128
	vrouw	40	2992,50	1208,175	191,029

Independent Samples Test

	Levene's Test for Equality of Variances		t-test for Equality of Means						
								95% Confidence Interval of the Difference	
	F	Sig.	t	df	Sig. (2-tailed)	Mean Difference	Std. Error Difference	Lower	Upper
Equal variances assumed	2,989	,088	2,488	74	,015	754,722	303,296	150,392	1359,053
Equal variances not assumed			2,466	68,786	,016	754,722	306,063	144,110	1365,335

T-toets voor gelijke varianties of ongelijke varianties

Student's t wordt berekend door het verschil van beide steekproefgemiddelden (*Mean Difference*) te delen door de standaardfout van dat verschil (*Std. Error of Difference*).

Als verondersteld kan worden dat de varianties in de beide populaties aan elkaar gelijk zijn, wordt de standaardfout (en dus de t-waarde) berekend op basis van het gewogen gemiddelde van beide steekproefvarianties; de zogenoemde *pooled variance*. Daarbij wordt rekening gehouden met de omvang van beide steekproeven.

De pooled variance (S_p) en t-waarde (*Equal variances assumed*) worden als volgt berekend[1]:

$$S_p^2 = \frac{(N_1-1)s_1^2 + (N_2-1)s_2^2}{N_1 + N_2 - 2} \qquad t = \frac{\bar{X}_1 - \bar{X}_2}{\sqrt{S_p^2/N_1 + S_p^2/N_2}} = \frac{754,72}{303,30} = 2,488$$

---

[1] $\bar{X}_1, \bar{X}_2$ = gemiddelde steekproef 1, 2
s_1, s_2 = standaarddeviatie steekproef 1, 2
N_1, N_2 = aantal cases steekproef 1, 2

Als de varianties in beide populaties *niet* aan elkaar gelijk zijn, is het niet mogelijk om de gewogen gemiddelde variantie te bepalen. Dan wordt de t-waarde berekend op basis van de beide afzonderlijke steekproefvarianties.

De t-waarde (*Equal variances not assumed*) wordt dan als volgt berekend[1]:

$$t = \frac{\bar{X}_1 - \bar{X}_2}{\sqrt{s_1^2/N_1 + s_2^2/N_2}} = \frac{754{,}72}{306{,}06} = 2{,}466$$

Doorgaans heeft de t-toets voor *Equal variances assumed* meer 'power': het betrouwbaarheidsinterval is wat kleiner en de nulhypothese wordt sneller verworpen.

De t-toets voor *Equal variances not assumed* is 'veiliger': H_0 wordt minder snel verworpen. Hoe groter de steekproef, des te kleiner het verschil tussen de toetsen.

Levene's toets

Met de *Levene's test for Equality of variances* kun je onderzoeken welke t-toets moet worden gebruikt. De nulhypothese van de Levene's toets luidt: de varianties in beide populaties zijn aan elkaar gelijk ($\sigma_1^2=\sigma_2^2$). Als H_0 *niet* wordt verworpen, wordt *Equal variances assumed* gebruikt; anders *Equal variances not assumed*.

De *F-waarde* van de Levene's test is 2,989 en de significantie is 0,088. De significantie is dus groter dan $\alpha=0{,}05$. Ofwel: de varianties verschillen niet significant. We gebruiken dus de t-toets voor gelijke varianties: *Equal variances assumed*.

Interpretatie t-toets

De waarde van de t-toets voor *Equal variances assumed* is 2,488. De tweezijdige overschrijdingskans *(Sig. 2-tailed)* bedraagt 0,015; bij 74 vrijheidsgraden (N_1+N_2-2).

Dit betekent dat de nulhypothese ($\mu_1=\mu_2$) met een zekerheid van 95% ($\alpha=0{,}05$) wordt verworpen. De gemiddelde inkomens van mannen en vrouwen verschillen dus significant van elkaar.

Betrouwbaarheidsinterval

Uit het betrouwbaarheidsinterval (*95% Confidence Interval of Mean*) blijkt dat het *verschil* in gemiddeld inkomen van mannen en vrouwen in 95% van de gevallen tussen en 150,39 en 1359,05 ligt (de grote spreiding komt door het kleine aantal cases).

Merk op dat het betrouwbaarheidsinterval bij de *Equal variances not assumed* toets een fractie groter is. Dit komt doordat deze toets iets veiliger ('conservatiever') is.

Opgeven betrouwbaarheidsinterval & missing values

Met de knop **Options** in het venster *Independent-Samples T Test* kan de uitvoer van de t-toets worden gewijzigd. Je kunt zelf een betrouwbaarheidsinterval opgeven.

33.4 T-toets voor gepaarde steekproeven

Een gepaarde t-toets wordt gebruikt om de gemiddelden van twee gepaarde steekproeven te vergelijken. Dit is het geval wanneer beide groepen niet onafhankelijk van elkaar zijn, bijvoorbeeld (echt)paren.

Gepaarde toetsen kunnen ook gebruikt worden om het gemiddelde van een variabele op twee tijdstippen te vergelijken (*before-after design*). Voorwaarde is wel, dat op beide tijdstippen dezelfde cases worden vergeleken (anders moet de t-toets voor onafhankelijke steekproeven gebruikt worden!).

Uitvoeren T-toets voor gepaarde steekproeven
Wil je een t-toets voor gepaarde steekproeven uitvoeren, handel dan zo:
1. Maak **Analyze; Compare Means; Paired-Samples T Test**.
2. Klik op de eerste variabele en dan op de tweede. De variabelen komen in het vak **Current Selections** achter **Variable 1** en **Variable 2**.
3. Klik op de pijlknop. Nu komen de beide variabelen achter elkaar in het vak **Paired Variables**.
4. Klik op **OK**.

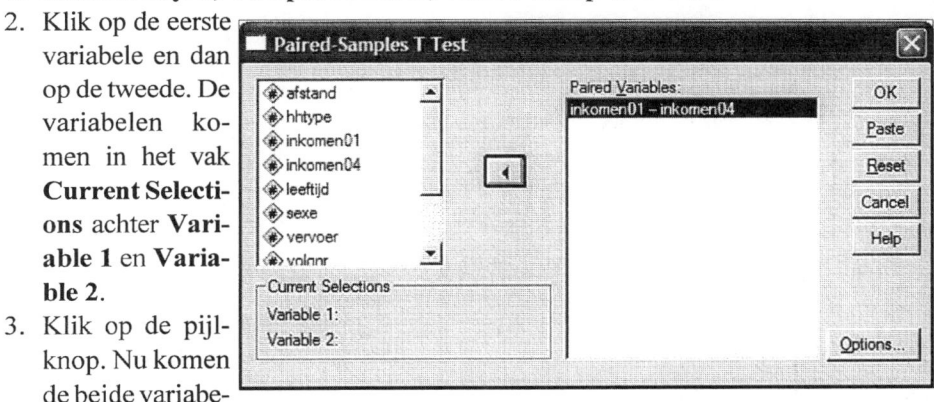

Gepaarde t-toets
Bij een gepaarde t-toets worden de waarden van beide variabelen voor iedere case van elkaar afgetrokken. Zo ontstaat een nieuwe variabele van verschillen (*Paired Differences*). Voor deze nieuwe variabele wordt het rekenkundig gemiddelde, de standaarddeviatie en de standaardfout berekend.

De t-waarde
De t-waarde wordt berekend door het gemiddelde te delen door de standaardfout (= standaarddeviatie gedeeld door de wortel uit het aantal cases). Als tussen beide tijdstippen niets is veranderd, bedraagt het gemiddelde van de verschillen (ongeveer) 0.

Bij een gewijzigde situatie is het gemiddelde ongelijk aan 0. We toetsen dus de nulhypothese dat het gemiddelde van de verschillen gelijk is aan 0 ($\mu_D=0$).

Uitvoer gepaarde t-toets

De uitvoer van een gepaarde t-toets bestaat uit drie tabellen. De tabel *Paired Samples Statistics* geeft enkele beschrijvende statistische maten voor de beide variabelen. De correlatie-coëfficiënt wordt weergegeven in de tabel *Paired Samples Correlations* en bedraagt 0,915 met een betrouwbaarheid van 99,9% (*Sig.* = .000).

De uitkomsten van de t-toets staan in de tabel *Paired Samples Test*. Het gemiddelde verschil tussen beide variabelen is -3284,21 (*Mean*) en de t-waarde bedraagt -4,970. Aan de hand van de overschrijdingskans wordt de nulhypothese met een betrouwbaarheid van 99,9% (*Sig. 2 tailed* = .000) verworpen.

Het gemiddelde inkomen in 2004 verschilt dus significant van dat in 2001. Het 95%-betrouwbaarheidsinterval geeft de waarden aan, waartussen het gemiddelde van de verschillen zal liggen. Merk op dat de waarde 0 (geen verschil) niet in het interval ligt. Dit komt overeen met het resultaat van de t-toets: $H_0: \mu_D \neq 0$.

Paired Samples Statistics

		Mean	N	Std. Deviation	Std. Error Mean
Pair 1	Inkomen 2001	3021,58	76	1413,50	162,12
	Inkomen 2004	3350,00	76	1365,14	156,59

Paired Samples Correlations

		N	Correlation	Sig.
Pair 1	Inkomen 2001 & Inkomen 2004	76	,915	,000

Paired Samples Test

		Paired Differences							
					95% Confidence Interval of the Difference				
		Mean	Std. Deviation	Std. Error Mean	Lower	Upper	t	df	Sig. (2-tailed)
Pair 1	Inkomen 2001 - Inkomen 2004	-3284,21	5761,78	661,02	-4601,23	-1967,85	-4,970	75	,000

Wijzigen standaard uitvoer

Met de knop **Options** uit het dialoogvenster *Paired-Samples T Test* kan de standaard uitvoer van de gepaarde t-toets worden gewijzigd. Er kan uit dezelfde opties worden gekozen als bij de t-toets voor één steekproef.

34 VARIANTIE-ANALYSE

Met behulp van variantie-analyse kan getoetst worden of de gemiddelden van een interval- of ratiovariabele in verschillende groepen aan elkaar gelijk zijn.

De groepen worden onderscheiden op basis van een of meer *factoren* (onafhankelijke nominale of ordinale variabele(n), die ook wel *factorvariabelen* heten).

LET OP Met variantie-analyse toets je dus of gemiddelden van groepen significant verschillen.

34.1 De basisprincipes van variantie-analyse

Bij variantie-analyse is de nulhypothese altijd dat de populatiegemiddelden van alle (k) groepen aan elkaar gelijk zijn: $\mu_1=\mu_2=\mu_3 = \ldots =\mu_k$.

Variantie-analyse is gebaseerd op de *variatie* in de steekproefgegevens. Onder variatie wordt de gekwadrateerde afwijking van alle waarnemingen ten opzichte van het gemiddelde verstaan (*Sum of Squares*). Door de variatie te delen door het aantal vrijheidsgraden wordt de variantie verkregen.

Binnenvariantie & tussenvariantie

Bij variantie-analyse wordt de totale variantie gesplitst in twee componenten: de *binnenvariantie* en de *tussenvariantie*.

De **binnenvariantie** is de spreiding binnen de groepen. De binnenvariantie wordt berekend door voor elke groep de variantie ten opzichte van het groepsgemiddelde te berekenen.

De **tussenvariantie** is de variantie tussen de groepen, die het gevolg is van de groepsindeling. De tussenvariantie is de spreiding van de groepsgemiddelden opzichte van het totale gemiddelde.

F-toets

Toetsing gebeurt door middel van een *F-toets*. De F-waarde wordt berekend door de tussenvariantie te delen door de binnenvariantie.

Een F-waarde van 1 geeft aan dat de gemiddelden van alle groepen aan elkaar gelijk zijn. De nulhypothese H_0 wordt dan *niet* verworpen. De F-waarde wijkt echter al snel van 1 af. De vraag is wanneer de F-waarde groot genoeg is om de H_0 te verwerpen (dit gebeurt aan de hand van de bijbehorende waarde van *Sig.*).

Bij overwegend tussenvariantie wordt het merendeel van de spreiding veroorzaakt door de verschillen tussen de groepen. De F-waarde is dan (duidelijk) groter dan 1 en de nulhypothese zal worden verworpen.

Vooronderstellingen bij variantie-analyse
Variantie-analyse is gebaseerd op de volgende vooronderstellingen:

> 1. De steekproeven zijn onafhankelijk en aselect.
> 2. Elke groep is afkomstig uit een normaal verdeelde populatie. Variantie-analyse is niet erg gevoelig voor afwijkingen van normaliteit. Wel dienen de data *symmetrisch* verdeeld te zijn.
> 3. De varianties van de groepen zijn in de populatie aan elkaar gelijk (*Homo-geneity-of-Variance*). Deze vooronderstelling kan gecontroleerd worden met behulp van de *Levene's toets* (par. 34.4). Als alle groepen even groot zijn hoeft aan deze vooronderstelling niet strikt te zijn voldaan.

LET OP Indien *niet* aan de vooronderstellingen is voldaan, kan als alternatief een *Kruskal-Wallis toets* worden uitgevoerd. Dit is een niet-parametrische variantie-analyse voor ordinale variabelen (par. 39.7).

Variantie-analyse met SPSS
SPSS kent twee opdrachten voor variantie-analyse.
a. Met de opdracht **Analyze; Compare Means; One-Way ANOVA** (*ANalysis Of VAriance*) wordt een variantie-analyse op basis van één onafhankelijke variabele (de *factor* ofwel 'factorvariabele') uitgevoerd (paragraaf 34.2).
b. Met **Analyze; General Linear Model; Univariate** kan een groepsindeling op basis van meerdere variabelen (factoren) worden gemaakt (paragraaf 34.5). (Meestal is **One-Way ANOVA** toereikend.)

34.2 Variantie-analyse met één factor (onafhankelijke variabele)

Je kunt een variantie-analyse met één onafhankelijke variabele (*factor*) uitvoeren. Als onafhankelijke variabele moet daarbij altijd een numerieke variabele worden gebruikt.

Voorbeeld
Als voorbeeld gaan we onderzoeken of de gemiddelde leeftijden van gebruikers van de vervoermiddelen (*fiets*, *auto* en *openbaar vervoer*) uit ons onderzoeksbestand aan elkaar gelijk zijn.
De onafhankelijke variabele (factorvariabele) is bij deze variantie-analyse dan 'vervoer'; de afhankelijke variabele is 'leeftijd'.

Uitvoeren variantie-analyse met één onafhankelijke variabele

Een variantie-analyse met één onafhankelijke variabele voer je zo uit in SPSS:

1. Maak menukeuze **Analyze; Compare Means; One-Way ANOVA**. Het dialoogvenster *One-Way ANOVA* verschijnt.
2. Geef nu de afhankelijke variabele op (deze komt in het vak **Dependent List**) en geef de onafhankelijke variabele op (deze komt in het vak **Factor**).
3. Bevestig de opdracht met **OK**.

TIP Als je groepen wilt onderscheiden op basis van een *alfanumerieke* variabele, moet je die eerst hercoderen met **Transform; Automatic Recode**.

TIP Indien niet alle categorieën van de *factorvariabele* aparte groepen moeten worden, kun je met **Data; Select Cases** eerst de categorieën (waarden) selecteren.

De uitvoer van One-Way ANOVA

In de tabel *ANOVA* staan de variatie (*Sum of Squares*), het aantal vrijheidsgraden (*df*), de variantie (*Mean Square*) en de toetsingsgrootheid F met significantie.

De variantie is de variatie gedeeld door het aantal vrijheidsgraden. Het aantal vrijheidsgraden van de tussenvariantie (*Between Groups*) is gelijk aan het aantal groepen min 1 (3-1=2).

Het aantal vrijheidsgraden van de binnenvariantie (*Within Groups*) is gelijk aan het aantal cases (*N*) min het aantal groepen: 80-3=77. De totale variantie (*Total*) heeft N-1 (80-1=79) vrijheidsgraden. Dit komt overeen met de som van de vrijheidsgraden van de binnen- en tussenvariantie.

ANOVA

leeftijd

	Sum of Squares	df	Mean Square	F	Sig.
Between Groups	1189,667	2	594,833	3,261	,044
Within Groups	14043,883	77	182,388		
Total	15233,550	79			

De berekening van de F-waarde

De toetsingsgrootheid F wordt berekend door de tussenvariantie te delen door de binnenvariantie. Indien de F-waarde (duidelijk) groter is dan 1, is de tussenvariantie significant groter dan de binnenvariantie. Het merendeel van de totale variantie komt dan voor rekening van verschillen *tussen* de groepen (tussenvariantie). De nulhypothese van gelijke groepsgemiddelden wordt dan verworpen.

Als de F-waarde (ongeveer) gelijk is aan 1 zijn binnen- en tussenvariantie aan elkaar gelijk. De groepen verschillen dan niet van elkaar, maar zijn afkomstig uit dezelfde populatie. H_0 wordt dan niet verworpen.

$$F = \frac{Tussenvariantie}{Binnenvariantie} = \frac{594{,}833}{182{,}388} = 3{,}261$$

Interpretatie One-Way ANOVA

Aan de hand van de overschrijdingskans (*Sig.*) wordt de nulhypothese - dat de populatiegemiddelden van alle groepen aan elkaar gelijk zijn - verworpen met een betrouwbaarheid van 95% (*Sig.* < *0,05*).

De gemiddelde leeftijden van fietsers, automobilisten en openbaar vervoer-reizigers verschillen dus significant van elkaar.

LET OP Verwerpen van de nulhypothese wil zeggen dat niet *alle* populatie-gemiddelden aan elkaar gelijk zijn! We weten echter niet of er slechts één gemiddelde afwijkt, of dat ze allemaal van elkaar verschillen (zie par. 34.3!).

Standaard uitvoer uitbreiden

De standaard uitvoer van de variantie-analyse kan worden uitgebreid door in het dialoogvenster *One-Way ANOVA* een van de volgende opties te kiezen:

Post Hoc	Toetsen om na te gaan *welke* groepsgemiddelden van elkaar verschillen (zie par. 34.3)
Options	Beschrijvende statistische maten; controle op homogeniteit van varianties (*Levene's test*), en opties voor de behandeling van missing values (zie par. 34.4).
Contrasts	Contrastgroepen: aanpassen H_0: bijv. $0{,}5\mu_1 + 0{,}5\mu_2 - 1\mu_3$ [het totaal moet 0 zijn] (valt buiten bestek van dit boek).

TIP De **Post Hoc** tests zijn doorgaans onmisbaar voor een goede interpretatie van de variantie-analyse.

34.3 Vergelijken van groepen met Post Hoc

Een significante *F-waarde* bij One-Way ANOVA wil alleen zeggen dat niet *alle* populatiegemiddelden aan elkaar gelijk zijn. We weten evenwel niet *welke* groepsgemiddelden van elkaar verschillen. We zouden dit kunnen onderzoeken door voor elke combinatie van groepen een t-toets uit te voeren.

Wanneer een groot aantal t-toetsen wordt uitgevoerd op dezelfde gegevens, neemt de kans op een fout van de eerste soort (α) echter toe. Bij een α van 0,05 wordt de nulhypothese in 5% van de gevallen *ten onrechte* verworpen!

Bij grote aantallen t-toetsen neemt dit risico exponentieel toe. Hierdoor wordt de kans steeds groter dat je significante verschillen vindt die er eigenlijk niet zijn.

Multiple Comparisons toetsen bij One-Way ANOVA
SPSS biedt een aantal statistische toetsen waarmee alle groepen paarsgewijs met elkaar vergeleken worden, terwijl voor de verhoogde kans op verkeerde uitkomsten wordt gecorrigeerd. Dit gebeurt door de gevonden significanties te corrigeren voor het aantal vergelijkingen (toetsen) dat tegelijk wordt uitgevoerd.

Handel als volgt:
1. Maak menukeuze **Analyze; Compare Means; One-Way ANOVA** en geef de afhankelijke en onafhankelijke variabelen op.
2. Klik op **Post Hoc**. Het dialoogvenster *One Way ANOVA: Post Hoc Multiple Comparisons* verschijnt met de *multiple comparisons* toetsen.
3. Maak je keuze en klik op **Continue**.
4. Bevestig de opdracht met **OK**.

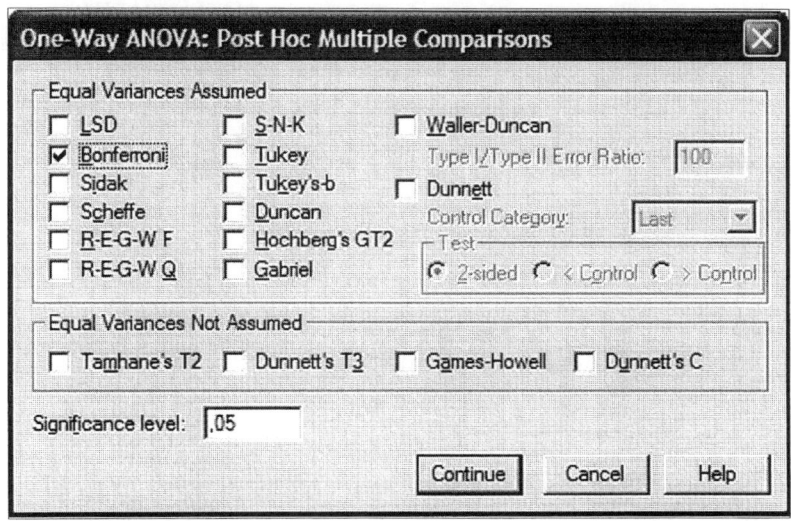

LSD & Scheffé

De *Least-significant difference* (*LSD*) toets is de 'gewone' t-toets; zonder correcties. De H_0 ($\mu_1=\mu_2$) zal relatief snel worden verworpen.

Omgekeerd is de *Scheffé test* het 'conservatiefst'. Met deze toets wordt H_0 het minst snel verworpen.

Bonferroni toets

Een van de aardigste multiple comparisons toetsen is de *Bonferroni test*. Bij deze toets wordt het significantieniveau gedeeld door het aantal gemaakte vergelijkingen (uitgevoerde toetsen). Standaard wordt een significatieniveau van 0,05 gebruikt, maar dit kan onderin het venster (bij **Significance level**) worden gewijzigd.

Voorbeeld Multiple Comparisons

In ons voorbeeld met drie groepen geldt dus dat voor een significantie van 0,05 een overschrijdingskans van maximaal 0,05/3 = 0,0167 is toegestaan. De groepen die significant van elkaar verschillen worden aangeduid met een asterisk (*). Het blijkt dat alleen de gemiddelde leeftijden van fietsers en automobilisten significant van elkaar verschillen (*Sig.* ≤ *0,05*).

Multiple Comparisons

Dependent Variable: leeftijd
Bonferroni

(I) vervoermiddel	(J) vervoermiddel	Mean Difference (I-J)	Std. Error	Sig.	95% Confidence Interval	
					Lower Bound	Upper Bound
fiets	auto	-9,138*	3,578	,038	-17,90	-,38
	openbaar vervoer	-4,739	3,800	,649	-14,04	4,56
auto	fiets	9,138*	3,578	,038	,38	17,90
	openbaar vervoer	4,399	3,771	,741	-4,83	13,63
openbaar vervoer	fiets	4,739	3,800	,649	-4,56	14,04
	auto	-4,399	3,771	,741	-13,63	4,83

*. The mean difference is significant at the .05 level.

LET OP De andere multiple comparisons toetsen geven dezelfde uitkomsten, alleen de significanties en de betrouwbaarheidsintervallen verschillen. Voor de groep fiets/auto varieert de significantie van 0,033 (*Tukey*) tot 0,044 (*Scheffé*).

34.4 Toets op homogeniteit van varianties

Een van de vooronderstellingen bij variantie-analyse is dat de varianties van de groepen in de populatie aan elkaar gelijk zijn. We kunnen deze vooronderstelling controleren met de *Levene's toets*.

Opdracht voor Levene's toets
1. Maak menukeuze **Analyze; Compare Means; One-Way ANOVA** en geef de afhankelijke en de onafhankelijke variabele op.
2. Klik op **Options**. Kies **Homogeneity of variance test** en klik op **Continue**.
3. Bevestig de opdracht met **OK**.

Test of Homogeneity of Variances

leeftijd

Levene Statistic	df1	df2	Sig.
2,678	2	77	,075

Uitvoer van de Levene's toets
De toetsingsgrootheid van de *Levene's toets* bedraagt 2,678 met een significantie van 0,075. De nulhypothese van gelijke varianties ($\sigma_1^2 = \sigma_2^2 = \sigma_3^2$) wordt dus met een betrouwbaarheid van 95% niet verworpen (*Sig.>0, 05*).

Overige opties in het venster One-Way ANOVA: Options
Het dialoogvenster *One-Way ANOVA: Options* bevat nog de volgende opties voor statistische maten en voor de behandeling van *missing values*:

Descriptives	Beschrijvende statistische maten per groep: aantal cases, gemiddelde met 95%-betrouwbaarheidsinterval, standaarddeviatie, maximum en minimum.
Mean plot	Grafiek van gemiddelden per groep.
Missing Values	Per analyse worden de cases gebruikt, die voor die analyse valide zijn (=standaardoptie: **Exclude cases analysis by analysis**); of: alleen de cases die voor *alle* opgegeven analyses valide zijn worden gebruikt (optie **Exclude cases listwise**).

34.5 Variantie-analyse met meerdere factoren

Je kunt een variantie-analyse uitvoeren waarbij de groepen worden onderscheiden op basis van *meerdere factoren* (onafhankelijke variabelen).

Er kunnen maximaal 10 factoren worden opgegeven. Gekeken wordt dan naar de individuele effecten van de factoren, en naar interactie-effecten (ofwel de gecombineerde effecten).

WAARSCHUWING Denk er aan dat *elke nieuwe factor* de onderscheiden groepen opnieuw in subgroepen indeelt. Hierdoor wordt de celvulling (het aantal waarnemingen per subgroep) steeds kleiner. Bij een te geringe celvulling kan geen zinvolle variantie-analyse meer worden uitgevoerd.

Uitvoeren variantie-analyse met meerdere onafhankelijke variabelen
Een variantie-analyse met meerdere variabelen voer je zo uit:
1. Maak menukeuze **Analyze; General Linear Model; Univariate**. Het dialoogvenster *Univariate* verschijnt.
2. Geef de afhankelijke (*Dependent*) variabele op. Er kan maar één afhankelijke variabele worden opgegeven, en dus maar één variantie-analyse tegelijk worden uitgevoerd. De te onderscheiden groepen (onafhankelijke variabelen) worden in het vak **Fixed Factor(s)** opgegeven.
3. Bevestig met **OK**.

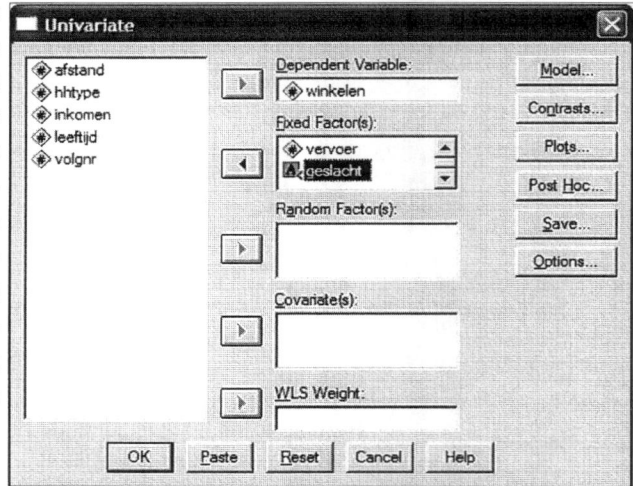

Factoren & subgroepen
We willen in dit voorbeeld toetsen of het gemiddeld aantal winkelbezoeken van de gebruikers van de verschillende vervoermiddelen (*fiets, auto* en *openbaar vervoer*), uitgesplitst naar geslacht, aan elkaar gelijk is.

Er worden in dit geval dus 6 (3 x 2) subgroepen onderscheiden op basis van twee *Fixed Factor(s)*.

Groepsindeling op basis van meerdere factoren: hypothesen

Bij een variantie-analyse op basis van twee (of meer) factoren worden altijd meerdere nulhypothesen getoetst.

Net als bij enkelvoudige variantie-analyse wordt voor elke individuele factor getoetst of de groepsgemiddelden aan elkaar gelijk zijn (*Main effects*). Daarnaast wordt het gecombineerde effect van de factoren getoetst, door te kijken of de gemiddelden van de subgroepen gelijk zijn (*Interactive effect*). Hiermee wordt altijd begonnen.

Als er een significant interactie-effect is, hoeft niet meer per se getoetst te worden op de beide hoofdeffecten. De verschillen tussen de groepen worden dan immers verklaard door de gecombineerde groepsindeling. Als het interactie-effect *niet* significant is, is toetsing op de afzonderlijke factoren uiteraard wel zinvol.

Tests of Between-Subjects Effects

Dependent Variable: winkelbezoeken per maand

Source	Type III Sum of Squares	df	Mean Square	F	Sig.
Corrected Model	228,137a	5	45,627	12,165	,000
Intercept	1440,619	1	1440,619	384,095	,000
vervoer	179,661	2	89,830	23,950	,000
geslacht	5,813	1	5,813	1,550	,217
vervoer * geslacht	15,189	2	7,594	2,025	,139
Error	277,551	74	3,751		
Total	2171,000	80			
Corrected Total	505,688	79			

a. R Squared = ,451 (Adjusted R Squared = ,414)

Uitvoer meervoudige variantie-analyse

De uitvoer van een meervoudige variantie-analyse komt globaal overeen met die van een enkelvoudige variantie-analyse. Het belangrijkste verschil is dat de *tussenvariantie* (= *Corrected Model*) is uitgesplitst in de variantie die verklaard wordt door elke individuele factor en de variantie die het gevolg is van de interactie tussen de factoren.

De *binnenvariantie* of onverklaarde variantie wordt aangeduid met de term *Error*.

De varianties (*Mean Squares*) worden verkregen door de *kwadraatsommen* (*Type III Sum of Squares*) te delen door het aantal vrijheidsgraden (*df*).

Voor de kwadraatsommen geldt: *Corrected Total* = *Corrected Model* (= hoofd + inter-actie effecten) + *Error*.

Door het *intercept effect* op te tellen bij het gecorrigeerde totaal, wordt de totale kwadraatsom (= *Total*) verkregen.

Voor het aantal vrijheidsgraden (*df*) geldt dezelfde optelsom: het totaal aantal vrijheidsgraden is 80 (5 voor alle effecten, 1 voor de intercept en 64 voor de *Error*).

De F-waarden worden verkregen door de tussenvarianties (*Mean Squares*) van elke component te delen door de binnenvariantie (*Error*).

LET OP In de uitvoer van het voorbeeld komt de kwadraatsom van het *Corrected Model* niet overeen met de sommaties van de drie effecten. Dit komt mogelijk doordat 'geslacht' niet significant is, waardoor er teveel 'ruis' optreedt.

Interpretatie interactie effect factoren

Uit de uitvoer blijkt dat het interactie-effect (**vervoer *geslacht**) niet significant is ($Sig.=0,108$). Dit betekent dat de verschillen tussen de groepen niet verklaard kunnen worden uit een gecombineerd effect van beide factoren (groepsvariabelen).

Het gemiddeld aantal winkelbezoeken naar type vervoermiddel is dus voor beide geslachten hetzelfde, en omgekeerd! De (geringe) variantie die door de interactie van 'vervoer' en 'geslacht' wordt veroorzaakt berust blijkbaar op toeval.

Uit de individuele effecten van de factoren (*Main Effects*) blijkt dat **vervoer** significant is ($Sig.=0,000$) en **geslacht** niet ($Sig.=0,249$). We kunnen dus concluderen dat het gemiddeld aantal winkelbezoeken alleen verschilt per type vervoermiddel.

34.6 Groepsgemiddelden berekenen & plotten

Bij het maken van meervoudige variantie-analyses in SPSS heb je een groot aantal opties om de uitkomsten te controleren en zo de interpretatie te vereenvoudigen.

We beperken ons hier tot het *berekenen* van de *groepsgemiddelden* en het *weergegeven* hiervan in een grafiek. Bij wijze van voorbeeld gaan we de effecten op het winkelbezoek van de factoren 'vervoer' en 'geslacht' in beeld brengen.

Berekenen groepsgemiddelden & Plotten groepsgemiddelden

Het berekenen en plotten van groepsgemiddelden doe je als volgt:
1. Maak menukeuze **Analyze; General Linear Model; Univariate** en geef 'winkelen' als afhankelijke variabele en 'vervoer' en 'geslacht' als factoren op.
2. Klik op **Options**. Zet de factor *vervoer* geslacht* in het vak **Display Means for**. Klik op **Continue**
3. Klik op **Plots** en kies bij **Horizontal Axis**: voor 'geslacht' en dan voor **Seperate Lines**: 'vervoer'.
4. Klik nu op **Add**. Sluit af met **Continue**.
5. Bevestig met **OK**.

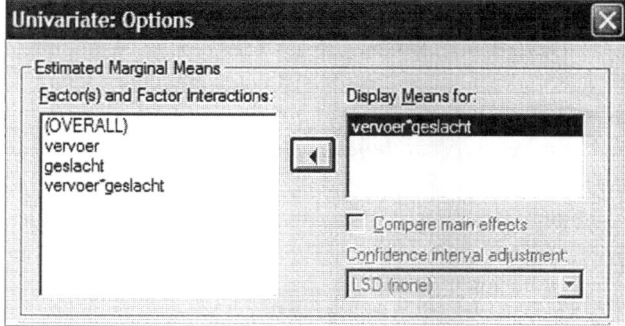

Uitvoer berekenen groepsgemiddelden

Uit de uitvoer van ons voorbeeld blijkt dat de verschillen tussen de gemiddelden gering zijn. Bij de fietsers en de reizigers per openbaarvervoer is het gemiddelde van de mannen hoger dan dat van de vrouwen. Bij de automobilisten ligt het gemiddelde van de vrouwen weliswaar iets hoger, maar dit verschil is blijkbaar te gering voor een significant effect.

Uit de grafiek blijkt bovendien dat er *geen* sprake is van een gecombineerd effect. Voor beide geslachten geldt dezelfde volgorde van gemiddeld vervoermiddelgebruik: 1. fiets; 2. openbaar vervoer; 3. auto.

Vervoermiddel * Geslacht

Dependent Variable: Winkelbezoeken per maand

Vervoermiddel	Geslacht	Mean	Std. Error	95% Confidence Interval	
				Lower Bound	Upper Bound
fiets	man	5,636	,584	4,473	6,800
	vrouw	7,353	,470	6,417	8,289
auto	man	3,105	,444	2,220	3,991
	vrouw	2,700	,612	1,480	3,920
openbaar vervoer	man	3,750	,685	2,386	5,114
	vrouw	4,133	,500	3,137	5,130

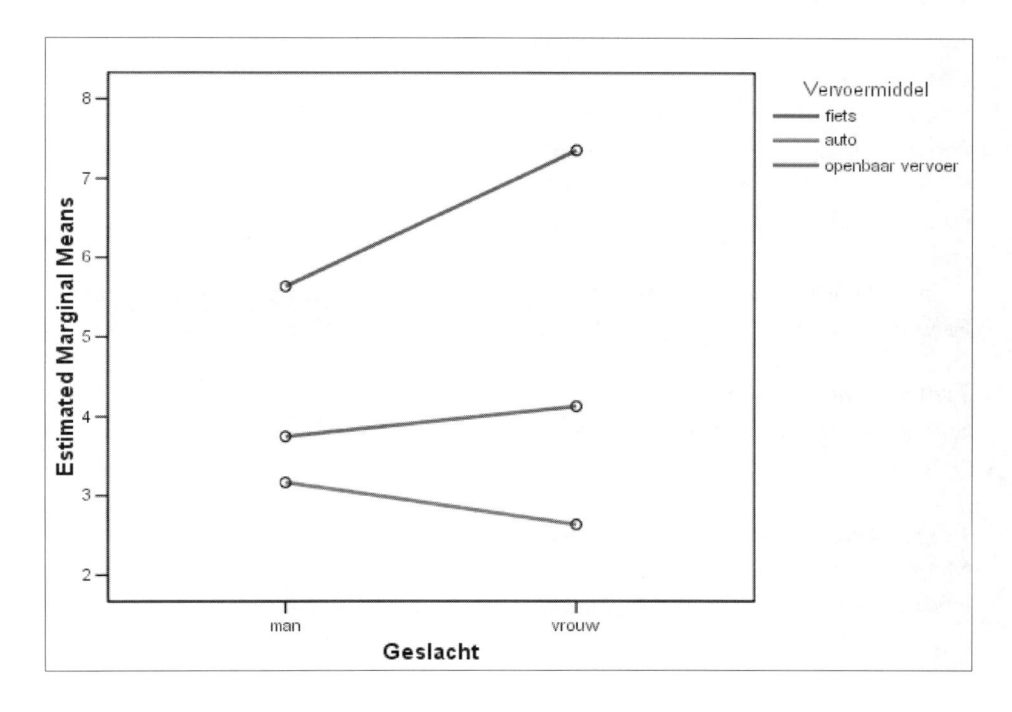

34.7 Wijzigen standaard uitvoer van meervoudige variantie-analyse

De uitvoer van een meervoudige variantie-analyse kun je op vele wijzen aanpassen.

Effecten opgeven
Standaard worden alle hoofd- en interactie-effecten geanalyseerd. Je kunt ook kiezen:
1. Maak menukeuze **Analyze; General Linear Model; Univariate** en geef de gewenste variabelen op. Klik op **Model**.
2. Klik op **Customs** en verplaats de te analyseren factoren naar het vak **Model**.
3. Selecteer onder **Built Term(s)** de effecten die je in de analyse wilt betrekken.
4. Klik op **Continue** en bevestig de opdracht met **OK**.

TIP Als er *geen* significant interactie-effect is, kun je net zo goed een variantie-analyse op alleen de hoofdeffecten uitvoeren: kies bij **Built Term(s)** voor *Main effects*. Het interactie-effect en de vrijheidsgraden wordt dan bij de *Error*-term geteld.

Intercept buiten model
Standaard wordt ook het intercept-effect berekend. Als je ervan uit kunt gaan dat de data door de oorsprong gaan, kun je de intercept uitzetten (de variantie van de intercept wordt dan tot de *Model* variantie gerekend!):
1. Maak menukeuze **Analyze; General Linear Model; Univariate** en geef de variabelen op. Klik op **Model**, en deactiveer de optie **Include intercept in model**.
2. Klik op **Continue** en bevestig met **OK**.

Corrigeren voor covarianten
Een variabele die de afhankelijke variabele beïnvloedt, maar niet als onafhankelijke variabele in de variantie-analyse wordt opgenomen, wordt een *covariant* genoemd.

Denk aan een onderzoek naar de effecten van verschillende kunstmeststoffen op plantengroei. Omdat ook de beginhoogte van de planten van invloed is op de eindhoogte, moet voor de ratiovariabele 'beginhoogte' worden gecorrigeerd.

In het venster *Univariate* kun je bij **Covariate(s)** één of meer covarianten opgeven. Er wordt dan gecorrigeerd voor deze variabele(n) op de afhankelijke variabele.

Typen kwadraatsommen
Standaard worden *Type III* kwadraatsommen berekend. Kies *Type IV* als in het te analyseren bestand gegevens van subgroepen ontbreken, en er dus lege cellen zijn.

Vergelijken groepen multiple comparison toetsen
Met de optie **Post Hoc** kun je een aantal *multiple comparison toetsen* uitvoeren om te kijken welke groepen van de factor-variabele(n) van elkaar verschillen.

35 CORRELATIE & REGRESSIE

Het bepalen van *correlatie* en *regressie* zijn twee statistische technieken om een verband tussen variabelen te analyseren. Er wordt een *lineair* verband verondersteld.

Bij twee variabelen kun je deze vooronderstelling controleren met een *spreidingsdiagram*. Als er sprake is van correlatie clusteren alle punten min of meer rondom een rechte lijn.

LET OP Bij het berekenen van correlatie en regressie moeten alle variabelen interval/ratio-variabelen zijn.

LET OP In dit hoofdstuk wordt de theorie van correlatie en regressie behandeld. Hoe je in SPSS met correlatie en regressie werkt staat in hoofdstukken 36, 37 & 38.

35.1 De basisprincipes van correlatie

Met correlatie worden de *sterkte* en de *richting* van het verband tussen twee (of meer) interval/ratiovariabelen uitgedrukt.

Correlaties worden uitgedrukt in *Pearson's Product-moment correlatiecoëfficiënt r*, kortweg 'correlatiecoëfficiënt'.

De correlatiecoëfficiënt r

De waarde van de correlatiecoëfficiënt r ligt altijd tussen -1 en +1. Hoe hoger de absolute waarde van de correlatiecoëfficiënt, des te sterker is het verband.

'Verband' kan zowel positief als negatief zijn. Voor een positief verband geldt: bij een toename van de x-variabele, neemt ook de y-variabele toe. Voor een negatief verband geldt: bij een toename van x, neemt y af.

Het verband controleer je in een *spreidingsdiagram*.

Correlations		afstand tot winkelcentrum	winkelbezoek en per maand
afstand tot winkelcentrum	Pearson Correlation	1	-,671**
	Sig. (2-tailed)		,000
	N	80	80
winkelbezoeken per maand	Pearson Correlation	-,671**	1
	Sig. (2-tailed)	,000	
	N	80	80
**. Correlation is significant at the 0.01 level (2-tailed).			

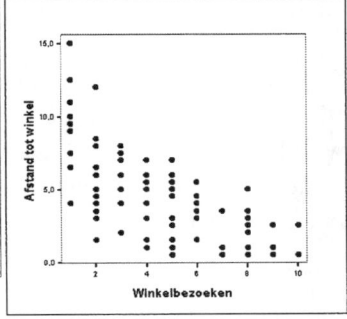

LET OP Als r gelijk is aan +1 is er sprake van een *perfect positief* verband tussen beide variabelen; alle punten in het spreidingsdiagram liggen dan op een stijgende rechte lijn. Als r gelijk is aan -1 dan is er sprake van een *perfect negatief* verband; alle punten in het spreidingsdiagram liggen op een dalende rechte lijn. Als r gelijk is aan 0 is er **geen** *lineair* verband: in het diagram liggen alle punten verspreid.

Vooronderstelling bij correlatiecoëfficiënt r
Voor de correlatiecoëfficiënt r gelden de volgende vooronderstellingen:
- Het verband tussen de variabelen is lineair. (Maar **let op**: Als er geen *lineaire correlatie* is, kan er wel degelijk sprake zijn van bijvoorbeeld een *exponentieel* verband (daarom *moet* je de lineariteit controleren met een spreidingsdiagram).
- Voor elke waarde van de ene variabele wordt een normale verdeling van de andere variabele verondersteld (en vice versa): *bivariaat normaal verdeeld*.

Correlatie-opdrachten in SPSS
Er zijn twee correlatie-opdrachten. Met **Analyze; Correlate; Bivariate** bereken je enkelvoudige correlatiecoëfficiënten; met **Analyze; Correlate; Partial** kunnen partiële correlatiecoëfficiënten worden berekend (Hoofdstuk 36).

35.2 De basisprincipes van regressie

Bij regressie-analyse wordt een *causale* relatie tussen een *afhankelijke* variabele Y en één of meerdere *onafhankelijke* variabele(n) X_i verondersteld. Met regressie-analyse is het dus mogelijk om waarden van een afhankelijke variabele te voorspellen aan de hand van één (of meerdere) onafhankelijke variabele(n).

LET OP Regressie-analyse is doorgaans een vervolg op correlatie-analyse, maar in tegenstelling tot correlatie-analyse wordt er gezocht naar een *causaal verband*, dus dat de ene variabele *afhankelijk* is van de andere variabele.

Enkelvoudige regressie & meervoudige regressie
Bij *enkelvoudige regressie* (met één afhankelijke en één onafhankelijke variabele) wordt de best passende lijn door de puntenwolk berekend. Dit is de lijn, waarvoor geldt dat de som van de gekwadrateerde afstanden van alle punten tot die regressielijn minimaal is (*least-square method*) (paragraaf 37.1 & 37.2).

Op vergelijkbare wijze wordt bij *meervoudige (multiple) regressie* een lineair model met één afhankelijke en meerdere onafhankelijke variabelen opgesteld.

Statistische technieken met SPSS 203

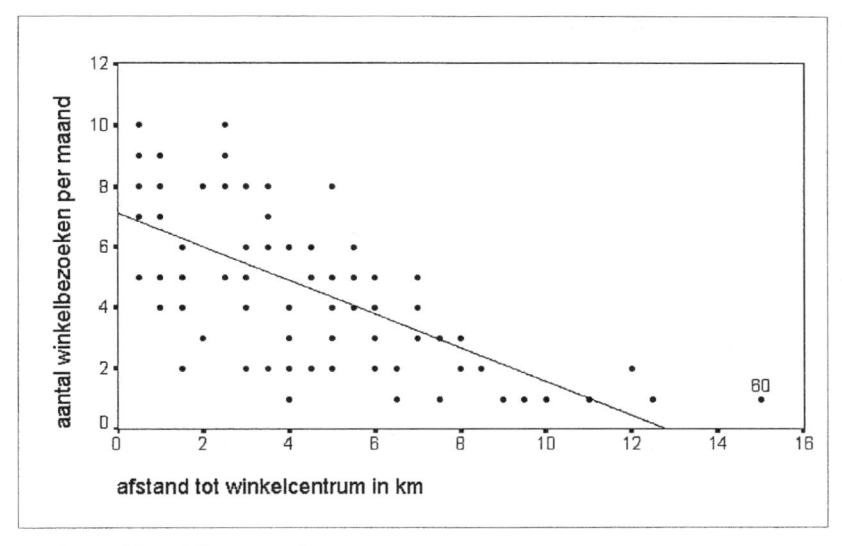

[Scatterplot: afstand tot winkelcentrum in km (x-as) vs aantal winkelbezoeken per maand (y-as), met regressielijn en outlier gelabeld 60]

Vooronderstelling bij regressie
Voor regressie gelden de volgende vooronderstellingen (zie ook par. 35.4):
- Het verband tussen de variabelen is lineair.
- Het verband tussen de variabelen is causaal.

Regressie-opdrachten in SPSS
Voor regressie-analyse maak je menukeuze **Analyze; Regression; Linear** (zie 37.1).

35.3 De basisprincipes van residuen & outliers

De verschillen tussen de door de regressielijn voorspelde waarden en de 'echte' waarden (van de afhankelijke variabele) worden de *residuen* genoemd.

De cases met de grootste residuen - en dus met de grootste afwijkingen - heten *outliers*. Outliers zijn vaak van invloed op de uiteindelijke regressievergelijking. We kunnen outliers opsporen en ze nader analyseren.

Residuen
De vooronderstelling van lineariteit kan aan de hand van de *residuen* worden gecontroleerd.

De afstanden van de punten tot de regressielijn zijn de afwijkingen van de feitelijke Y-waarden ten opzichte van de door X voorspelde Y-waarden (de lijn). Dit is het deel van de variantie van Y dat niet door X wordt 'verklaard'. We noemen deze afwijkingen de *residuen* (of: *onverklaarde variantie*).

Hoe dichter de punten bij de lijn liggen, des te kleiner zijn de residuen en des te sterker is het verband. Door de residuen te analyseren kunnen we nagaan of aan de vooronderstellingen van correlatie en regressie is voldaan.

35.4 Correlatie en regressie bij steekproefgegevens

In het geval van steekproefgegevens moet getoetst worden of het verband significant is voor de hele populatie. Dat wil zeggen, of in de populatie de correlatiecoëfficiënt (ρ) en de regressiecoëfficiënt (ß) significant van nul verschillen.

Nulhypothesen
Bij *correlatie* is de nulhypothese dus H_0: ρ (rho) = 0 en bij *enkelvoudige regressie* is de nulhypothese H_0: ß (beta) = 0.

Bij *multiple regressie* wordt de multiple correlatiecoëfficiënt van het hele model getoetst (H_0: ρ = 0). De partiële regressiecoëfficiënten $ß_i$ moeten alle afzonderlijk getoetst worden, om te onderzoeken *welke* van de onafhankelijke variabelen significant zijn (H_0: $ß_i = 0$).

Vooronderstellingen correlatie en regressie bij steekproefgegevens
In het geval van steekproefgegevens - en dus statistische toetsing - komen bovenop de algemene veronderstellingen voor correlatie en regressie deze vooronderstellingen er bij:
- Er is sprake van een aselecte steekproef.
- In de populatie is Y normaal verdeeld voor iedere waarde van X.
- Al deze normale verdelingen van Y hebben een constante variantie σ^2.

Uit bovenstaande vooronderstellingen volgt dat voor de residuen geldt:
- De residuen zijn onafhankelijk van X.
- De residuen zijn normaal verdeeld met een gemiddelde van 0 en een variantie van eveneens σ^2.

36 CORRELATIE MET SPSS

In SPSS kun je *enkelvoudige correlatiecoëfficiënten* en *partiële correlatiecoëfficiënten* berekenen. Daarnaast kan een *rangcorrelatiecoëfficiënt* worden berekend.

36.1 Correlatie: correlatiecoëfficiënt berekenen

Als je de correlatiecoëfficiënt (*Pearson Correlation*) in SPSS berekent, krijg je als uitvoertabel een *correlatiematrix*.

In de matrix worden voor elke combinatie van twee variabelen de correlatiecoëfficiënten, de tweezijdige significanties en het aantal valide cases getoond.

Berekenen enkelvoudige correlatiecoëfficiënt
Je berekent de enkelvoudige correlatiecoëfficiënt (*Pearson Correlation*) als volgt:
1. Maak menukeuze **Analyze; Correlate; Bivariate**. Je krijgt het dialoogvenster *Bivariate Correlations*.
2. Geef de variabelen op; ze komen in het vak **Variables** en ook in die volgorde in de *correlatiematrix*.
3. Activeer (indien nodig) bij **Correlation Coefficients** de optie **Pearson**.
4. Bepaal of je tweezijdig (**Two-tailed**) of eenzijdig (**One-tailed**) wilt toetsen.
5. Bevestig met **OK**.

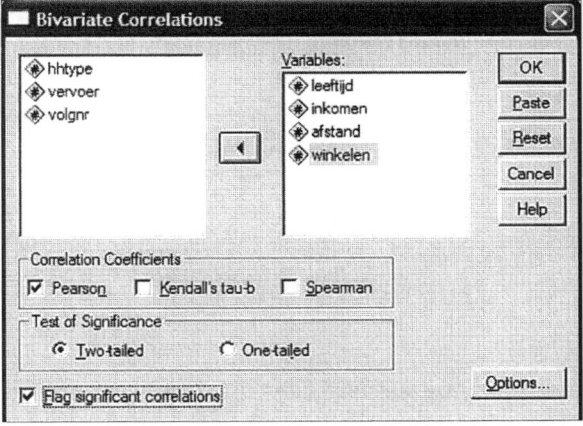

Uitvoer: de correlatiematrix
In de correlatiematrix worden voor elke combinatie van twee variabelen (*bivariaat*) weergegeven: de correlatiecoëfficiënten (*Pearson Correlation*), de bijbehorende tweezijdige significanties (*Sig. 2-tailed*) en het aantal valide cases (*N*).

Standaard staan achter de significante correlatiecoëfficiënten asterisken: ** bij 99% betrouwbaarheid ($\alpha=0,01$) en * bij 95% betrouwbaarheid ($\alpha=0,05$).

TIP Omdat de exacte significanties worden afgedrukt (*Sig. 2-tailed*) is informatie over het betrouwbaarheidsinterval eigenlijk overbodig. Je kunt de asterisken weglaten door de optie **Flag significance correlations** uit te zetten.

Correlations

		leeftijd	maandinkomen	afstand tot winkelcentrum	winkelbezoeken per maand
leeftijd	Pearson Correlation	1,000	,292*	,223*	-,261*
	Sig. (2-tailed)		,010	,046	,019
	N	80	76	80	80
maandinkomen	Pearson Correlation	,292*	1,000	,383**	-,615**
	Sig. (2-tailed)	,010		,001	,000
	N	76	76	76	76
afstand tot winkelcentrum	Pearson Correlation	,223*	,383**	1,000	-,671**
	Sig. (2-tailed)	,046	,001		,000
	N	80	76	80	80
winkelbezoeken per maand	Pearson Correlation	-,261*	-,615**	-,671**	1,000
	Sig. (2-tailed)	,019	,000	,000	
	N	80	76	80	80

*. Correlation is significant at the 0.05 level (2-tailed).
**. Correlation is significant at the 0.01 level (2-tailed).

Correlatiematrix: interpretatie

Uit de correlatiematrix blijkt dat alle correlatiecoëfficiënten significant zijn (bij $\alpha=0,05$). Zoals verwacht bestaat er een negatief verband tussen 'afstand' en 'winkelen': als de afstand toeneemt, neemt het aantal winkelbezoeken af.

Er is ook een negatief verband tussen 'inkomen' en 'winkelen'. Huishoudens met een hoger inkomen doen blijkbaar minder vaak (meer?) boodschappen of doen hun boodschappen vaker bij andere winkels.

De correlaties tussen de overige paren variabelen zijn minder sterk. Dit blijkt uit de lagere absolute waarden van de correlatiecoëfficiënten. Om te weten hoe sterk het verband tussen twee variabelen precies is, gebruik je de *determinatiecoëfficiënt*.

Determinatiecoëfficiënt

Door de correlatiecoëfficiënt te kwadrateren wordt de *determinatiecoëfficiënt r^2* verkregen. De determinatiecoëfficiënt geeft het aandeel verklaarde variantie weer, en is een maat voor de sterkte van het verband.

Er geldt: $0 \leq r^2 \leq 1$ (100%).

Tussen 'afstand' en 'winkelen' is $r^2 = 0,45$. Er is hier dus sprake van een matig sterk verband: 45% van de variantie wordt verklaard. Om een verklaarde variantie van meer dan 50% te krijgen, is dus een r van groter dan 0,7 nodig!

We spreken van een sterk verband bij een r van minimaal 0,8 (64% verklaarde variantie).

Eenzijdig toetsen & tweezijdig toetsen

Als de richting van een verband vooraf niet bekend is, moet de overschrijdingskans tweezijdig (2-*tailed*) berekend worden.

Is de richting wel bekend, dan kan eenzijdig worden getoetst door in het venster *Bivariate Correlations* de optie **One-tailed** te kiezen. In de correlatiematrix zie je dan de eenzijdige significanties.

Omdat over de richting van een verband op voorhand meestal niets te zeggen is, verdient een tweezijdige toets in het algemeen de voorkeur. Zo zouden we waarschijnlijk voorspeld hebben dat er tussen de hoogte van het inkomen en het aantal winkelbezoeken een positieve correlatie zal bestaan.

Overigens is een eenzijdige significantie de helft van de tweezijdige.

TIP Je maakt de matrix *compacter* door alleen de correlatiecoëfficiënten weer te geven. Selecteer de tabel en open een **Pivot Trays**-venster. Versleep in de **Pivot Tray** de **Statistics**-icoon naar het *Layer*-kader (paragraaf 17.3).

Wijzigen standaard uitvoer van een Correlate-opdracht

Met de knop **Options** in het venster *Bivariate Correlations* kan de standaard uitvoer worden uitgebreid:

Means and standard dev	Berekenen aantal cases, rekenkundig gemiddelde en standaarddeviatie voor alle opgegeven variabelen.
Cross-product deviation	Berekenen kruisproduct-afwijkingen van het gemiddelde (= teller correlatiecoëfficiënt) en covarianties (= kruisproducten gedeeld door N-1).
Missing Values	Per coëfficiënt worden alle cases gebruikt die valide zijn voor beide variabelen (**Exclude cases pairwise** = standaard); of: alleen die cases gebruiken die voor alle geselecteerde variabelen valide zijn (**Exclude cases listwise**).

36.2 Rangcorrelatie: rangcorrelatiecoëfficiënt berekenen

Voor het berekenen van Pearson's correlatiecoëfficiënt moet aan een aantal vooronderstellingen zijn voldaan. De variabelen moeten gemeten zijn op interval- of ratioschaal en voor elke waarde van de ene variabele wordt een normale verdeling van de andere variabele verondersteld, en vice versa (*bivariaat normaal verdeeld*). Als hieraan niet is voldaan, kan een *rangcorrelatie* worden uitgevoerd en kunnen *rangcorrelatiecoëfficiënten* worden berekend.

De belangrijkste rangcorrelatiecoëfficiënt is **Spearman's rho**.

LET OP Naast Spearman's rho is er ook *Kendall's tau-b*. Deze rangcorrelatiecoefficiënt is een maat voor de verhouding tussen het aantal concordante en discordante paren (en is in paragraaf 32.4 al besproken).

Spearman's rangcorrelatie
Spearman's rangcorrelatiecoëfficiënt (*rho*) is een correlatiecoëfficiënt tussen rangordes en wordt gebruikt bij ordinale variabelen, en bij interval- of ratiovariabelen die niet aan de vooronderstelling van normaliteit voldoen.
  De waarden van de beide variabelen worden eerst omgezet in *rangscores* (par. 14.4). Daarna wordt over deze rangscores de 'gewone' correlatiecoëfficiënt (van Pearson) berekend. Er geldt: $-1 \leq$ rho $\leq +1$.
  Als rho gelijk is aan -1 is er sprake van een perfect negatief verband *tussen de rangscores*; als rho gelijk is aan +1 is er een perfect positief verband.
  Is rho nul, dan is er **geen** *lineair* verband tussen de rangorde-variabelen.

LET OP De interpretatie van rho is vergelijkbaar met die van Pearson's r. Het verschil is, dat het hier om een verband tussen rangscores gaat, en dat er dus geen sprake is van percentages verklaarde variantie.

Berekenen rangcorrelatiecoëfficiënt
Het bereken van de rangcorrelatiecoëfficiënt (*Spearman's rho*) doe je als volgt:
1. Maak menukeuze **Analyze; Correlate; Bivariate**.
2. Geef de gewenste variabelen op (ze komen in het vak **Variables**).
3. Kies in het vak **Correlation** de optie **Spearman**.
4. Bepaal of je tweezijdig (**Two-tailed**) of eenzijdig (**One-tailed**) wilt toetsen.
5. Bevestig de opdracht met **OK**.

Correlations

			leeftijd	maandinkomen	afstand tot winkelcentrum	winkel bezoeken per maand
Spearman's rho	leeftijd	Correlation Coefficient	1,000	,210	,113	-,232*
		Sig. (2-tailed)	.	,068	,320	,039
		N	80	76	80	80
	maandinkomen	Correlation Coefficient	,210	1,000	,421**	-,624**
		Sig. (2-tailed)	,068	.	,000	,000
		N	76	76	76	76
	afstand tot winkelcentrum	Correlation Coefficient	,113	,421**	1,000	-,682**
		Sig. (2-tailed)	,320	,000	.	,000
		N	80	76	80	80
	winkelbezoeken per maand	Correlation Coefficient	-,232*	-,624**	-,682**	1,000
		Sig. (2-tailed)	,039	,000	,000	.
		N	80	76	80	80

*. Correlation is significant at the 0.05 level (2-tailed).
**. Correlation is significant at the 0.01 level (2-tailed).

Statistische technieken met SPSS

De uitvoer van Spearman's rangcorrelatie
Spearman's rangcorrelaties worden weergegeven in een correlatiematrix. Standaard worden de significante coëfficiënten voorzien van asterisken: ** bij 99% en * bij 95% betrouwbaarheid.

In bovenstaande tabel staan de rangcorrelaties tussen de variabelen 'leeftijd', 'winkelen' en 'inkomen'.

De significanties hebben betrekking op de nulhypothese dat er in de populatie *geen lineair verband* is tussen de *rangscores*: Spearman's $\rho=0$.

Het sterkste (negatieve) verband bestaat tussen 'winkelen' en 'inkomen'. De rangcorrelatie tussen 'leeftijd' en 'inkomen' is niet significant (*Sig.=0,068*).

36.3   Partiële correlatie

Wanneer je met de correlatiecoëfficiënt het verband tussen twee variabelen hebt gevonden, bestaat de kans dat dit verband wordt beïnvloed door een derde (en vierde) variabele, die ook samenhangt met de beide variabelen in de analyse.

Met *partiële correlatie* wordt het lineaire verband tussen twee variabelen gecorrigeerd voor het effect van een derde (en vierde etc.) variabele. Op deze wijze kunnen indirecte relaties worden opgespoord.

Voorbeeld van partiële correlatie
In ons voorbeeld is een verband gevonden tussen 'winkelen' en 'leeftijd'. Maar dit verband zou beïnvloed kunnen zijn door het inkomen (er bestaat immers ook een verband tussen 'inkomen' en 'leeftijd').

Partiële correlaties berekenen
Voor het berekenen van partiële correlaties handel je zo:
1. Maak de menukeuze **Analyze; Correlate; Partial**. Het venster *Partial Correlations* verschijnt.
2. Geef de gewenste variabelen op (ze komen in het vak **Variables** (hier 'leeftijd' en 'winkelen').
3. Geef de variabele(n) op waarvoor gecontroleerd moet worden in het vak **Controlling for** (in ons voorbeeld 'inkomen').
4. Bevestig de opdracht met **OK**.

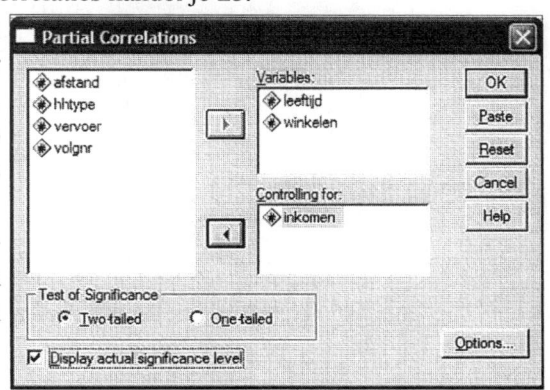

Uitvoer partiële correlatie

In de correlatiematrix worden weergegeven: de partiële correlatiecoëfficiënt, het aantal vrijheidsgraden (= $N-k-2$, waarin k het aantal controlevariabelen is), en de overschrijdingskans.

Het blijkt dat in ons voorbeeld de correlatie tussen 'leeftijd' en 'winkelen' niet significant is, wanneer gecontroleerd wordt voor de invloed van 'inkomen' op beide variabelen: *Significance* = 0,204.

Correlations

Control Variables			leeftijd	winkelbezoek en per maand
maandinkomen	leeftijd	Correlation	1,000	-,148
		Significance (2-tailed)	.	,204
		df	0	73
	winkelbezoeken per maand	Correlation	-,148	1,000
		Significance (2-tailed)	,204	.
		df	73	0

Uitbreiden standaard uitvoer

Voor het uitbreiden van de standaarduitvoer handel je zo: maak menukeuze **Analyze; Correlate; Partial**. Klik in het dialoogvenster *Partial Correlations* op **Options**. Het venster *Partial Correlations: Options* verschijnt waar de standaard uitvoer kan worden uitgebreid.

Dezelfde opties zijn beschikbaar als bij *Bivariate Correlations* (zie par. 36.1). Er is één extra optie: met **Zero-order correlations** worden de enkelvoudige, niet gecorrigeerde correlatiecoëfficiënten berekend.

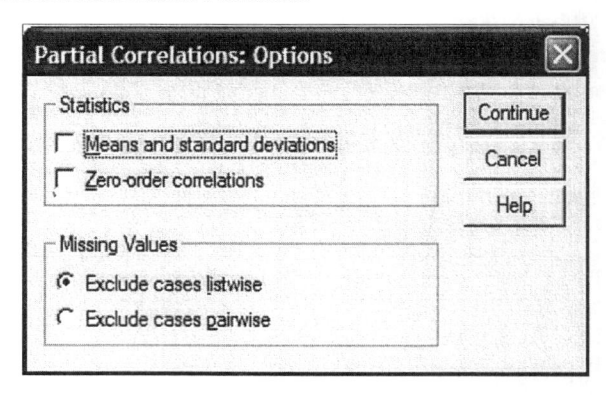

37 REGRESSIE-ANALYSE MET SPSS

Regressie-analyse bestaat ook in SPSS uit het uitvoeren van een enkelvoudige regressie-analyse, dan wel het uitvoeren van meervoudige regressie-analyse.
Onderdeel van regressie-analyse is ook het opsporen van outliers.

37.1 Enkelvoudige regressie

Bij enkelvoudige regressie wordt een lineair en causaal verband tussen een *onafhankelijke* variabele X en een *afhankelijke* variabele Y verondersteld.

Er is hierbij sprake van een asymmetrische relatie tussen de variabelen, waarbij de onafhankelijke variabele de afhankelijke variabele beïnvloedt. De onafhankelijke variabele wordt *factor* (of *regressor*) genoemd.

LET OP Enkelvoudige regressie kan alleen bij interval- of ratiovariabelen.

Regressielijn & *regressievergelijking*

Met enkelvoudige regressie wordt de best passende rechte lijn (*fit line*) door een puntenwolk berekend. Dit is de lijn waarvoor geldt dat de som van de gekwadrateerde verticale afstanden van alle punten tot die lijn minimaal is (*linear least-square method*). De vergelijking van de regressielijn is: **Y=A+B*X**.

Hier is *A* de *intercept* of *constant*. Dit is het snijpunt van de lijn met de Y-as, ofwel de waarde van Y als X=0. De parameter *B* wordt de *regressiecoëfficiënt* genoemd en is de hellingshoek van de lijn. B geeft aan met hoeveel eenheden de afhankelijke variabele Y verandert, als de onafhankelijke variabele X met één eenheid toeneemt.

Lineariteit controleren en regressielijn tonen

Het is verstandig om voordat je de eigenlijke regressie-analyse uitvoert, altijd eerst een *spreidingsdiagram* te maken van de variabelen in kwestie. In dat spreidingsdiagram kun je in één keer zien of aan de vooronderstelling van lineariteit is voldaan (zie par. 19.3).

In het spreidingsdiagram kun je meteen bij het maken (of achteraf) een regressielijn zetten die de regressie in beeld brengt (zie par. 19.3).

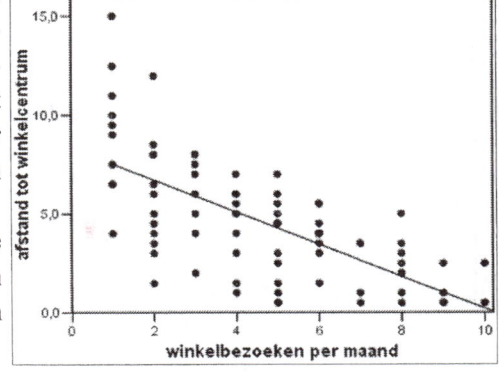

Uitvoeren enkelvoudige regressie-analyse

Voor het uitvoeren van een enkelvoudige regressie-analyse handel je zo:
1. Kies **Analyze; Regression; Linear**. Het venster *Linear Regression* verschijnt.
2. Geef in het vak **Dependent** de afhankelijke variabele op (zoals 'winkelen').
3. Geef in het vak **Independent(s)** een onafhankelijke variabele op.
4. Bij enkelvoudige regressie maakt de methode niet uit; bij **Method** kan **Enter** blijven staan.
5. Bevestig de opdracht met **OK**.

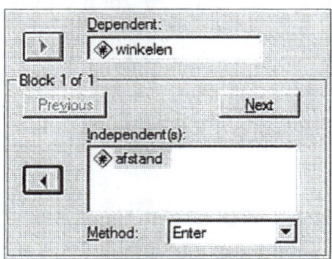

Uitvoer enkelvoudige regressie-analyse

De uitvoer van de regressie-opdracht bestaat standaard uit vier tabellen.
a. De tabel *Variables Entered/Removed* - gebruikte variabelen (niet afgebeeld).
b. De tabel *Model Summary* - met informatie over de regressie.
c. De tabel *ANOVA* - met een variantie-analyse.
d. De tabel *Coefficients* - met de eigenlijke regressievergelijking.

Model Summary

Model	R	R Square	Adjusted R Square	Std. Error of the Estimate
1	.671[a]	.450	.443	1.89

a. Predictors: (Constant), afstand tot winkelcentrum

ANOVA[b]

Model		Sum of Squares	df	Mean Square	F	Sig.
1	Regression	227.806	1	227.806	63.944	.000[a]
	Residual	277.882	78	3.563		
	Total	505.688	79			

a. Predictors: (Constant), afstand tot winkelcentrum
b. Dependent Variable: winkelbezoeken per maand

Coefficients[a]

Model		Unstandardized Coefficients		Standardized Coefficients	t	Sig.
		B	Std. Error	Beta		
1	(Constant)	7.133	.385		18.549	.000
	afstand tot winkelcentrum	-.555	.069	-.671	-7.996	.000

a. Dependent Variable: winkelbezoeken per maand

TIP Na een klik op de knop **Statistics** kun je kiezen welke tabellen worden getoond: **Model fit** levert *Model Summary* en *Anova*; en **Estimate** de tabel *Coefficients*.

Model Summary

De *R* in de tabel *Model Summary* wordt de *multiple correlatiecoëfficiënt* genoemd. R geeft de correlatie aan van de afhankelijke variabele met alle onafhankelijke variabelen tezamen. Omdat er bij enkelvoudige regressie maar één onafhankelijke variabele is, is de waarde van R dus gelijk aan de enkelvoudige correlatiecoëfficiënt.

De richting van het verband kan *niet* uit de *multiple R* worden afgeleid. Hiervoor moet de *regressiecoëfficiënt B* worden gebruikt (tabel *Coefficients*).

De *R Square* is de gekwadrateerde Multiple R en wordt de *determinatiecoëfficiënt* genoemd. De determinatiecoëfficiënt geeft het percentage verklaarde variantie in Y door X aan: 45% van de variantie van 'winkelen' wordt dus verklaard door 'afstand'. Hoe groter de waarde van R Square is, des te beter 'past' het model, en des te geringer is het aandeel onverklaarde variantie of *residu* (= 1-R^2). Als R^2 gelijk is aan 1 (= 100%) is het model perfect. Bij een R^2 van 0 is er geen *lineair* verband.

Bij (kleinere) steekproeven wordt R Square vaak te hoog geschat. Het model lijkt daardoor beter te passen dan in feite het geval is. Daarom kan bij steekproefgegevens vaak beter de *Adjusted R Square* worden gebruikt. Dit is de R Square, gecorrigeerd voor het aantal cases *(N)* en het aantal onafhankelijke variabelen (*k*) in het model.[1]

Std. Error of the Estimate is de standaarddeviatie van de residuen en is gelijk aan de wortel uit de variantie (*Mean Square*) van de residuen.

ANOVA

In de uitvoertabel *ANOVA* staat de variantie-analyse. De totale variantie van de afhankelijke variabele ('winkelen') is opgesplitst in twee componenten: de verklaarde variantie (*Regression*) en de onverklaarde variantie (*Residual*).

Het aantal vrijheidsgraden (*df*) van de verklaarde variantie is gelijk aan het aantal onafhankelijke variabelen (=1).

Het aantal vrijheidsgraden van de residuen is gelijk aan het aantal cases min het aantal onafhankelijke variabelen min 1, dus (80-1-1=78). Uit de kwadraatsommen (*Sum of Squares*) kan de totale *variatie* van de afhankelijke variabele worden berekend: 227,81 + 277,9 = 505,7. Het aandeel verklaarde variantie is dus 227,88 / 505,69 = 0,45. Dit komt overeen met de *R Square*. De *Mean Square* (variantie) is de Sum of Squares gedeeld door de het aantal vrijheidsgraden.

---

[1] $$\text{Adj. } R^2 = R^2 - \frac{k(1-r^2)}{N-k-1} = 0{,}450 - \frac{1(1-0{,}450)}{80-1-1} = 0{,}443$$

Interpretatie variantie-analyse: F-toets

Aan de hand van de F-toets kan nagegaan worden of het regressiemodel significant is. Bij een enkelvoudige regressie-analyse luidt de nulhypothese dat de correlatiecoefficiënt niet van 0 verschilt: H_0: ρ (rho) = 0.

De toetsingsgrootheid F wordt berekend door de verklaarde en de onverklaarde variantie (*Mean Squares*) op elkaar te delen: F = 227,806 / 3,563 = 63,944. Aan de hand van de overschrijdingskans wordt de nulhypothese verworpen, met een betrouwbaarheid van 99,9% (*Sig.=0,000*). Het model is dus significant.

Coefficients: de regressievergelijking

In de uitvoertabel *Coefficients* wordt de regressievergelijking afgedrukt. De parameters A en B van de regressievergelijking worden - samen met hun standaardfouten (*Std. Error*) - weergegeven in de kolom *Unstandardized Coefficients*.

De *intercept A* wordt aangeduid met de term (*Constant*) en heeft een waarde van 7,133. De *regressiecoëfficiënt B* van de onafhankelijke variabele 'afstand' bedraagt -0,555. De standaardfout wordt gebruikt om het betrouwbaarheidsinterval van de populatieparameters α en β te schatten (klik in het venster *Linear Regression* op **Statistics** en kies dan de optie **Confidence intervals**).

De richting van het verband is dus negatief, hetgeen al bekend was van de correlatiecoëfficiënt. Een toename van de afstand met 1 km betekent dus een afname van het aantal winkelbezoeken per maand met 0,555.

De regressievergelijking ziet er dus als volgt uit:

$$\text{winkelen} = 7{,}133 - 0{,}555 * \text{afstand}$$

Coefficients: Beta, t-waarde en significantie

In de tabel *Coefficients* staat ook de gestandaardiseerde regressiecoëfficiënt *Beta* (*Standardized Coefficients*) en de toetsingsgrootheid *t* met significantie (*Sig.*).

De Beta wordt bij multiple regressie gebruikt om het relatieve belang van de verschillende onafhankelijke variabelen te bepalen.

Bij enkelvoudige regressie is Beta niet van belang en is Beta altijd gelijk aan de correlatiecoëfficiënt R.

De beide nulhypothesen voor de correlatiecoëfficiënt (H_0: ρ = 0) en voor de regressiecoëfficiënt (H_0: β = 0) kunnen tegelijk getoetst worden. Dit kan zowel met de F-toets, als met de t-toets (t_B = B/Std. Error; en F = t_B^2). Beide t-waarden verschillen hier significant van 0 (*Sig.=0,000*). De regressievergelijking is dus met 99,9% betrouwbaarheid significant voor de hele populatie.

Extra opties bij enkelvoudige regressie analyse
Bij enkelvoudige regressie-analyse heb je in het venster *Linear Re*...

Selection Variable	Als je niet alle cases in de analyse wilt meen... een variabele opgeven waarop geselecteerd
Case Labels	De waarden van deze variabele worden afgedrukt ... spreidingsdiagram.

37.2 Multiple regressie

Bij multiple regressie (meervoudige regressie) wordt op vergelijkbare wijze als bij enkelvoudige regressie een lineair model berekend tussen een afhankelijke variabele Y en meerdere onafhankelijke variabelen X_i.

De vergelijking van een multiple regressiemodel met k onafhankelijke variabelen ziet er als volgt uit:

$$Y = A + B_1 * X_1 + B_2 * X_2 + \ldots + B_k * X_k$$

Intercept & partiële regressiecoëfficiënt B
De *intercept A* is het snijpunt met de Y-as. Dit is de waarde van Y als de waarde van alle onafhankelijke variabelen X_i gelijk is aan 0.

Elke onafhankelijke variabele X_i heeft een *partiële regressiecoëfficiënt B_i*. De partiële regressiecoëfficiënt geeft de invloed van de betreffende onafhankelijke variabele op Y aan, waarbij tevens gecontroleerd wordt op de invloed van alle overige onafhankelijke variabelen.

Multicollineariteit
Bij multiple regressie gelden dezelfde vooronderstellingen als bij enkelvoudige regressie. Daarbij komt de eis dat de *onafhankelijke* variabelen onderling niet te sterk mogen correleren, anders is er sprake van *multicollineariteit*.

In dat geval meten de onafhankelijke variabelen ongeveer hetzelfde en is het niet mogelijk om het effect van iedere variabele afzonderlijk te bepalen. Hierdoor komt de validiteit van het model in gevaar.

LET OP Het is verstandig om altijd eerst een correlatiematrix van de onafhankelijke variabelen te maken om sterke correlaties op te sporen. Indien er correlaties van $|r| \geq 0{,}9$ voorkomen is het aan te raden om een van beide onafhankelijke variabelen buiten het model te laten.

Dummy variabelen

Evenals bij enkelvoudige regressie moeten de variabelen in een multiple regressiemodel gemeten zijn op interval- of ratioschaal. Het is echter ook toegestaan om als *onafhankelijke* variabele een *dichotome* variabele met de codes 0 en 1 te gebruiken.

Een dergelijke variabele wordt een *dummy* variabele genoemd en geeft aan of een case een eigenschap wel (1) of niet heeft (0). Ook een variabele als 'geslacht' kan als dummy worden gebruikt, mits de categorieën de codes 0 en 1 hebben.

Standaard methode & stapsgewijze methode

Bij het opstellen van een multiple regressiemodel kunnen twee typen methoden worden onderscheiden: de *standaard methode* en de *stapsgewijze methoden*.
- Bij de *standaard methode* worden alle onafhankelijke variabelen tegelijk in het model gebracht. In SPSS is **Enter** de standaardmethode (zie par. 37.3)
- Bij de *stapsgewijze methoden* wordt stap voor stap een onafhankelijke variabele in het model opgenomen (of verwijderd), op basis van de F-toets. Per stap wordt de onafhankelijke variabele met de laagste significantie (= hoogste F-waarde) aan het model toegevoegd. Daarbij wordt steeds gecontroleerd voor de invloed van de variabelen die al in het model zijn opgenomen. De variabelen worden dus toegevoegd op volgorde van hun relatieve invloed op de afhankelijke variabele Y. Er zijn vier methoden **Stepwise**, **Forward** en **Remove** en **Backward**. (par. 37.4)

TIP Doorgaans verdient de stapsgewijze methode de voorkeur, omdat het relatieve belang van de verschillende onafhankelijke variabelen meteen zichtbaar is en omdat alleen de significante variabelen in het model komen.

37.3 Multiple regressie: standaardmethode (Enter)

Als voorbeeld voeren we een multiple regressie-analyse uit volgens de methode **Enter**. We gaan een lineair model opstellen van de invloed van drie onafhankelijke variabelen ('afstand', 'inkomen' en 'leeftijd') op winkelbezoeken ('winkelen').

Multiple regressie volgens de methode Enter
1. Maak menukeuze **Analyze; Regression; Linear**.
2. Geef in het venster *Linear Regression* bij **Dependent** de afhankelijke variabele op (hier: 'winkelen'), en bij **Independent(s)** de onafhankelijke variabele(n) op (hier: 'afstand', 'inkomen' en 'leeftijd').
3. Kies bij **Method** voor **Enter**.
4. Bevestig met **OK**.

Statistische technieken met SPSS

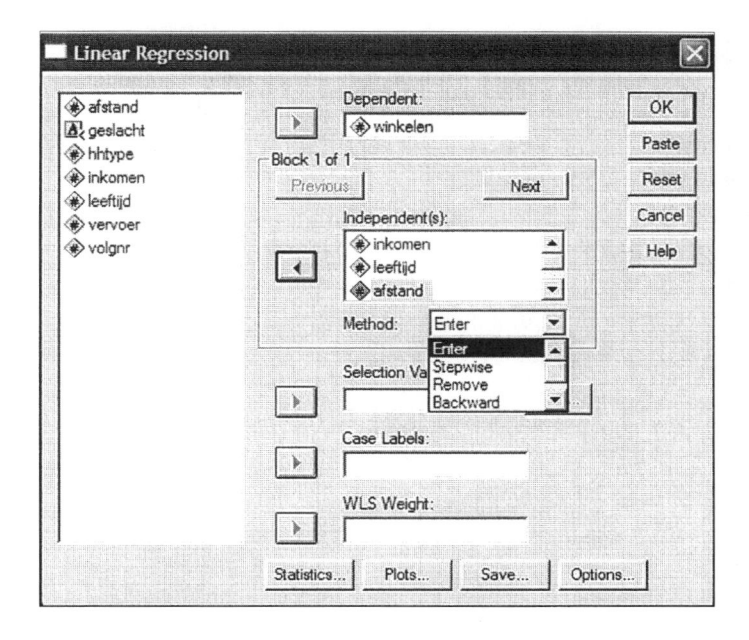

Uitvoer multiple regressie (bij de methode Enter)

De uitvoer bij multiple regressie (methode: enter) bestaat de uit vier tabellen.
a. De tabel *Model Summary* - met informatie over de perfectie van het model.
b. De tabel *ANOVA* - met de uitkomsten van de variantie-analyse.
c. De tabel *Coefficients* - met de eigenlijke regressievergelijking.
d. De tabel *Variables Entered/Removed* - met een overzicht van alle variabelen. (Deze tabel is bij multiple regressie volgens de standaardmethode niet van belang, omdat alle variabelen tegelijk in het model worden opgenomen.)

Model Summary

De *Model Summary* bevat R. Deze *multiple R* is de correlatiecoëfficiënt van de afhankelijke variabele met alle onafhankelijke variabelen tezamen.

De determinatiecoëfficiënt *R Square* geeft aan dat ruim 60% van de variantie van 'winkelen' wordt verklaard door de drie onafhankelijke variabelen.

Model Summary

Model	R	R Square	Adjusted R Square	Std. Error of the Estimate
1	.780[a]	.608	.592	1.65

a. Predictors: (Constant), afstand, leeftijd, maandinkomen

ANOVA

De tabel *ANOVA* bevat een variantie-analyse. Met variantieanalyse kunnen we toetsen of het model significant is (H_0: multiple $\rho = 0$). Aan de hand van de toetsingsgrootheid F wordt de nulhypothese verworpen (*Sig=.000*). Het model is dus significant met een betrouwbaarheid van 99,9%.

De F-waarde wordt berekend door het aandeel verklaarde variantie (*Regression*) te delen door het aandeel onverklaarde variantie (*Residual*).

Het aantal vrijheidsgraden (*df*) van *Regression* is gelijk aan het aantal onafhankelijke variabelen (= 3). Het aantal vrijheidsgraden van *Residual* is gelijk aan het aantal cases minus het aantal onafhankelijke variabelen minus 1: 76-3-1=72.

ANOVA[b]

Model		Sum of Squares	df	Mean Square	F	Sig.
1	Regression	304.570	3	101.523	37.215	.000[a]
	Residual	196.417	72	2.728		
	Total	500.987	75			

a. Predictors: (Constant), afstand tot winkelcentrum, leeftijd , maandinkomen huish.
b. Dependent Variable: winkelbezoeken per maand

Coefficients: de multiple regressievergelijking

In de tabel *Coefficients* wordt de eigenlijke regressievergelijking weergegeven. De *intercept A* wordt aangeduid met (*Constant*) en is 9,396.

De *partiële regressiecoëfficiënten* B_i staan in kolom B. Ze geven de hoeveelheid verandering in Y aan, wanneer de betreffende onafhankelijke variabele met één eenheid toeneemt, terwijl de invloed van alle overige onafhankelijke variabelen constant wordt gehouden.

Voor elke onafhankelijke variabele in dit model betekent een toename een afname van het aantal winkelbezoeken (alle B's zijn negatief).

Coefficients[a]

Model		Unstandardized Coefficients		Standardized Coefficients		
		B	Std. Error	Beta	t	Sig.
1	(Constant)	9.396	.628		14.971	.000
	maandinkomen huish	-7.700E-04	.000	-.407	-4.965	.000
	leeftijd	-8.795E-03	.015	-.047	-.598	.552
	afstand tot winkelcentr	-.424	.067	-.509	-6.291	.000

a. Dependent Variable: winkelbezoeken per maand

Bij multiple regressie moet elke partiële regressiecoëfficiënt afzonderlijk worden getoetst op significantie (H_0: $\beta_i=0$). Hiervoor worden de t-waarden gebruikt (t=B/Std. Error). Het blijkt dat de regressiecoëfficiënten van 'afstand' en 'inkomen' significant van nul verschillen (*Sig = 0,000*).

De variabele 'leeftijd' is niet significant (*Sig.>0,05*) en moet dus buiten de regressievergelijking worden gelaten. De multiple regressievergelijking ziet er als volgt uit:

winkelen = 9,396 − 0,00077 ∗ *inkomen* − 0,424 ∗ *afstand*

TIP Om een optimaal regressiemodel te krijgen is het aan te raden om de regressie-analyse opnieuw uit te voeren, met alleen de significante variabelen.

Beta-coëfficiënten

De waarde van de partiële regressiecoëfficiënten wordt beïnvloed door de eenheden waarin de variabelen zijn gemeten. Als de variabele 'afstand' in meters in plaats van kilometers zou zijn gemeten, zouden we in het model een B-waarde van -0,000424 krijgen. Het is dus lastig om de regressiecoëfficiënten onderling te vergelijken.

Vergelijking is wel mogelijk aan de hand van de gestandaardiseerde *coëfficiënten Beta*. Dit zijn dimensieloze regressiecoëfficiënten, die zijn berekend op basis van *gestandaardiseerde* variabelen.

Beta wordt verkregen door de regressiecoëfficiënt B te vermenigvuldigen met het quotiënt van de standaarddeviatie van de betreffende onafhankelijke variabele (S_x) en de standaarddeviatie van Y (S_y). [*Beta* $=B.s_x/s_y$].

De Beta-coëfficiënten geven een indicatie van het relatieve belang van iedere onafhankelijke variabele. De variabele 'afstand' heeft de hoogste *absolute* Beta-waarde |0,509| en heeft dus de meeste invloed op 'winkelen'. Daarna komt 'inkomen' met een Beta van |0,407| en dan 'leeftijd' met |0,047|. Dat het relatieve gewicht van 'leeftijd' gering is was te verwachten, omdat deze variabele niet significant bleek.

LET OP Verwar de gestandaardiseerde regressiecoëfficiënten Beta niet met de regressiecoëfficiënten β van de populatie!

37.4 Multiple regressie: stapsgewijze methode (Stepwise)

Bij *stapsgewijze multiple regressie* wordt per stap een onafhankelijke variabele in het regressiemodel opgenomen op basis van de F-waarde. De onafhankelijke variabele met de laagste significantie (hoogste F-waarde) wordt steeds aan het model toegevoegd. Daarbij wordt gecontroleerd voor de invloed van de variabelen die al in het model zijn opgenomen. Hierdoor veranderen de waarden van de intercept en de partiële regressiecoëfficiënten bij iedere stap opnieuw.

De variabelen worden toegevoegd op volgorde van hun relatieve invloed op de afhankelijke variabele Y. Het model is voltooid als de significanties van alle nog niet opgenomen variabelen groter zijn dan 0,05 (standaard).

De grenswaarde van 0,05 wordt de *Probability of F-to-enter* genoemd en komt overeen met een F-waarde (*F-to-enter*) van 3,84. Alleen de significante variabelen worden dus in het model opgenomen.

TIP Met de knop **Options** in het dialoogvenster *Linear Regression* kunnen de grenswaarden van de *Probability-to-enter* en *F-to-enter* worden gewijzigd. We raden echter aan om de standaardinstellingen te handhaven.

Forward, Backward, Stepwise en Remove

Je kunt kiezen uit vier stapsgewijze regressiemethoden: *Forward, Backward, Stepwise* en *Remove* (zie het vak **Method** in het venster *Lineair Regression*).

- *Forward* komt overeen met de beschrijving hierboven. De onafhankelijke variabelen worden een voor een in het model opgenomen op basis van hun significanties. Als eerste wordt de variabele met de laagste *Probability-to-enter* (= hoogste F) opgenomen. Dit is de variabele met de hoogste enkelvoudige correlatie met de afhankelijke variabele. Bij de volgende stappen wordt steeds de variabele met dan de laagste *Probability-to-enter* toegevoegd, onder constant houding van de invloed van de variabelen die al zijn opgenomen. Als er geen significanties meer zijn die aan het *Probability*-criterium ($\leq$ 0,05) voldoen, is het model voltooid.
- *Backward* werkt precies omgekeerd. Er wordt uitgegaan van een regressiemodel met alle onafhankelijke variabelen. Per stap wordt de variabele met de hoogste significantie (= laagste F) uit het model verwijderd. Als verwijderings-criterium wordt een *Probability-of-F-to-remove* van 0,10 gebruikt, dit komt overeen met een *F-to-remove* van 2,71.
- De *Stepwise*-methode is een combinatie van Forward en Backward. Evenals bij Forward wordt eerst de meest significante variabele opgenomen op basis van de *Probability-to-enter*. Bij elke volgende stap kan een reeds opgenomen variabele weer worden verwijderd (Backward), indien door toevoeging van een nieuwe variabele de significantie van de opgenomen variabele niet meer aan het eliminatie-criterium (*Probability-to-remove*) voldoet. Om te voorkomen dat een variabele steeds opnieuw wordt opgenomen en weer wordt verwijderd, dient de *Probability-to-enter* altijd kleiner te zijn dan de *Probability-to-remove*.
- *Remove* is het omgekeerde van Stepwise. Er wordt begonnen met een model met alle variabelen.

Multiple regressie volgens de methode Stepwise

De vier stapsgewijze methoden leveren meestal hetzelfde regressiemodel op. Omdat *Stepwise* het meest wordt gebruikt, zullen we deze methode toelichten aan de hand van de regressie van 'winkelen' op 'afstand', 'inkomen' en 'leeftijd'. Handel zo:

1. Maak menukeuze **Analyze; Regression; Linear**. Het venster *Linear Regression* verschijnt.
2. Geef bij **Dependent** de afhankelijke variabele op ('winkelen'), en bij **Independent(s)** de onafhankelijke variabele(n) ('afstand', 'inkomen' en 'leeftijd').
3. Kies bij **Method** voor **Stepwise**.
4. Bevestig met **OK**.

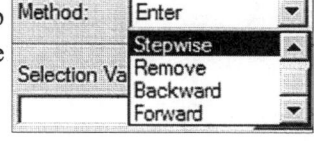

Uitvoer multiple regressie (Method Stepwise)

De standaard uitvoer van een multiple regressie bestaat uit vijf tabellen:

a. De tabel *Variables Entered/Removed* - met de opgenomen variabelen per stap.
b. De tabel *Model Summary* - met informatie over perfectie model per stap aan de hand van de *Multiple R* en *R Square*.
c. De tabel *ANOVA* - met de variantie-analyse per stap.
d. De tabel *Coefficients* - met de regressievergelijking en t-toets per stap.
e. De tabel *Excluded Variables* - met een overzicht van de variabelen die niet in de vergelijking zijn opgenomen per stap.

Variables Entered/Removed

De tabel *Variables Entered/Removed* geeft een overzicht van de variabelen die bij iedere stap in het model zijn opgenomen en het gebruikte opnamecriterium (standaard: *Probability-to-enter 0,05*).

Als eerste is de variabele 'afstand' opgenomen. Bij de tweede en laatste stap 'inkomen'.

Variables Entered/Removed [a]

Model	Variables Entered	Variables Removed	Method
1	afstand tot winkelcentrum	.	Stepwise (Criteria: Probability-of-F-to-enter <= .050, Probability-of-F-to-remove >= .100).
2	maandinkomen huishouden	.	Stepwise (Criteria: Probability-of-F-to-enter <= .050, Probability-of-F-to-remove >= .100).

a. Dependent Variable: winkelbezoeken per maand

Model Summary

De tabel *Model Summary* geeft informatie over de perfectie van het model na iedere stap, aan de hand van R (multiple correlatiecoëfficiënt) en *R Square* (determinatiecoëfficiënt). Na de eerste stap is R = 0,676 en R Square = 0,457. Dit betekent dat 45,7% van de variantie van 'winkelen' wordt verklaard door 'afstand'.

Bij de tweede stap wordt 'inkomen' aan het model toegevoegd. De twee onafhankelijke variabelen samen verklaren 60,6% van de variantie. Toevoeging van 'inkomen' zorgt dus voor 60,6-45,7=14,9% extra verklaring.

Model Summary

Model	R	R Square	Adjusted R Square	Std. Error of the Estimate
1	.676[a]	.457	.450	1.92
2	.778[b]	.606	.595	1.64

a. Predictors: (Constant), afstand tot winkelcentrum
b. Predictors: (Constant), afstand tot winkelcentrum, maandinkomen huishouden

Coefficients: de multiple regressievergelijking

In de tabel *Coefficients* staan de parameters van de regressievergelijking na iedere stap. In de regressievergelijking worden altijd de **partiële regressiecoëfficiënten B** (*Unstandardized coefficients*) gebruikt!

Beide onafhankelijke variabelen zijn uiteraard significant (*Sig.* =0,000), omdat bij stapsgewijze multiple regressie alleen de significante variabelen worden opgenomen. De regressievergelijking (na twee stappen) ziet er dus als volgt uit:

$$winkelen = 9{,}185 - 0{,}430 * afstand - 0{,}00079 * inkomen$$

Coefficients[a]

Model		Unstandardized Coefficients B	Unstandardized Coefficients Std. Error	Standardized Coefficients Beta	t	Sig.
1	(Constant)	7.165	.401		17.851	.000
	afstand tot winkelcentrum	-.564	.071	-.676	-7.897	.000
2	(Constant)	9.185	.516		17.785	.000
	afstand tot winkelcentrum	-.430	.066	-.516	-6.489	.000
	maandinkomen huishouden	-7.904E-04	.000	-.418	-5.249	.000

a. Dependent Variable: winkelbezoeken per maand

Coefficients: Beta-coëfficiënten

Na de eerste stap bedroeg de gestandaardiseerde regressiecoëfficiënt *Beta* van 'afstand' -0,676 (zie par. 37.3). Absoluut gezien is deze waarde gelijk aan de multiple correlatiecoëfficiënt R (bij enkelvoudige regressie geldt: |Beta| = multiple R).

Na de tweede stap bedraagt de Beta van 'afstand' -0,516 en de Beta van 'inkomen' -0,418. Bij iedere stap worden de Beta- en B-coëfficiënten en de intercept A opnieuw berekend en gecorrigeerd voor de invloed van de onafhankelijke variabelen die al in het model zijn opgenomen.

Een grotere (absolute) Beta betekent een relatief grotere invloed op de afhankelijke variabele 'winkelen'.

De variabele 'afstand' heeft dus het grootste aandeel in de verklaarde variantie van 'winkelen' (dit was ook al bekend van de *R Square*).

Excluded Variables

De tabel *Excluded Variables* geeft per stap een overzicht van de variabelen die (nog) niet in het model zijn opgenomen. Na twee stappen is het model voltooid.

De variabele 'leeftijd' voldoet niet aan het opnamecriterium en is dus niet significant (*Sig.* = *0,55*). Dat 'leeftijd' niet van invloed is op 'winkelen' blijkt ook uit de lage Beta-coëfficiënt (-0,047) en uit de partiële correlatiecoëfficiënt: de correlatie tussen 'leeftijd' en 'winkelen' bedraagt slechts -0,07 wanneer gecorrigeerd wordt voor het effect van 'afstand' en 'inkomen'.

Excluded Variables [c]

Model		Beta In	t	Sig.	Partial Correlation	Collinearity Statistics Tolerance
1	maandinkomen	-.418[a]	-5.249	.000	-.523	.853
	leeftijd	-.132[a]	-1.509	.136	-.174	.939
2	leeftijd	-.047[b]	-.598	.552	-.070	.893

a. Predictors in the Model: (Constant), afstand tot winkelcentrum
b. Predictors in the Model: (Constant), afstand tot winkelcentrum, maandinkomen
c. Dependent Variable: winkelbezoeken per maand

37.5 Opsporen van outliers

De verschillen tussen de door het regressiemodel voorspelde Y-waarden en de 'echte' Y-waarden van de afhankelijke variabele worden de *residuen* genoemd.

De cases met de grootste residuen - en dus met de grootste afwijkingen - heten *outliers*. Outliers zijn vaak van invloed op de uiteindelijke regressievergelijking. We kunnen outliers opsporen en ze nader analyseren.

TIP Door de residuen te analyseren, kun je de vooronderstellingen ten aanzien van de lineariteit van het model en ten aanzien van de residuen (een normale verdeling met een gemiddelde van 0 en een constante variantie) controleren (par. 37.6).

Residuen: statistische maten
Wil je dat een uitvoertabel wordt gemaakt met de statistische maten van de residuen, handel dan zo:
1. Maak menukeuze **Analyze; Regression; Linear**. Geef de afhankelijke en onafhankelijke variabele(n) op en kies bij **Method** de gewenste methode.
2. Kies **Statistics**. Het venster *Linear Regression Statistics* verschijnt.
3. Activeer de optie **Casewise diagnostics**.
4. Activeer als nodig de optie **Outliers outside** en geef de afstand van het aantal standaarddeviaties op. Klik op **Continue**.
5. Bevestig met **OK**. De standaarduitvoer verschijnt plus de tabellen *Residuals Statistics* en *Casewise Diagnostics* (met een overzicht van de outliers).

Residuals Statistics[a]

	Minimum	Maximum	Mean	Std. Deviation	N
Predicted Value	-.29	7.63	4.51	2.01	76
Residual	-3.46	3.40	1.09E-15	1.62	76
Std. Predicted Value	-2.387	1.547	.000	1.000	76
Std. Residual	-2.102	2.069	.000	.987	76

a. Dependent Variable: winkelbezoeken per maand

Uitvoer Residuals Statistics
Als gevolg van de kleinste-kwadraten methode is het gemiddelde van de residuen altijd gelijk aan 0. De beide gestandaardiseerde variabelen hebben een gemiddelde van 0 en een standaarddeviatie van 1. De grootste outlier in ons voorbeeld is -3.46 (dit komt overeen met een gestandaardiseerde waarde van -2,102).

Extra statistische maten als variabelen bewaren bij opsporen outliers
Tijdens een regressie-analyse kun je een aantal berekeningen laten maken die niet alleen in de uitvoertabel *Residual Statistiscs* worden getoond, maar ook als variabelen in het gegevensbestand komen. Dit helpt je bij het opsporen van de outliers.
   Klik hiertoe in het venster *Linear Regression* op de knop **Save**.
Het venster *Linear Regression: save* verschijnt met een baaierd aan mogelijkheden (zie par. 38.2):

Predicted	voorspelde Y-waarden.
Residual	residuen (verschil voorspelde en waargenomen Y-waarden).
Zpredicted	gestandaardiseerde Y-waarden (*Std. Predicted Value*).
Zresidual	gestandaardiseerde residuen (*Std. Residual*).

De gestandaardiseerde variabelen zijn uitgedrukt in Z-scores (gem.=0; std. dev.=1). Een case met een *gestandaardiseerde* residu van -1,3 heeft een kleinere Y-waarde dan de voorspelde Y-waarde, en ligt 1,3 eenheden standaarddeviatie onder de lijn.

Outliers

De cases die het verst van de lijn liggen worden *outliers* genoemd. SPSS hanteert hiervoor een *Zresidual* van meer dan |3| standaard deviaties.

Het is beter om een grens van 2 standaard deviaties te hanteren. De residuen dienen immers normaal verdeeld te zijn. Dit betekent dat 95% van de cases binnen 2 standaard deviaties van het gemiddelde (de lijn) moet liggen. Cases met zeer grote gestandaardiseerde residuen (>5) kunnen vaak beter buiten het model worden gelaten.

In de tabel **Casewise Diagnostics** krijg je een overzicht van de outliers. Er blijken 3 cases met een *gestandaardiseerde residu* van meer dan 2.

Casewise Diagnostics[a]

Case Number	Std. Residual	winkelbezoek en per maand	Predicted Value	Residual
16	2,095	10	6,54	3,460
25	-2,039	3	6,37	-3,368
57	-2,008	1	4,32	-3,317

a. Dependent Variable: winkelbezoeken per maand

37.6 Residuen-analyse

Om een regressie-analyse te kunnen uitvoeren, moet ten aanzien van de residuen aan drie vooronderstellingen zijn voldaan: de residuen zijn normaal verdeeld, met een gemiddelde van 0 en een constante variantie.

Aan de vooronderstelling van het gemiddelde (0) wordt per definitie voldaan. De beide andere vooronderstellingen kunnen we controleren met de *grafieken* die bij de regressie-analyse worden geboden.

Grafieken (plots) voor residuen-analyse kiezen

Wil je plots voor het analyseren van residuen, handel dan zo:
1. Maak menukeuze **Analyze; Regression; Linear**. Geef de afhankelijke en onafhankelijke variabele(n) op en kies bij **Method** de gewenste methode.
2. Kies **Plots**. Het venster *Linear Regression: Plots* verschijnt.
3. Kies voor de scatter wat op de y-as en x-as moet komen (zie ook hieronder).
4. Maak je keuze of je extra grafieken wilt (*Histogram, Normal probability plot*).
5. Kies **Continue**.
6. Klik op **OK**. De standaarduitvoer verschijnt plus de gewenste grafieken.

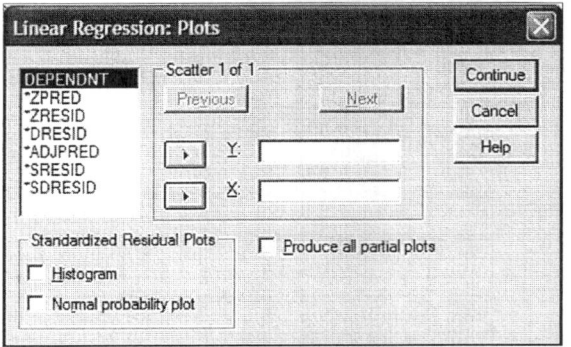

Vooronderstelling 1: Zijn de residuen normaal verdeeld?

Met een histogram en/of een normal probability plot kan worden onderzocht of de residuen normaal verdeeld zijn:

a. Met de optie **Histogram** wordt een histogram met normale curve gemaakt van de gestandaardiseerde residuen.
b. Met **Normal probability plot** wordt een *Normal P-P plot* van de gestandaardiseerde residuen gemaakt. Als er sprake is van een normale verdeling liggen alle punten op (rondom) de diagonaal. Uit ons voorbeeld blijkt dat de gestandaardiseerde residuen als normaal verdeeld kunnen worden beschouwd. (zie voor *normal probability plots* ook par. 30.8).

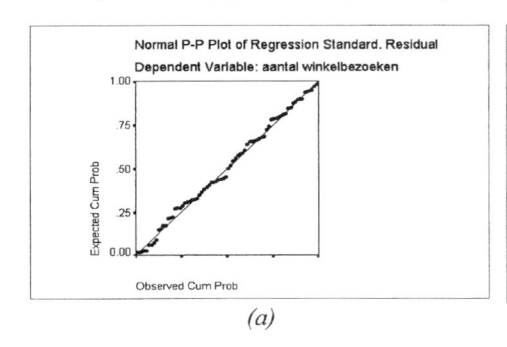

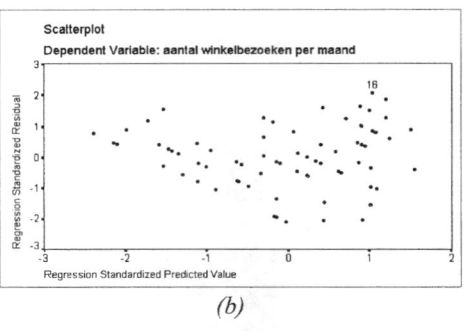

Normal probability plot van gestandaardiseerde residuen (a) en scatterplot gestand. voorspelde Y met gestand. residuen (b).

TIP Als je zeker wilt weten of de residuen normaal verdeeld zijn, moet je ze bewaren als variabelen (met de knop **Save**) en daarna met **Analyze; Descriptive Statistics; Explore**; knop **Plots** de optie **Normality plots with tests** activeren.

Vooronderstelling 2: Is de variantie van de residuen constant?
In het venster *Linear Regression: Plots* waar je spreidingsdiagrammen (*scatterplots*) maakt bij de regressie-analyse, staan de beschikbare variabelen in een lijst.

De afhankelijke variabele wordt aangeduid met DEPENDNT. De andere variabelen worden door SPSS tijdens de analyse vanzelf gemaakt.

Door de gestandaardiseerde residuen (*ZRESID) op de Y-as af te zetten en de gestandaardiseerde voorspelde Y-waarden (*ZPRED) op de X-as, kunnen we nagaan of de variantie van de residuen constant is.

Als er geen duidelijk patroon valt waar te nemen, zijn de residuen onafhankelijk van de voorspelde Y-waarden en is de variantie constant. Als de punten in de grafiek een 'toeter' vormen - en dus van links naar rechts steeds verder van de nul-lijn liggen (of er steeds dichter bij) - is de variantie niet constant. Het patroon is voldoende *random* om een constante variantie te mogen vooronderstellen.

TIP Als je de grafiek in de *Chart Editor* opent, en met de **Data Id Mode**-knop op een stip klikt, wordt het case-nummer dat bij die stip hoort in de grafiek gezet. Wanneer je daarna de *Data Editor* activeert, springt de cursor vanzelf naar de betreffende case. Je kunt zo gemakkelijk *outliers* opsporen.

Vooronderstelling 3: Is het regressiemodel lineair?
We kunnen met het spreidingsdiagram ook controleren of het model *lineair* is. In dat geval vertonen de residuen geen duidelijk patroon: alle positieve en negatieve residuen liggen dan evenwichtig gespreid rondom de horizontale nul-lijn.

In ons voorbeeld is redelijk aan deze eis voldaan. Indien het model niet lineair is, is er sprake van een *duidelijk* patroon; bijvoorbeeld een kromme of parabool.

Je kunt de lineariteit van het model ook controleren door de waargenomen (DEPENDNT) en voorspelde Y-waarden tegen elkaar af te zetten. Als het model lineair is liggen de punten op (rondom) de diagonaal van de grafiek.

Wat te doen als niet aan de vooronderstellingen is voldaan?
Als het model niet lineair is, of als aan de vooronderstellingen ten aanzien van de residuen niet is voldaan, kun je de variabelen *transformeren*. Je kunt zowel de afhankelijke als onafhankelijke variabele(n) transformeren. Het soort trans-formatie is afhankelijk van de afwijking van het model. Meestal worden (natuurlijke) logaritmen of wortels gebruikt.

38 REGRESSIE-ANALYSE: VERDERE OPTIES

Bij regressie-analyse in SPSS beschik je over talloze opties om de standaard uitvoer te wijzigen of uit te breiden.

38.1 Extra statistische maten bij enkelvoudige regressie-analyse

Bij enkelvoudige regressie-analyse (menukeuze **Analyze; Regression; Linear**) kunnen diverse statistische maten worden opgegeven.

Klik daartoe in het venster *Linear Regression* op de knop **Statistics** en kies vervolgens de gewenste uitvoer (de opties **Estimates** en **Model fit** zijn standaard geactiveerd).

Estimates	Tabel *Coefficients* met de intercept A (*Constant*), de regressiecoëfficiënten B, Beta-coëfficiënten en t-waarden.
Confidence intervals	95%-betrouwbaarheidsinterval voor de regressiecoëfficiënten B en de intercept A.
Covariance matrix	Correlatiematrix en covariantiematrix tussen de onafhankelijke variabelen.

Model fit	Tabellen *Model Summary* & *ANOVA*.
R squared change	Verandering R Square en F-waarde per stap.
Descriptives	Gemiddelde, standaarddeviatie en aantal cases voor de afhankelijke en alle onafhankelijke variabelen.
Part and partial corr	Enkelvoudige *(zero-order)* en partiële correlatie-coëfficiënten van alle onafhankelijke variabelen met afhankelijke variabele.
Collinearity diagnostics	Eigenwaarden van de kruisproduct-matrix; variance inflation factor (VIF) en tolerantie.
Casewise diagnostics	Statistische maten voor de vier tijdelijke variabelen. Optie **Outliers outside** = residuen voor *Outlier*-cases; optie **All cases** = residuen voor alle cases.

Durbin-Watson	Statistische maten voor de vier tijdelijke variabelen en *Durbin-Watson* toets in *Model Summary*.

Durbin-Watson toets

Met de Durbin-Watson toets wordt onderzocht of er sprake is van *autocorrelatie*. Dit is het geval wanneer opeenvolgende cases en hun residuen met elkaar correleren. De waarden van de residuen worden dan beïnvloed door de volgorde van de cases. De residuen zijn dan niet onafhankelijk van X_i.

Autocorrelatie komt onder andere voor bij tijdreeksen: als de cases een reeks opeenvolgende perioden zijn en de gegevens hiermee correleren (bijvoorbeeld bij jaarlijkse huurprijzen). Autocorrelatie komt ook voor bij geografische eenheden: als de gegevens worden beïnvloed door de ligging van een gebied ten opzichte van andere gebieden (zoals bij neerslag en temperatuur).

De waarde van de Durbin-Watson toets ligt altijd tussen 0 en 4. Bij een waarde in de buurt van 2 is er geen autocorrelatie. Een exacte interpretatie van de toets is alleen aan de hand van een tabel mogelijk.

38.2 Bewaren tijdelijke variabelen bij regressie-analyse

Tijdens de regressie-analyse wordt een groot aantal tijdelijke variabelen aangemaakt, die in de data file bewaard kunnen worden.

De variabelenamen worden in de data file afgekort. De volledige naam wordt *variable label*.

Je kunt kiezen uit de door SPSS aangemaakte variabelen om te bewaren in je bestand.

Maak menukeuze **Analyze; Regression; Linear** en klik in het venster *Linear Regression* op **Save**. Bevestig met **Continue**.

Predicted Values

Unstandardized	Door regressievergelijking voorspelde Y-waarden.
Standardized	Gestandaardiseerde voorspelde Y-waarden.
Adjusted	Voorspelde Y, indien de betreffende case *niet* wordt gebruikt bij berekening van de regressievergelijking.

Residuals

Unstandardized	Residu = afhankelijke variabele minus voorspelde Y.
Standardized	Gestandaardiseerde residuen: residu gedeeld door de standaarddeviatie van de residuen.
Studentized	Gestandaardiseerde residuen. Residu wordt gedeeld door een standaarddeviatie, die per case geschat wordt op basis van de afstand van die case tot het gemiddelde van X_i. Studentized is geschikter voor controle vooronderstellingen dan Standardized.
Deleted	Residu, indien de betreffende case *niet* wordt meegenomen in de berekening van de regressievergelijking.

Distances

Mahalanobis	Mahalanobis distance: afstand van elke case tot het gemiddelde van alle onafhankelijke variabelen.
Cook's	Cook's distance: maat die aangeeft hoeveel de residuen van alle cases veranderen, als de betreffende case niet in de berekeningen wordt meegenomen.
Leverage values	Maat die aangeeft hoeveel invloed de betreffende case heeft op de *fit* van het model.

Prediction Intervals

Mean	Onder- en bovengrens van de gemiddelde voorspelde Y-waarde, op basis van alle cases.
Individual	Onder- en bovengrens voorspelde Y-waarde voor elke case.
Confidence Interval	Opgeven betrouwbaarheidsinterval (standaard 95%).

Influence Statistics

DfBeta(s)	Verandering in waarde van elke regressiecoëfficiënt B_i en van de intercept A, indien de betreffende case buiten de berekening wordt gelaten.
DfFit	Verandering in de voorspelde Y-waarde, indien de betreffende case buiten de berekening wordt gelaten.

38.3 Wijzigen berekeningscriteria bij regressie-analyse

De berekeningscriteria van de regressie-analyse en de wijze van behandeling van missing values kunnen worden ingesteld.

Maak daartoe menukeuze **Analyze; Regression; Linear** en klik in het venster *Linear Regression* op **Options**.

Stepping Method Criteria
Wijzigen opname- en verwijderingscriteria voor stapsgewijze multiple regressie. Standaard wordt een *Probability-of-F-to-enter* van 0,05 gebruikt (of 0,10 voor *Probability F-to-remove*). Dit komt overeen met een *F-to-enter* van 3,84 (of 2,71 voor *F-to-remove*). Je kunt deze standaardinstelling het beste handhaven.

Aan- & uitzetten intercept
Door de optie **Include constant in equation** te *de-activeren*, kan de intercept A worden 'uitgezet'. De regressielijn wordt dan zo berekend dat hij geforceerd door de *oorsprong* (dus: het punt $X_i=0$; $Y=0$) loopt.

Missing values
Voor de behandeling van de missing values in de correlatiematrix waaruit de regressievergelijking wordt berekend, kan gekozen worden uit:

Exclude cases llistwise	Berekening correlatiematrix op basis van de cases die voor alle variabelen valide zijn (= standaard).
Exclude cases pairwise	Elke correlatiecoëfficiënt wordt berekend met alle valide cases voor de betreffende coëfficiënt.
Replace with mean	Alle missing values worden vervangen door het gemiddelde van de betreffende variabele.

39 NIET-PARAMETRISCHE TOETSEN

De tot nu toe besproken statistische toetsen waren hoofdzakelijk *parametrisch*, dat wil zeggen dat een normale steekproevenverdeling wordt verondersteld. Hierbij moeten de variabelen zijn gemeten op interval- of ratioschaal (*scale*).

Als de variabelen zijn gemeten op nominale of ordinale schaal, of als de steekproevenverdeling niet normaal is, dan moet je gebruik maken van *niet-parametrische toetsen* (of *vrije-verdelingstoetsen*).

Het gaat dan onder meer om de **Mann-Whitney toets**, de **Wilcoxon signed-ranks toets** en de **Kruskal-Wallis toets**.

39.1 Werken met niet-parametrische toetsen

Aan niet-parametrische toetsen worden andere eisen gesteld dan aan parametrische: er wordt uitgegaan van een aselecte steekproef en de data moeten ordinaal (soms nominaal) zijn. Aan de steekproevenverdeling worden geen eisen gesteld.

Nadeel niet-parametrische toetsen
Het nadeel van niet-parametrische toetsen is dat ze minder 'krachtig' zijn, dus dat een onjuiste nulhypothese minder snel verworpen zal worden. Dit komt onder andere doordat de data een lager meetschaalniveau hebben en indien nodig worden omgezet in rangordes (ordinale schaal).

LET OP Als de oorspronkelijke data zijn gemeten op interval- of ratioschaal gaat er informatie verloren.

Niet-parametrische toetsen in SPSS: een overzicht
Alle niet-parametrische toetsen kun je activeren na menukeuze **Analyze; Nonparametric Tests**. De toetsen kunnen worden ingedeeld in drie groepen: vergelijken van één steekproef met een theoretische verdeling (*One-sample tests*), vergelijken van onafhankelijke steekproeven (*Independent samples tests*) en vergelijken van gepaarde steekproeven (*Related samples tests*).

LET OP In de dialoogvensters van de niet-parametrische toetsen is standaard de meest gangbare variant van de toets geselecteerd. Daarnaast kun je vaak nog een aantal verwante toetsen kiezen. Deze toetsen geven meestal dezelfde uitkomst als de standaardtoets, maar zijn minder 'krachtig'.

One-sample tests

Toetsen om te onderzoeken of een variabele een *theoretische* verdeling volgt:
- **Chi-kwadraat toets** om na te gaan of de frequentieverdeling van een *nominale* variabele overeenkomt met een theoretische verdeling (par. 39.2).
- **Binomiale toets** om na te gaan of de verdeling van een *dichotome* variabele overeenkomt met een theoretische verdeling (par. 39.3).
- **Runs toets** om na te gaan of de opeenvolgende waarden van een *dichotome* variabele onafhankelijk van elkaar zijn. Deze toets is alleen zinvol wanneer de volgorde van de cases een betekenis heeft (par. 39.4).
- **Kolmogorov-Smirnov goodness-of-fit toets** voor één steekproef (*1-Sample K-S*) om na te gaan of een ordinale (of een interval/ratio) variabele een normale, een uniforme of een Poisson-verdeling volgt (par. 39.5).

Independent samples tests

Toetsen om te onderzoeken of twee of meer onafhankelijke steekproeven afkomstig zijn uit populaties met een identieke verdeling:
- **Mann-Whitney toets** om na te gaan of twee onafhankelijke steekproeven (*2 Independent Samples*) afkomstig zijn uit dezelfde populatie; niet-parametrisch alternatief voor de Student's t-toets (par. 39.6).
- **Kruskal-Wallis toets** om na te gaan of meer dan twee onafhankelijke steekproeven (*K Independent Samples*) afkomstig zijn uit dezelfde populatie; niet-parametrisch alternatief voor variantie-analyse (par. 39.7).

Related samples tests

Toetsen om te onderzoeken of twee of meer afhankelijke (gepaarde) steekproeven afkomstig zijn uit populaties met een identieke verdeling:
- **Wilcoxon signed-ranks toets** om na te gaan of twee gepaarde steekproeven (*2 Related Samples*) afkomstig zijn uit dezelfde populatie; niet-parametrisch alternatief voor de gepaarde t-toets (par. 39.8).
- **Friedman-toets** om na te gaan of meer dan twee gepaarde steekproeven (*K Related Samples*) afkomstig zijn uit dezelfde populatie (par. 39.9).

LET OP Bij de hier besproken **niet-parametrische toetsen (nonparametric tests)** kunnen *alleen numerieke variabelen* worden gebruikt. Dat geldt zowel voor de testvariabelen als voor de groepeervariabelen.

Wil je toetsen gebruiken voor alfanumerieke variabelen, dan moet je ze eerst hercoderen tot numerieke variabelen met menukeuze **Transform; Recode**.

39.2 Chi-kwadraat toets voor één steekproef

Met behulp van een *Chi-kwadraat toets* (χ^2) kunnen we onderzoeken of de frequentieverdeling van een *nominale* variabele overeenkomt met een uniforme verdeling, of met een zelf op te geven verdeling. De toets is vergelijkbaar met de χ^2-toets voor het verband tussen twee nominale variabelen (zie hoofdstuk 32).

De Chi-kwadraat toets nader bekeken

Bij de Chi-kwadraat toets voor één steekproef wordt voor elke klasse de waargenomen frequentie (*Observed*) vergeleken met de theoretische frequentie (*Expected*).

Als de waarde van Chi-kwadraat dicht bij nul ligt, zijn de waargenomen en verwachte frequenties (praktisch) aan elkaar gelijk en zal de nulhypothese niet worden verworpen. De frequentieverdeling van de variabele is dan gelijk aan de theoretische verdeling. Is de waarde van Chi-kwadraat hoog, dan wordt de nulhypothese wel verworpen en zijn de beide frequentieverdelingen niet identiek.

Chi-kwadraat toets voor een uniforme verdeling

Handel voor het uitvoeren van een Chi-kwadraat toets als volgt:
1. Maak menukeuze **Analyze; Nonparametric Tests; Chi-Square**. Het venster *Chi-Square Test* verschijnt.
2. Geef de gewenste testvariabele(n) op (die komen bij **Test Variable List**).
3. De Chi-kwadraat toets wordt standaard uitgevoerd voor alle klassen (optie **Get from data**), maar kan eveneens voor een aantal *opeenvolgende* klassen worden uitgevoerd. (Kies **Use specified range** en geef de waarde van de laagste (*Lower*) en hoogste (*Upper*) klasse op.)
4. Bevestig met **OK**.

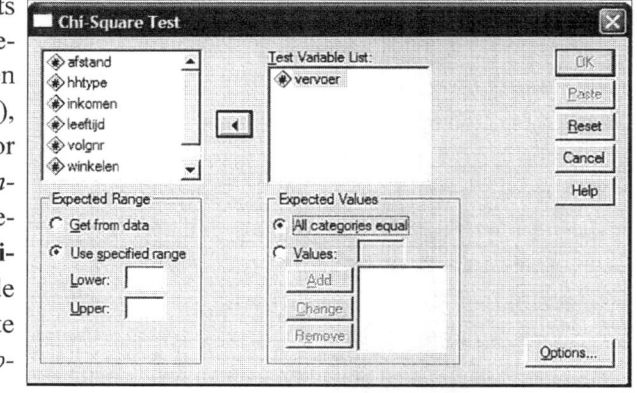

LET OP Als je een *beperkt* aantal klassen opgeeft, vindt de klassenindeling plaats op basis van gehele getallen. Decimalen worden helemaal genegeerd (zo wordt 2.7 als 2 geteld). Als de toets voor *alle* klassen wordt uitgevoerd (standaard), wordt bij de klassenindeling *wel* rekening gehouden met cijfers achter de komma.

Uitvoer Chi-kwadraat toets

Bij wijze van voorbeeld willen onderzoeken of het aandeel fietsers, automobilisten en openbaar vervoerreizigers aan elkaar gelijk is. (de testvariabele wordt 'vervoer').

Bij een standaard Chi-kwadraat toets wordt ervan uit gegaan dat de verwachte frequenties in alle klassen gelijk zijn (*uniforme verdeling*). Omdat de variabele 'vervoer' 80 valide cases telt, wordt dus getoetst of de frequentie per klasse (= type vervoermiddel) gelijk is aan 80/3=26,67.

De uitvoer van de Chi-kwadraat toets bestaat uit twee tabellen. In de tabel *Vervoermiddel* worden de frequentieverdelingen getoond. De kolom *Observed N* geeft de frequenties per vervoermiddel weer: 28 fietsers, 29 automobilisten, 23 openbaar vervoer-reizigers. In de kolom *Expected N* staan de verwachte frequenties, die bij een uniforme verdeling voor elk vervoermiddel gelijk zijn: 80/3=26,67. In de kolom *Residual* staat het verschil tussen beide frequenties.

In de tabel *Test Statistics* staat de uitkomst van de Chi-kwadraat toets. De toetsingsgrootheid *Chi-Square* bedraagt 0,775. Het aantal vrijheidsgraden (*df*) is gelijk aan het aantal klassen minus 1 (3-1=2). De overschrijdingskans is 0,679. Dit betekent dat de nulhypothese - dat de frequentieverdeling in alle klassen gelijk is - niet wordt verworpen *(Asymp. Sig. >0,05)*.

vervoermiddel

	Observed N	Expected N	Residual
fiets	28	26,7	1,3
auto	29	26,7	2,3
openbaar vervoer	23	26,7	-3,7
Total	80		

Test Statistics

	vervoermiddel
Chi-Square[a]	,775
df	2
Asymp. Sig.	,679

a. 0 cells (,0%) have expected frequencies less than 5. The minimum expected cell frequency is 26,7.

Chi-kwadraat toets voor een niet-uniforme verdeling

De Chi-kwadraat toets wordt standaard uitgevoerd over gelijke verwachte frequenties. Toetsing op een andere verdeling is mogelijk door zelf een frequentieverdeling op te geven (in het vak **Expected Values** in het venster *Chi-Square*).

De frequentie die je het eerst opgeeft, wordt aan de eerste klasse (hier: fietsers) gekoppeld; de volgende frequentie aan de tweede klasse etc.

De opgegeven frequenties worden omgezet in proporties, zodat het totaal overeenkomt met het aantal waargenomen cases. Uiteraard moet het aantal opgegeven frequenties gelijk zijn aan het aantal onderscheiden klassen.

Je kunt toetsen of de frequentieverdeling van de variabele 'vervoer' gelijk is aan 10 fietsers, 50 automobilisten en 20 OV-gebruikers. Handel als volgt:

1. Maak menukeuze **Analyze; Nonparametric Tests; Chi-Square**.
2. Geef de gewenste testvariabele op (in ons voorbeeld 'vervoer').
3. Selecteer de variabele 'vervoer' in het vak **Test Variable List**.
4. Activeer in het vak **Expected Values** de optie **Values** en geef de waarde 10 op en klik vervolgens op **Add**.
5. Voer op dezelfde wijze de frequenties 50 en 20 in.
6. Klik op **OK** om de opdracht uit te voeren.

Instellen uitvoer Chi-kwadraat toets

De uitvoer van de Chi-kwadraat toets kun je uitbreiden via de knop **Options** in het venster *Chi-Square Test.* De volgende opties beschikbaar:

Descriptive	minimum, maximum, gemiddelde, standaarddeviatie en aantal valide cases.
Quartiles	waarden eerste kwartiel, mediaan en derde kwartiel (dus het 25ste, 50ste en 75ste percentiel).
Exclude cases test-by test	Per toets worden alle valide cases gebruikt (= standaard).
Exclude cases listwise	Bij meerdere toetsen tegelijk worden alleen die cases gebruikt, die voor *alle* opgegeven variabelen valide zijn).

39.3 De binomiale toets

Met de menukeuze **Analyze; Nonparametric Tests; Binomial** kan worden getoetst of de relatieve frequentieverdeling van een dichotome variabele overeenkomt met een verwachte binomiale verdeling.

Met de opdracht in het venster *Binomial Test* wordt op basis van de steekproef getoetst of het aandeel mannen en vrouwen in de populatie gelijk is.

Standaard wordt de proportionele verdeling altijd vergeleken met een gelijke verdeling: **Test Proportion: .50**.

LET OP Een *dichotome* variabele is een variabele die slechts twee verschillende waarden heeft, zoals de variabele 'sexe' (1 = *man* en 2 = *vrouw*). (Zie par. 23.4)

Uitvoer binomiale toets

De waarde die in de data file het *eerste* voorkomt, wordt in de uitvoertabel *Group* 1 (in ons voorbeeld staat in groep 1 de *Category* 'vrouw' (=2)). De andere waarde wordt *Group 2* (in ons voorbeeld staat in groep 2 de *Category* 'man' (=1)).

Het aandeel vrouwen bedraagt 0,54 (*Observed Prop.*). Deze *proportie* wordt vergeleken met de verwachte frequentie (*Test Prop.*) van 0,50.

De nulhypothese - dat het aandeel vrouwen en mannen gelijk is - wordt niet verworpen (*Asymp. Sig.* >0.05).

Binomial Test

		Category	N	Observed Prop.	Test Prop.	Asymp. Sig. (2-tailed)
geslacht	Group 1	vrouw	42	.53	.50	.737[a]
	Group 2	man	38	.48		
	Total		80	1.00		

a. Based on Z Approximation.

Toetsing van een niet-dichotome variabele

Een variabele die uit meer dan twee categorieën bestaat, kun je dichotoom maken door in het vak **Define Dichotomy** van het venster *Binomial Test* de optie **Cut point** te kiezen en een grenswaarde op te geven.

Cases met een waarde *kleiner dan of gelijk aan* de grenswaarde worden in *Group 1* ingedeeld, de overige valide cases in *Group 2*.

Toetsing op een andere proportie

Door in het venster *Binomial Test* achter **Test Proportion** een *proportie* (tussen 0 en 1) op te geven, voer je de toets uit op basis van een die kansverhouding.

Denk eraan, dat de proportie die je opgeeft altijd betrekking heeft op de categorie die in de data file het *eerste* voorkomt en dus in de uitvoer bovenaan staat!

Als op een andere proportie dan 0,50 wordt getoetst, wordt de overschrijdingskans altijd eenzijdig berekend (*Asymp. Sig. 1-tailed*).

39.4 De Runs toets op onafhankelijkheid

Met de *Wald-Wolfowitz Runs toets* (kortweg: Runs toets) kan onderzocht worden of opeenvolgende waarden van een dichotome variabele onafhankelijk van elkaar zijn, dus dat de waarde van een case de waarde van de volgende case niet beïnvloedt.

Je toetst dus of de cases onafhankelijk van elkaar ('random') zijn en geen systematiek vertonen. Daarbij test je of bepaalde factoren van invloed zijn op de gemeten waarden (bijvoorbeeld of de meting 's ochtends of 's avonds is gedaan).

De Runs toets
De Runs toets is gebaseerd op het aantal *runs*. Dit is het aantal series van dezelfde waarde, als de cases op volgorde staan. Stel je gooit 10 keer achter elkaar met een munt: *kkmmmkmmmk*. (*k*=kop; *m*=munt). Er is dan sprake van 5 runs: *kk, mmm, k, mmm* en *k*. Het minimum aantal is 1 run (10 keer achter elkaar kop, of munt).

Bij 5x kop gevolgd door 5x munt (of omgekeerd) is er sprake van 2 runs. Het maximum bedraagt in dit voorbeeld 10 runs (om en om kop en munt).

Als de volgorde van de waarden willekeurig (*random*) is, zal het aantal runs ergens in het midden liggen. Is er sprake van een systematiek dan is het aantal runs klein (in de buurt van 2) of erg groot (in de buurt van het maximum). In dat geval wordt de nulhypothese dat de opeenvolgende waarden random zijn, verworpen.

Het snijpunt van de Runs toets
Standaard in SPSS bij de Runs toets is het snijpunt de *mediaan*. Maar je kunt ook gemiddelde (*mean*) of modus (*mode*) kiezen, of zelf een snijpunt opgeven. De waarden beneden het snijpunt komen in de ene categorie; de waarden die groter dan of gelijk zijn aan het snijpunt, komen in de andere categorie.

Uitvoeren van Runs toets in SPSS
Het uitvoeren van een Runs toets in SPSS doe je als volgt:
1. Maak menukeuze **Analyze; Nonparametric Tests; Runs**.
2. Geef in het venster *Runs Test* de testvariabele(n) op. Deze variabele(n) komt in het vak **Test Variable List**.
3. Kies bij **Cut Point** een eigen (of extra) snijpunt.
4. Bevestig de opdracht met **OK**.

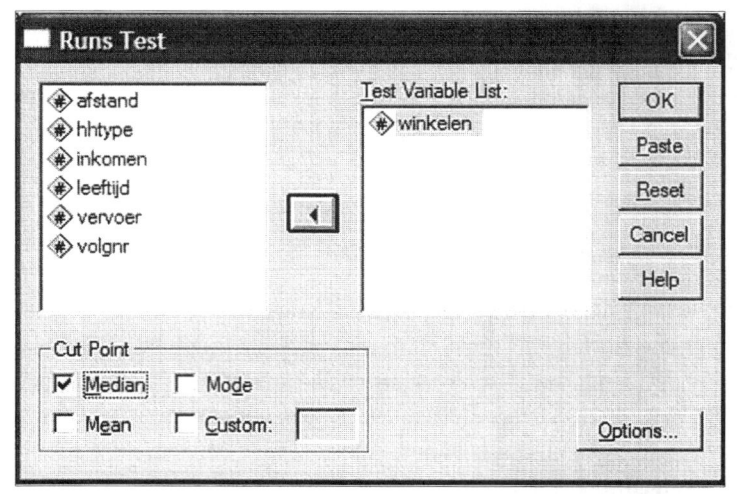

Runs toets toegepast op voorbeeldbestand

We gaan onderzoeken of de variabele 'winkelen' onafhankelijk is. De 80 respondenten zijn na elkaar - op één dag - ondervraagd. De volgorde van de cases weerspiegelen het tijdstip van ondervraging.

We gaan nu testen of er een relatie is tussen winkelgedrag en tijd van winkelen.

Als de Runs toets aantoont dat er geen relatie is tussen de winkelfrequentie en het dagdeel waarop men winkelt blijkt 'winkelen' inderdaad *random* te zijn (t.o.v. het tijdstip van ondervraging).

Als het dagdeel wél van invloed blijkt, moet je hiermee in de onderzoeksresultaten rekening houden (zoals door te *wegen*).

Runs Test

	winkelbezoeken per maand
Test Value[a]	4.50
Cases < Test Value	40
Cases >= Test Value	40
Total Cases	80
Number of Runs	43
Z	.450
Asymp. Sig. (2-tailed)	.653

a. Median

Uitvoer standaard Runs toets

De uitvoer van de Runs toets bestaat uit de tabel *Runs Test*. Standaard worden de waarden onderscheiden op basis van de mediaan, de standaard *Test Value* (hier: 4,5 - of 5 als er geen decimalen zijn opgegeven als celeigenschap). Beide groepen zijn even groot (40 cases). De variabele 'winkelen' telt 43 runs.

Aan de hand van de tweezijdige overschrijdingskans van 0,653 wordt de nulhypothese - dat de opeenvolgende waarden *random* zijn - niet verworpen.

39.5 Kolmogorov-Smirnov toets voor één steekproef

De *Kolmogorov-Smirnov toets* voor één steekproef is een *goodness-of-fit* toets om te onderzoeken of de verdeling van een ordinale (of interval/ratio) variabele overeenkomt met een normale verdeling, dan wel een Poisson-verdeling, een uniforme verdeling, of een exponentiële verdeling.

Bij de Kolmogorov-Smirnov toets worden alle waargenomen en verwachte *cumulatieve* frequenties van elkaar afgetrokken. Op basis van het grootste absolute verschil wordt een Z-waarde berekend.

Uitvoeren Kolmogorov-Smirnov toets voor één steekproef

Voor het uitvoeren van een K-S toets voor één steekproef handel je zo:
1. Maak menukeuze **Analyze; Nonparametric Tests; 1-Sample K-S**
2. Kies in het venster *One-Sample Kolmogorov-Smirnov Test*. Kies de gewenste testvariabele (als 'inkomen').
3. Kies bij **Test Distribution** de verdelingen. In ons voorbeeld kiezen we hier **Normal** (= de normale verdeling).
4. Bevestig met **OK**.

TIP Zie voor een *Kolmogorov-Smirnov toets* voor twee steekproeven par. 39.6.

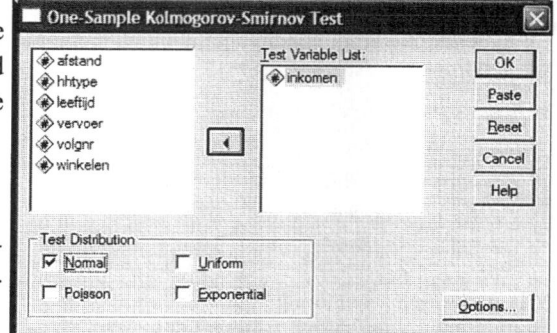

Uitvoer Kolmogorov-Smirnov toets

De toetsingsgrootheid Z wordt berekend op basis van het grootste *absolute* verschil (= 0,143) tussen de cumulatieve frequentieverdeling van de variabele 'inkomen' en de cumulatieve normale verdeling. De tweezijdige overschrijdingskans (*Asymp. Sig. 2-tailed*) is 0,088. De nulhypothese dat de variabele 'inkomen' normaal is verdeeld, wordt dus net niet verworpen (bij $\alpha=0,05$).

One-Sample Kolmogorov-Smirnov Test

		maandinkomen
N		76
Normal Parameters[a,b]	Mean	3350.00
	Std. Deviation	1365.14
Most Extreme Differences	Absolute	.143
	Positive	.143
	Negative	-.088
Kolmogorov-Smirnov Z		1.249
Asymp. Sig. (2-tailed)		.088

a. Test distribution is Normal.
b. Calculated from data.

TIP Met de knop **Options** kan een aantal statistische maten worden berekend en kun je opgegeven hoe de missing values behandeld moeten worden.

39.6 De Mann-Whitney toets

De *Mann-Whitney toets* is een niet-parametrische toets die uitgevoerd kan worden als niet aan alle vooronderstellingen voor een *Student's t-toets* is voldaan. De t-toets vereist een interval- of ratiovariabele en een normale steekproevenverdeling.

De Mann-Whitney toets vereist slechts een ordinale meetschaal, maar werkt alleen bij *numerieke* groepeervariabelen (hercodeer alfanumerieke variabelen met de **AutoRecode**-opdracht! Zie par. 14.5).

Mann-Whitney toets nader bekeken

Met de Mann-Whitney toets wordt de nulhypothese getoetst dat twee steekproeven afkomstig zijn uit identieke populaties, dus dat de verdelingen gelijk zijn. De cases van beide steekproeven worden gecombineerd en daarna gerangordend.

Vervolgens worden de rangscores voor iedere afzonderlijke steekproef opgeteld. Als de steekproeven afkomstig zijn uit dezelfde populatie zullen de beide gesommeerde rangscores (ongeveer) even groot zijn.

TIP De Mann-Whitney toets heet ook wel *Wilcoxon rank sum* toets maar moet niet verward worden met de *Wilcoxon matched pairs* toets voor gepaarde steekproeven!

Opdracht Mann-Whitney toets

1. Maak menukeuze **Analyze; Nonparametric Tests; 2 Independent Samples**. Het venster *Two-Independent-Samples Tests* verschijnt. Kies als nodig **Mann-Whitney**.
2. Geef de testvariabele op (die komt in het vak **Test Variable List**).
3. Zet de groepeervariabele in het vak **Grouping Variable**. Klik op de **Define Groups** om de groepen te definiëren. Klik op **Continue**.
4. Via de knop **Options** geef je statistische meten op en bepaal je wat met de missing values gebeurt.
5. Bevestig met **OK**.

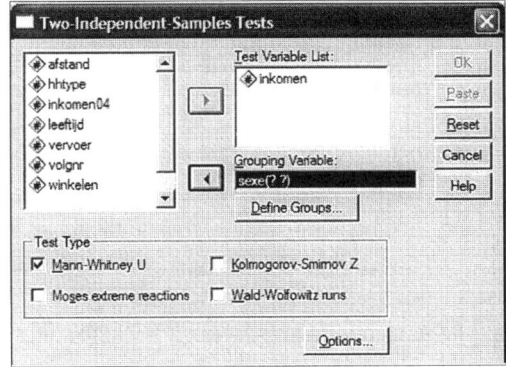

Opgeven testvariabele & opgeven groepen

Als voorbeeld wordt getoetst of de verdeling van de variabele 'inkomen' gelijk is voor mannen en vrouwen. 'Inkomen' wordt dus de testvariabele en 'sexe' wordt de groepeervariabele (waarbij *mannen* zijn ingevoerd als '1' en vrouwen als '2'). In het venster *Define Groups* geef je de groepscodes op (hier: 1 voor mannen; 2 voor vrouwen).

Ranks

	geslacht	N	Mean Rank	Sum of Ranks
maandinkomen huishouden	man	36	44.83	1614.00
	vrouw	40	32.80	1312.00
	Total	76		

Test Statistics[a]

	maandinkomen huishouden
Mann-Whitney U	492.000
Wilcoxon W	1312.000
Z	-2.374
Asymp. Sig. (2-tailed)	.018

a. Grouping Variable: geslacht

Uitvoer Mann-Whitney toets

De uitvoer van de Mann-Whitney toets bestaat uit twee tabellen. In de tabel *Ranks* worden voor beide groepen het aantal cases (*N*), de gemiddelde rangscore (*Mean Rank*) en de som van de rangscores (*Sum of Ranks*) weergegeven. De toets wordt uitgevoerd op basis van de kleinste som (=1379).

In de tabel *Test Statistics* staan de kleinste *Sum of Ranks* W, de toetsingsgrootheid U en de daarvan af-geleide Z-waarde, die gecorrigeerd is voor het aantal knopen (*ties*). [Als het totaal aantal cases klein is (minder dan 30) wordt de exacte significantie van U afgedrukt, dus niet gecorrigeerd voor knopen].

Aan de hand van de tweezijdige overschrijdingskans wordt de nulhypothese - dat de steekproeven afkomstig zijn uit identieke populaties - verworpen, met een betrouwbaarheid van 95% (*Asymp. Sig. <0,05*). Met andere woorden: de verdelingen van de inkomens van mannen en vrouwen zijn niet gelijk.

Andere Two-Independent Samples Tests

In het venster *Two-Independent-Samples Tests* kunnen nog enkele toetsen worden geselecteerd. Deze toetsen zijn vergelijkbaar met de Mann-Whitney toets en geven over het algemeen dezelfde uitkomsten.

- *Moses extreme reactions* - Vergelijking extreme waarden controlegroep (*Group 1*) met onderzoeksgroep (*Group 2*). De toets geeft aan hoe sterk de extremen in de onderzoeksgroep van invloed zijn op die van de controlegroep. Er wordt uitgegaan van de *span* van de controlegroep (= hoogste min laagste rangscore plus 1). Dan wordt het effect van de onderzoeksgroep op de *span* van de controlegroep berekend. Er wordt ook een *5%-trimmed* toets berekend, waarbij de 5% *outliers* aan beide zijden buiten beschouwing worden gelaten.

— Statistische technieken met SPSS — 243

- **Kolmogorov-Smirnov Z** - Vergelijken van de twee verdelingen op basis van het grootste absolute verschil in de cumulatieve frequenties. Als het verschil relatief groot is, zijn beide steekproeven uit verschillende populaties (zie ook K-S voor 1 steekproef; par. 39.5).
- **Wald-Wolfowitz runs** - Tellen aantal runs (*inter group ties*) als beide steekproeven samen worden gerangordend. Indien het aantal runs groot is, zijn beide groepen uit dezelfde populatie (zie ook Runs-toets voor 1 steekproef; par. 39.4).

39.7 De Kruskal-Wallis toets

De *Kruskal-Wallis toets* is een niet-parametrische variantie-analyse, waarbij alleen vereist is dat de afhankelijke variabele op ordinale schaal is gemeten, maar werkt alleen bij *numerieke* groepeervariabelen (hercodeer alfanumerieke variabelen met de AutoRecode-opdracht! Zie par. 14.5).

Met de Kruskal-Wallis toets wordt voor meer dan twee steekproeven (groepen) de nulhypothese getoetst, dat de steekproeven afkomstig zijn uit identieke populaties; dus dat de verdelingen gelijk zijn.

Kruskal-Wallis nader bekeken
Bij een Kruskal-Wallis toets worden eerst de steekproeven gecombineerd en alle cases gerangordend. Daarbij wordt gecorrigeerd voor knopen (*ties*). Dan worden de rangscores voor iedere groep afzonderlijk opgeteld.

Uit deze sommaties wordt de toetsingsgrootheid H berekend, die bij benadering een χ^2-verdeling volgt.

Opdracht Kruskal-Wallis toets
1. Maak menukeuze **Analyze; Nonparametric Tests; K Independent Samples**. Het venster *Tests for Several Independent Samples* verschijnt. Activeer indien nodig de optie **Kruskal-Wallis**.
2. Geef de testvariabele op (die komt in bij **Test Variable List**).
3. Geef bij **Grouping Variable** de groepeervariabele op. Klik op **Define Range** om het bereik van de groepen te definiëren. Klik op **Continue**. (Met **Options** kun je statistische maten opgeven.)
4. Bevestig met **OK**.

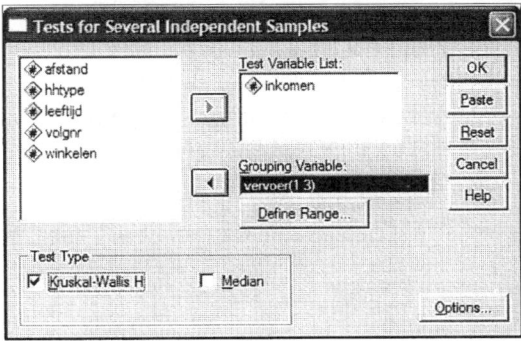

Opgeven groepen

We willen onderzoeken of de verdeling van de variabele 'inkomen' voor fietsers, automobilisten en openbaar vervoer-reizigers aan elkaar gelijk is.

In het venster *Define Range* specificeren daartoe we de (opeenvolgende) groepen door de minimum en maximum waarde op te geven (1 voor fietsers en 3 voor OV-reizigers).

Uitvoer Kruskal-Wallis toets

De uitvoer van de Kruskal-Wallis toets bestaat uit twee tabellen. In de tabel *Ranks* staan voor elke groep het aantal cases (N) en de gemiddelde rangscore (*Mean Rank*).

In de tabel *Test Statistics* staan de resultaten van de toets. Chi-kwadraat bedraagt 30,316 (deze waarde is gecorrigeerd voor knopen). Het aantal vrijheidsgraden (*df*) is gelijk aan het aantal groepen min 1 (3-1=2).

De nulhypothese - dat de drie steekproeven afkomstig zijn uit identieke populaties - wordt verworpen, met een betrouwbaarheid van 99,9% (*Asymp. Sig.* < *0,001*). De inkomensverdelingen van de groepen zijn dus niet (alle drie) aan elkaar gelijk.

Ranks

	vervoermiddel	N	Mean Rank
maandinkomen huishouden	fiets	27	21.09
	auto	28	53.71
	openbaar vervoer	21	40.60
	Total	76	

Test Statistics[a,b]

	maandinkomen huishouden
Chi-Square	30.316
df	2
Asymp. Sig.	.000

a. Kruskal Wallis Test
b. Grouping Variable: vervoermiddel

39.8 De Wilcoxon-toets

De *Wilcoxon signed-ranks toets* (kortweg: *Wilcoxon-toets*) gebruik je om de verdeling van twee (gerelateerde) interval/ratio-variabelen te vergelijken.

Getoetst wordt de nulhypothese dat er geen verschil is tussen beide verdelingen. Zo kun je toetsen of de inkomensverdeling in het ene jaar gelijk is aan de inkomensverdeling in een ander jaar.

Wilcoxon-toets nader bekeken
Bij een *Wilcoxon*-toets wordt eerst voor ieder paar variabelen het verschil tussen beide steekproefwaarden berekend. Dan worden de absolute verschillen van laag naar hoog gerangordend. Tenslotte worden alle rangscores van de negatieve en van de positieve verschillen apart opgeteld. Knopen (verschil van 0) blijven buiten beschouwing.

Indien er geen verschil is tussen de beide verdelingen zullen de gemiddelde positieve en negatieve rangscores (ongeveer) aan elkaar gelijk zijn.

Opdracht Wilcoxon-toets
Het uitvoeren van de *Wilcoxon-toets* doe je als volgt:
1. Maak menukeuze **Analyze; Nonparametric Tests; 2 Related Samples**. Het venster *Two-Related-Samples Tests* verschijnt. Activeer indien nodig **Wilcoxon**.
2. Klik op de eerste variabele en klik op de tweede variabele (de variabelen komen in het vak **Current Selections**).
3. Klik op de pijlknop. De variabelen komen in het vak **Test Pair(s) List**.
4. Geef nu desgewenst een tweede paar variabelen op (zelfde methode).
5. Via **Options** geef je statistische maten op en werk je met *missing values*.
6. Bevestig met **OK**.

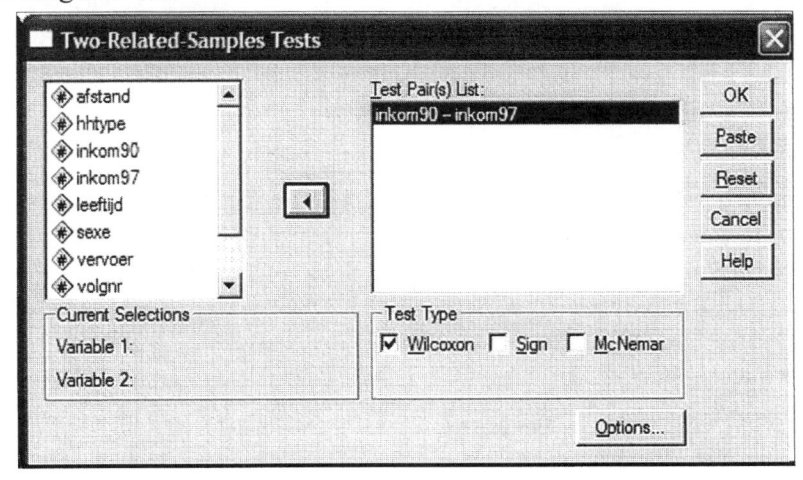

Uitvoer Wilcoxon-toets

De uitvoer van de *Wilcoxon-toets* bestaat uit twee tabellen. In de tabel *Ranks* staat per groep het aantal cases, de gemiddelde rangscore en de som van de rangscores.

Bij 15 van de 76 respondenten was het inkomen in 1997 lager dan in 1990, en bij 56 was het inkomen in 1997 hoger. In 5 gevallen is het inkomen gelijk gebleven (*Ties*). Er zijn meer inkomensstijgers dan inkomensdalers: de gemiddelde stijging is groter dan de gemiddelde daling (*Mean Rank*).

De resultaten van de toets staan in de tabel *Test Statistics*. Uit de tweezijdige overschrijdingskans blijkt dat de inkomensverdeling op beide tijdstippen met een zekerheid van 99,9% verschilt (*Asymp. Sig. 2-tailed* < *0,001*).

Ranks

		N	Mean Rank	Sum of Ranks
maandinkomen 1997 - maandinkomen 1990	Negative Ranks	15[a]	25.60	384.00
	Positive Ranks	56[b]	38.79	2172.00
	Ties	5[c]		
	Total	76		

a. maandinkomen 1997 < maandinkomen 1990
b. maandinkomen 1997 > maandinkomen 1990
c. maandinkomen 1990 = maandinkomen 1997

Test Statistics[b]

	maandinkomen 1997 - maandinkomen 1990
Z	-5.160[a]
Asymp. Sig. (2-tailed)	.000

a. Based on negative ranks.
b. Wilcoxon Signed Ranks Test

39.9 De Friedman-toets

De *Friedman-toets* is een niet-parametrische variantie-analyse en wordt gebruikt om twee of meer *gepaarde* steekproeven te vergelijken. De nulhypothese bij deze toets is dat de steekproeven afkomstig zijn uit dezelfde populatie.

Voor elke case worden de k variabelen (steekproeven) gerangordend van 1 tot en met k. Daarna wordt voor elke variabele de gemiddelde rangscore (*Mean Rank*) berekend. Wanneer de verdelingen identiek zijn, zullen de k gemiddelde rangscores (ongeveer) aan elkaar gelijk zijn.

Opdracht Friedman-toets

Voor het uitvoeren van de Friedman-toets handel je als volgt:
1. Kies de opdracht **Analyze; Nonparametric Tests; K Related Samples**. Het venster *Tests for Several Related Samples* verschijnt. Activeer indien nodig bij **Test Type** de optie **Friedman**.
2. Geef dan de te vergelijken variabelen op (ze komen in het vak **Test Variables**). Bij wijze van voorbeeld hebben 80 respondenten de winkels A, B en C een rapportcijfer gegeven. De scores zijn opgenomen in de nieuwe variabelen 'winkel_a', 'winkel_b', 'winkel_c'.
3. Bevestig met **OK**.

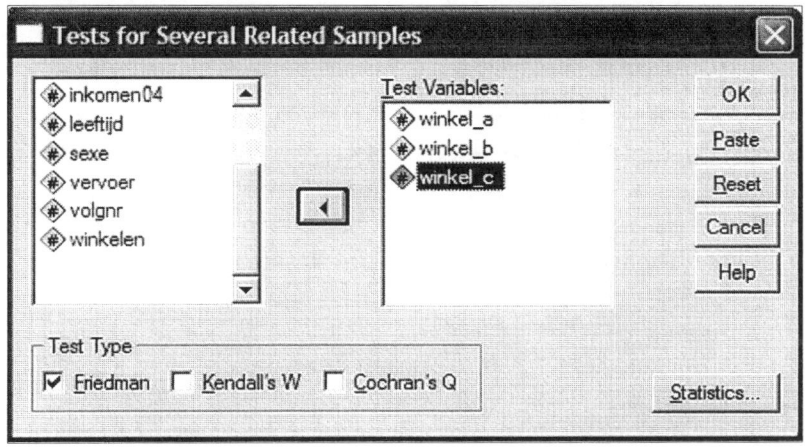

Uitvoer Friedman-toets

De uitvoer van de *Friedman-toets* bestaat uit twee tabellen. In de tabel *Ranks* wordt de gemiddelde rangscore (*Mean Rank*) van elke variabele afgedrukt.

De resultaten van de toets staan in de tabel *Test Statistics*. Aan de hand van de overschrijdingskans wordt de nulhypothese niet verworpen (*Asymp. Sig >0,05*). De drie winkels worden door de respondenten dus (gemiddeld naar rangvolgorde) gelijk gewaardeerd.

Ranks

	Mean Rank
winkel_a	1.90
winkel_b	2.00
winkel_c	2.10

Test Statistics[a]

N	76
Chi-Square	1.640
df	2
Asymp. Sig.	.45

a. Friedman Test

BIJLAGE 1   INSTALLEREN SPSS 12

SPSS 12.0 voor Windows bestaat uit een **Basismodule** (*SPSS Base*) en een aantal uitbreidingsmodules, die apart moeten worden aangeschaft. De Basismodule moet altijd geïnstalleerd worden. De overige modules zijn optioneel. Alle procedures uit het *Basishandboek* bevinden zich in de Basismodule.

LET OP Om SPSS 12.0 probleemloos te laten functioneren op de pc moet je beschikken over Windows XP/98/2000/NT 4.0, een pentium processor van 90 MHz of sneller, 64MB ram-geheugen, minimaal 80MB schijfruimte, internetverbinding voor verbinding met SPSS-server, en serie-nummer en licentiecode (worden bijgeleverd).

Installeren SPSS 12.0

Nadat je de CD-ROM in de driver hebt gestopt, verschijnt vanzelf het installatie venster van SPSS. Kies de optie: **Install SPSS** en volg de instructies op het scherm.

Als de *autorun-installatie* niet werkt kun je het **Setup**-programma ook starten via de knop **Start** van Windows: klik op **Start** en kies de optie *Uitvoeren* (*Run*). Zoek dan via de knop **Bladeren** (*Browse*) het setup-bestand op de cd-rom.

Setup-programma van SPSS 12.0

Nadat in het installatievenster de optie **Install SPSS** is aangeklikt, wordt het **Setup**-programma gestart, dat uit een aantal opeenvolgende vensters bestaat:

1. *Welcome*. Klik op **Next**. *Software License Agreement*. Klik op **Next**.
2. *Choose Destination Location*. Standaard wordt SPSS geïnstalleerd in de map: *C:\Program Files\SPSS*. Klik op **Next** als je deze map wilt handhaven.
3. *User Information*. Intypen serienummer (staat op cd-rom). Klik op **Next**.
4. *Setup type*. Kies type installatie: **Typical** (standaard), **Compact** (minimale installatie) of **Custom** (zelf onderdelen opgeven). Daarna **Next**.
5. *Personal or Shared installation* (individuele of netwerk installatie). Klik op **Next**.
6. *Product License Code*. Tik nu de de bijgeleverde 29-cijferige code (5 blokjes van 5 cijfers en 1 van 4 cijfers; gescheiden door spaties). Klik daarna op **Next**.
7. Na enige tijd verschijnt *Ready to install files*. Klik op **Next** om te installeren.

LET OP Je kunt via de knop **Browse** op het SPSS installatievenster van de cd-rom modules of onderdelen toevoegen of verwijderen.

TIP Op de website van **SPSS** staat veel informatie over SPSS. Ook zijn er patches (verbeteringen) op SPSS versies, die je kunt downloaden: **www.spss.com** en voor Nederland: **www.spss.com/benelux/**.

BIJLAGE 2   INSTELLINGEN SPSS 12 WIJZIGEN

Met de menukeuze **Edit; Options** in de Data Editor wordt het dialoogvenster **Options** geopend, waar je de instellingen van SPSS kunt wijzigen op 10 tabbladen.

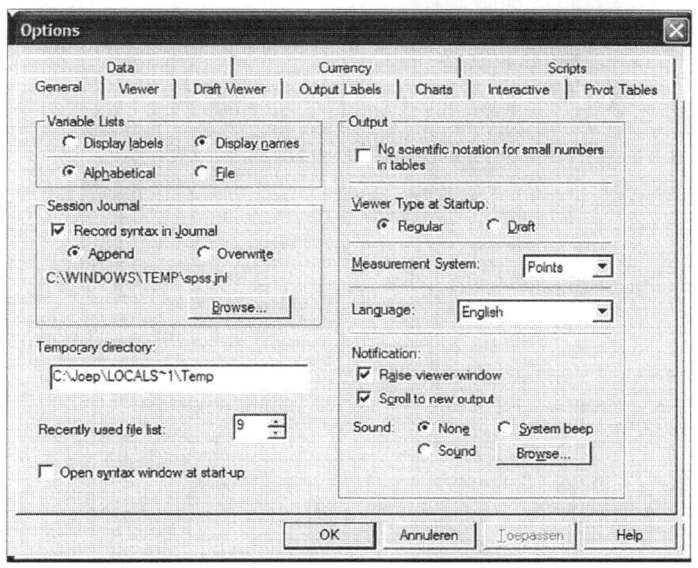

Tabblad General
Van belang op het tabblad **General** zijn:
- **Session Journal** - Aan/uitzetten journaalbestand *spss.jnl* met syntax opdrachten. Standaard is **Append**: je krijgt bij elke sessie een nieuw journaalbestand.
- **Variables Lists** - Weergave variabelen in dialoogvensters: **Display Labels** (variabelen labels en namen) of **Display names** (alleen namen). En opgeven volgorde in dialoogvensters: **Alphabetical** of **File** (zoals in Data Editor; standaard).
- **Recently Used Files List** - Opgeven aantal laatst geopende bestanden dat in het File-menu (onder **Recently used data**) wordt weergegeven (standaard = 9).

Tabblad Viewer
- **Initial Output State** - Opgeven welke items worden getoond in de Viewer: *Log* (syntax; vink **Display commands in log** aan!), *Warnings, Notes* (info over bestand en opdracht), *Title, Pivot Table, Chart, Text output.* Kies voor **Shown** of **Hidden**.

Tabblad Output Labels
Opgeven hoe de variabelen en waarden worden weergegeven in de uitvoertabellen (*Pivot tables*). Standaard worden de *Variable labels* en *Value labels* afgedrukt.

BIJLAGE 3   BESTAND WINKEL.SAV

Enquêtegegevens van 80 bezoekers aan een winkelcentrum (fictief)

volgnr   volgnummer (casenummer)
geslacht   geslacht respondent
leeftijd   leeftijd respondent
hhtype   type huishouden: 1 = éénpersoons; 2 = tweepersoons; 3 = (twee-ouder) gezin met kinderen; 4 = éénoudergezin; 5 = overig
inkomen   netto maandinkomen huishouden (afgerond op 100,-)
afstand   afstand van de woning tot het winkelcentrum (km)
vervoer   meest gebruikte vervoermiddel: 1 = fiets; 2 = auto; 3 = openb. vervoer
winkelen   gemiddeld aantal winkelbezoeken per maand

volgnr	geslacht	leeftijd	hhtype	inkomen	afstand	vervoer	winkelen
1	v	18	1	2100	5.0	3	8
2	m	26	2	2500	1.5	2	5
3	m	30	3	2000	3.0	1	8
4	v	25	3	1900	5.5	1	5
5	m	35	3	6000	7.0	2	4
6	v	28	2	5200	6.5	2	1
7	v	25	4	3400	6.0	3	4
8	m	49	3	4100	4.0	2	4
9	v	36	-	-	4.0	3	6
10	m	33	2	5600	3.5	2	2
11	v	35	1	4500	4.0	3	6
12	m	45	3	2600	5.0	1	4
13	m	40	3	2600	4.5	3	5
14	v	30	4	1500	2.5	1	9
15	m	35	1	4000	3.0	3	4
16	v	38	3	3000	0.5	1	10
17	v	65	1	5300	8.0	2	2
18	v	45	3	2600	5.0	3	5
19	m	65	2	6000	11.0	2	1
20	v	22	1	3400	12.0	2	2
21	m	43	3	1800	7.0	3	5
22	v	42	2	3000	2.0	3	8
23	m	24	1	1900	5.5	1	6
24	v	19	1	4500	7.0	3	3
25	m	29	2	2500	2.0	3	3
26	m	30	2	1700	3.5	1	7
27	v	44	3	2600	4.0	3	3
28	m	23	1	3400	5.5	3	6
29	m	34	3	6600	8.0	2	2
30	m	33	2	5000	4.5	2	2
31	m	39	-	-	4.5	2	5
32	v	71	2	5800	10.0	2	1
33	v	41	3	1600	3.5	1	7

Bestand winkel.sav

volgnr	geslacht	leeftijd	hhtype	inkomen	afstand	vervoer	winkelen
34	v	31	2	3000	9.5	2	1
35	m	19	2	2900	6.0	2	4
36	m	22	3	3100	1.0	2	9
37	m	48	3	4100	4.0	2	1
38	v	24	3	2600	5.0	2	4
39	m	28	2	4300	9.0	3	1
40	m	20	1	1800	2.5	1	8
41	v	25	3	3100	0.5	1	9
42	m	26	2	2800	1.0	1	4
43	v	20	1	1800	0.5	1	9
44	v	18	2	2200	1.0	1	8
45	v	25	3	1700	0.5	1	7
46	v	27	4	3200	1.0	1	7
47	m	20	1	4000	0.5	1	5
48	v	47	2	2500	1.5	1	4
49	v	51	3	4000	1.5	2	2
50	m	52	3	2900	2.5	1	5
51	v	53	3	2800	3.0	3	6
52	v	54	4	2700	3.0	2	5
53	v	25	3	1900	4.5	1	5
54	m	23	1	3300	4.5	1	6
55	m	28	2	4800	5.0	3	3
56	m	62	2	6000	5.0	2	2
57	v	19	5	2800	6.5	3	1
58	v	66	1	4400	8.0	2	3
59	m	34	4	4700	8.5	2	2
60	v	58	2	3200	15.0	3	1
61	v	68	2	-	4.0	3	6
62	v	50	2	1500	2.5	1	10
63	m	31	2	3000	8.0	2	3
64	v	58	1	1900	7.5	3	1
65	v	26	2	2500	1.5	1	6
66	v	40	3	1700	3.5	1	8
67	m	20	3	2300	5.5	1	4
68	m	21	1	3500	6.0	3	3
69	m	35	3	6200	7.5	2	3
70	v	33	2	5500	3.0	3	2
71	m	40	3	-	0.5	1	5
72	v	60	2	6000	6.5	2	2
73	v	43	3	1800	3.5	2	6
74	m	31	2	3000	12.5	2	1
75	m	25	2	3400	6.0	2	5
76	v	38	5	3000	0.5	1	8
77	v	22	4	4100	4.0	3	2
78	v	45	3	2600	1.0	1	5
79	m	28	2	5200	6.0	2	2
80	v	18	1	2100	2.0	1	8

INDEX

Afhankelijke variabele 190, 200, 202
Aggregate-opdracht 75-76
Aggregeren data 75-77
Alfanumerieke variabele 36, 43-44
    hercoderen 87-90
ANOVA (variantie-analyse) 190-195
Associatiematen 127, 169, 173-179
    asymmetrische 176-177
Autocorrelatie 229
Automatic Recode-opdracht 86

Before-after design 180, 187
Bestand (*zie* Data file) 15-17, 122-126
Bestandsformaten in SPSS 16
Beta-coëfficiënten 219, 223, 228
Beschrijvende statistiek 127
Betrouwbaarheidsinterval 156, 183, 186
Binnenvariantie 189, 191-192
Binomiale verdeling 236
Binomiale toets 232-233, 236-237
Bonferroni toets 194
Boxplot 155, 158-160

Case 17-18, 23-24, 31-32, 37
    invoegen/maken/verwijderen ... 37, 62
    kiezen (selecteren) 61-68
    sorteren 59
    wegen 69-70
Casenummer 17, 39
Categorie (waarden) .. 35-36, 106-108, 129
Categorie-as 105, 107, 115-116
Cell editor 32, 34
Celfrequenties 164-172, 177-178
    residuen 164-167
    verwachte/waargenomen 166-167
Centrale limietstelling 134
Centrale tendentie 144
Centrummaten 127, 143-144
Chart (*zie* Grafiek) 103-118
Chart Editor 104, 113-118
Chi-kwadraat (χ^2) 169-172
Chi-kwadraat toets 169-172
    voor één steekproef 234
    voor uniforme verdeling 234-235
Cirkeldiagram 106, 130, 135
Cohen's kappa (associatiemaat) 178
Compare Means-opdracht .. 153, 180, 190

Compute-opdracht 78
Concordante paren 176-177
Conditionele expressie 63
Contingency Coëfficiënt C 174
Continue variabele 105, 130
Cook's distance 230
Correlate-opdracht 202, 205-210
Correlatie 201-210
    multicollineariteit 215
    partiële correlatie 209-210, 228
    rangcorrelatie 207-209
Correlatiecoëfficiënt 201, 205
Correlatiematrix 205-206
Covariantie 200, 207, 228
Count-opdracht 81-82
Cramér's V (associatiemaat) 174

Data Editor 15-17, 25-26, 31-34
Data file (gegevensbestand) 15-18, 25-26
    aggregeren 75-77
    definiëren / opzetten 35, 41-42
    exporteren 126
    samenvoegen 71-74
    splitsen 60
Data View 15, 17, 26, 31-34
Decimalen instellen 41-42, 44, 101
    van variabele 44
    van uitvoer 101
Descriptieve statistiek..127, 142, 149, 155, 163
Descriptives-opdracht 149-151
Determinatiecoëfficiënt .. 206, 213, 217, 222
Detrended Normal Q-Q plot 161
Dichotome variabele 63, 129, 236
    cut point (snijpunt) 237-238
Discordante paren 176-177
Discrete variabele 105, 130
Draaitabel (*Pivot Table*) .. 16, 53-54, 93-102
    decimalen instellen 101
    laag/kolom/rij 93-95
    opmaken 99-102
    verwisselen laag/kolom/rij 96-98
Draaitabelonderdeel 94-98
    kolomtitels/rijtitels 94
    ondertitel/titel/voetnoot 94, 99-100
Draft Viewer (*SPSS Draft Viewer*) ... 16, 102
Dummy variabele 216
Durbin-Watson toets 228-229

Index

Eenzijdig toetsen 132
Enkelvoudige regressie 211-216
Eta (associatiemaat) 153, 179
Explore-opdracht 155, 161

Factor 155, 159-161, 189-191, 196-198
F-toets 189, 214-216
Filteren cases data file 30, 61-63
Filtervariabele 63
Fischer's Exact toets 172
Foutenreductie 174-175
Frequencies-opdracht 27, 30, 135, 141
Frequentie 141
    absolute/relatieve 141-142
    cumulatieve 142
Frequentietabel 141-142, 146
Frequentievariabele 69
Frequentieverdeling 103, 157, 233-236
Friedman-toets 233, 246-247
Functies (werken met) 65, 80, 91-92

Gamma (γ) (associatiemaat) 177
Gegevensbestand (*zie* Data file) .. 15-18, 25
Gepaarde steekproeven 187, 232, 246
Goodman & Kruskal's tau 175-176
Grafieken (werken met) 103-118
    interactieve / standaard 104
Grafiektypen (in SPSS) 105-106

Hercoderen variabelen 87-90
Histogram 103, 109-110, 130, 157, 160
    klassenindeling 87, 89, 110
Homogeniteit (variantes) 192, 195

Independent-Samples T Test 180, 183
Intercept 211, 214-215, 218, 223, 228
Interkwartielafstand (*IQR*) 156, 158
Intervalschaal 49, 129

Kappa (Cohen's) 178
Kendall's tau-b; tau-c 177, 208
Klasse / klassenindeling .. 89, 110, 130, 157
Knopen (*Ties*) 83-85, 242-243, 246
Kolombreedte Data View 49
Kolommen vastzetten in Data View 37
Kolmogorov-Smirnov toets 233, 239
    op normaliteit 161-162
    voor één steekproef 240
    voor twee steekproeven 243

Kruistabel 163-168
    2 x 2 tabel 163
    celfrequenties 164-172, 177-178
    celvulling 165
    controle variabele / subgroep ... 165-166
    percentages 167-168
Kruskal-Wallis toets 139, 190, 233, 243
Kurtosis 133, 145, 149
Kwartiel 143-146, 156-158, 236

Lambda (λ) (associatiemaat) 175-176
Least-significant toets (*LSD-test*) 194
Legenda 116
Levene's toets ... 138, 180, 184-186, 190-195
Likelihood ratio 172
Lineair verband 201-202, 208-209, 213
Long string 45-46

M-estimators 160
Mahalanobis distance 230
Mann-Whitney toets 233, 241
Marginale waarden 164, 168, 170-171
Means-opdracht 153-154
Mediaan 133, 143-145, 157-159, 236
Meervoudige regressie 215-223
Meetschaal 33, 41-42, 49, 130
Merge Files-opdracht 71
Missing value 17-18, 32, 47-48
    in statistische functies 91-92
    listwise/pairwise 159, 183, 195, 207
    tellen 82
    uitsluiten 66
Modus 133, 144, 238
Moses extreme test 242
Multicollineariteit 215
Multiple Comparisons 193-194

Niet-parametrische toets 134, 232
Nominale meetschaal 49, 128-129
Normal probability plot / Q-Q plot 161
Normale verdeling 132-133
    curve (kromme) 109-110, 133, 226
    toets op normaliteit 161-162
Nulhypothese (H_0) 131-132
Numerieke expressie 78-80
Numerieke variabele 36, 43-45

Onafhankelijke variabele .. 140, 152-54, 190
Onderzoekseenheid 18, 23, 128

One-Sample T Test 180-181
One-Way ANOVA 190-191
Ordinale meetschaal 49, 130
Outliers (opsporen) 203, 223-225
Overschrijdingskans (p-waarde) 132

Paired-Samples T Test 180, 187
Parametrische toetsen 134
Partiële correlatie 209, 228
Pearson's C (associatiemaat) 174
Pearson's r 201-202, 205-206
Percentiel 82, 143-146, 160
Phi (φ) 174
Pivot Table (*zie* Draaitabel) .. 19, 29, 51, 93
Pivot Table Editor 54, 93-102
Pivot Trays 96-98
Plot (*zie ook* Grafiek) 161
 detrended normal plot 161-162
 normal probability plot 161-162
Poisson-verdeling 233, 239
Pooled variance 185
Populatie.................. 23-24, 128
Printen (cases, uitvoer) 20, 55-56

Rangcorrelatie(coëfficiënt) 207-208
Range (bereik) 144, 156-157, 243
Rangordenen cases 83-86
 alfanumerieke waarden 86
Rank Cases-opdracht 83-84
Ratioschaal 49, 128-129
Recode-opdracht 87-90
Regressie 202-203, 211
 enkelvoudige regressie 211-215
 meervoudige regressie 215-223
Regressie-analyse 202, 211
 Beta-coëfficiënt 219, 223, 228
 dummy variabelen 216
 F-toets 189, 214-216
 standaard methode (*Enter*) 216-219
 stapsgewijze methode (*Stepwise*) ... 219
Regressiecoëfficiënt 211, 213-214
 partiële regressiecoëfficiënt 215
Regressielijn 211
Regressievergelijking 211, 214
 intercept / constant 211, 214
 multiple regressievergelijking.. 218-222
Regression-opdracht 203, 212, 216
Rekenkundig gemiddelde 127, 133, 144
 5% Trim 156, 242

Residu 164-167, 172, 203, 224
Residuen-analyse 203, 223-227
 outliers opsporen 223
 statistische maten 224
Risk ratio 178-179
Runs toets 237-239

Samenvoegen data files 71-74
 met verschillende cases 72
 met verschillende variabelen 73
Scheefheid (*Skewness*) 133, 145, 157
Scheffé toets 194
Score 17-18, 24
Script Editor 16
Select cases-opdracht 62
Selecteren cases 61-68
 met conditionele expressie 63-65
 reeks opeenvolgende cases 68
 door middel van steekproef 66
Shapiro-Wilks toets 161-162
Short string 45
Significantie 131-132, 137
Significantieniveau 132
Skewness (zie *Scheefheid*) 133, 145, 157
Somer's d 177
Sorteren cases data file 59
Spearman's rho 178, 207-208
Split file-opdracht 60
Splitsen data file 60
Spreidingsmaat 127, 143-144, 159-161
Spreidingsdiagram .. 10 , 114, 161, 201, 211
SPSS-bestand 20
SPSS-dialoogvenster 27, 45, 50
SPSS-opdracht 18, 25-30
 herhalen van 29
 syntax van 119-121
SPSS-programma 16
Staafdiagram 103, 105, 107, 115-116
Standaarddeviatie ... 127, 131-133, 144, 151
Standaardfout 144-145, 176, 181
Standaardiseren variabele 151
Statistiek.............. 23-24, 127-134
 beschrijvende (descriptieve) 127
 inductieve (inferentiële) 127
Statistisch verband 169, 173, 177
Statistische maten 127
 associatiematen 127, 169, 173
 centrummaten 127, 144
 spreidingsmaten 127, 143-144, 159

Index

Statistische toetsing 131-134
    parametrisch / niet-parametrisch . . . 134
    éénzijdig / tweezijdig 131
Steekproef . . . 23-24, 62, 66, 128, 133-134
    gepaarde 138
Steekproevenverdeling . . 131-134, 138-139
Stem-and-leaf diagram 155, 157
String (short string / long string) . 36, 43-44
Student's t-toets 180-188
    betrouwbaarheidsinterval 183, 186
    voor één steekproef 181
    éénzijdig / tweezijdig 182
    equal/unequal variances assumed . . 184
    gepaarde steekproeven 187
    nulhypothese / vooronderstellingen . 180
    onafhankelijke steekproeven 183
Syntax Editor 16, 119-121
System missing values 47

T-toets (*Student's t-toets*) 180
Tabel (Draaitabel/ Uitvoertabel) 19, 93
Ties (zie *Knopen*) 83-85, 242-243, 246
Toetsingsgrootheid 131, 191, 214
Tukey-toets 194
Tussenvariantie 189, 191-192
Two Related-Samples (Tests) 245

Uitlijning Data View 49
Uitvoer 19, 25, 29-30, 51-56
Uitvoerbestand 16, 19-20
    opslaan / openen / printen 19-20
Uitvoertabel (*zie ook* Draaitabel) . 16, 54, 58
    exporteren 102
Uitvoervenster 16, 19, 30, 51-56
    uitvoervenster specificeren 56
Uniforme verdeling 234-235, 239
Uncertainty coefficient 175-176
User-missing values 33, 48, 142

Value 17-18, 32
Value Labels (definiëren) 32, 36, 41, 46
Variabele 17-18, 23-24, 41-50
    berekenen (compute) 78
    continue / discrete 105-106, 130
    dichotome 63, 129, 237-238
    hercoderen (recode) 87-90
    meetschaal 49, 128
    maken / invoegen / verwijderen 38
    standaardiseren (z-score) 151

Variabelendefinitie 23, 31, 33, 41-50
Variabelenlabel 27, 33, 41, 45
Variabelenlijst (in SPSS-venster) 27, 50
Variabelennaam 33, 41-42
Variabelentype 33, 36, 38, 41-44
    alfanumeriek/numeriek 36, 43-44
Variable View 15, 23, 31-34
Variantie 189-190
    binnenvariantie/tussenvariantie 189
    covariantie 200, 207, 228
    equal/unequal variances assumed 184-186
    verklaarde / onverklaarde . . 197, 203, 213
Variantie-analyse 189-200
    enkelvoudige 190
    factor 189-190
    interactie-effect 196-200
    kwadraatsommen 197, 200, 213
    meervoudige 196
    niet-parametrische 243
    toets op homogeniteit 192, 195
Variatie 189, 191, 213
Verdelingsmaten 143, 145
Viewer (*SPSS Viewer*) 16, 19, 51-56
    contents pane / outline pane . . . 19, 51-53
Vrijheidsgraden   171-174, 182, 189, 191, 197

Waarde 17-18, 23-24, 81
    tellen (count) 81
Wald-Wolfowitz runs toets 237
    voor twee steekproeven 243
Wegen cases 69
Weight Cases-opdracht 69-70
Whiskers 158-159
Wilcoxon-toets 233, 245-246
    rank sum toets 241
    signed-ranks toets 233, 245
Working file 15, 40, 73

Yates' correctie 172

Z-scores 151

OVERZICHT STATISTISCHE TECHNIEKEN

	Nominaal	*Ordinaal*	*Interval / ratio*
BESCHRIJVEN VAN EEN VARIABELE			
verdeling weergeven	Frequentietabel (26.1 & 26.2)		
grafische weergave	Staafdiagram (18.3; 19.1)	Staafdiagram (18.3; 19.1)	Histogram (18.3 & 19.2)
centrummaten	Modus (26.3)	Mediaan (26.3)	Rekenkundig gemiddelde (26.3)
spreidingsmaten	-	Range & IQR (interkwartielafstand) (26.3)	Standaarddeviatie Skewness & Kurtosis (26.3)
onderverdelen in subgroepen	Kruistabel (31.1 & 31.2)	Kruistabel (31.1 & 31.2)	Statistische maten per subgroep (29.1 & 29.2)
VERGELIJKEN VAN VERDELINGEN			
2 onafhankelijke steekproeven	Chi-kwadraat toets (32.1)	Mann-Whitney toets (39.6)	Student's t-toets (33.1)
2 afhankelijke steekproeven	Chi-kwadraat toets (32.1)	Wilcoxon-toets (39.8)	Gepaarde t-toets (33.4)
meer onafhankelijke steekproeven	Chi-kwadraat toets (32.1)	Kruskal-Wallis toets (39.7)	Variantie-analyse (34.1)
vergelijken met theoretische verdeling	Chi-kwadraat voor één steekproef; Binomiale toets (39.2)	Kolmogorov-Smirnov toets voor één steekproef (39.5)	Kolmogorov-Smirnov toets voor één steekproef (39.5)
VERBANDEN TUSSEN VARIABELEN			
verbanden tussen 2 variabelen	Chi-kwadraat toets & nominale associatiematen (32.1 & 32.2)	Spearman's Rangcorrelatie; ordinale associatiematen (36.2 & 32.4)	Correlatie & Enkelvoudige regressie (35.1 & 35.2 36.1 & 37.1)
verbanden tussen meer variabelen	Chi-kwadraat over subgroepen (31.3)	-	Partiële correlatie & Multiple regressie (36.3 & 37.2 & 37.3)

www.bijleveldbooks.nl